트랜스폼드

KB199947

TRANSFORMED: Moving to the Product Operating Model

Copyright © 2024 by John Wiley & Sons, Inc. All rights reserved.

This translation published under license with the original publisher John Wiley & Sons, Inc. through Danny Hong Agency, Korea.
Korean translation copyright © 2024 by J-Pub Co., Ltd.

이 책의 한국어판 저작권은 대니홍 에이전시를 통해 저작권사와의 독점 계약으로 제이펍 출판사에 있습니다.
저작권법에 의해 한국 내에서 보호를 받는 저작물이므로 무단 전재와 무단 복제를 금합니다.

트랜스폼드

1판 1쇄 발행 2024년 12월 12일

지은이 마티 케이건
옮긴이 옥지혜
펴낸이 장성두
펴낸곳 주식회사 제이펍

출판신고 2009년 11월 10일 제406-2009-000087호
주소 경기도 파주시 회동길 159 3층 / **전화** 070-8201-9010 / **팩스** 02-6280-0405
홈페이지 www.jpub.kr / **투고** submit@jpub.kr / **독자문의** help@jpub.kr / **교재문의** textbook@jpub.kr

소통기획부 김정준, 이상복, 안수정, 박재인, 송영화, 김은미, 배인혜, 권유라, 나준섭
소통지원부 민지환, 이승환, 김정미, 서세원 / **디자인부** 이민숙, 최병찬

진행 송영화 / **교정·교열** 김은미 / **내지 디자인** 최병찬 / **표지 디자인** 이민숙
용지 타라유통 / **인쇄** 해외정판사 / **제본** 일진제책사

ISBN 979-11-93926-54-3 (03320)
책값은 뒤표지에 있습니다.

※ 이 책은 저작권법에 따라 보호를 받는 저작물이므로 무단 전재와 무단 복제를 금지하며,
   이 책 내용의 전부 또는 일부를 이용하려면 반드시 저작권자와 제이펍의 서면 동의를 받아야 합니다.
※ 잘못된 책은 구입하신 서점에서 바꾸어드립니다.

제이펍은 여러분의 아이디어와 원고를 기다리고 있습니다. 책으로 펴내고자 하는 아이디어나 원고가 있는 분께서는 책의 간단한 개요와 차례, 구성과 지은이/옮긴이 약력 등을 메일(submit@jpub.kr)로 보내주세요.

TRANSFORMED
트랜스폼드

마티 케이건 지음 / 옥지혜 옮김

Jpub
제이펍

※ **드리는 말씀**

- 이 책에 등장하는 각 회사명, 제품명은 일반적으로 각 회사의 등록상표 또는 상표입니다.
  본문 중에는 ™, ©, ® 등의 기호를 생략했습니다.
- 이 책에서 소개한 URL 등은 시간이 지나면 변경될 수 있습니다.
- 'Product' 단어에 대한 번역어를 '제품'이나 '프로덕트' 어느 한쪽으로 통일하지 않고 문맥에 맞게 구분하여 표기하였음을 알립니다.
- 'transform', 'transformation'도 문맥에 따라 '전환' 또는 '혁신'으로 번역했습니다.
- 책의 내용과 관련된 문의사항은 옮긴이나 출판사로 연락해주시기 바랍니다.
  - 옮긴이: milkonrocks@gmail.com
  - 출판사: help@jpub.kr

차례

옮긴이 머리말

실리콘밸리 프로덕트 그룹Silicon Valley Product Group, SVPG은 그동안 여러 권의 책을 통해 제품 개발과 조직에 대한 통찰을 제공해왔습니다. 《인스파이어드》에서는 제품팀과 프로덕트 매니저의 정의와 역할을 구체화했고, 《임파워드》에서는 임파워드 제품팀의 다른 구성원들을 조명했으며, 《러브드》에서는 고객에게 사랑받는 제품을 만드는 마케팅 전략을 소개했습니다. 이번 책 《트랜스폼드》에서는 《인스파이어드》와 《임파워드》에서 제시한 기업과 조직처럼 일하기 위한 원칙과 필수 역량을 설명합니다. 특히, 전통적인 업무 방식에서 새로운 프로덕트 모델로의 혁신을 성공적으로 이룬 기업들의 사례를 통해, 변화의 과정을 고민하는 독자들에게 유용한 조언과 영감을 아낌없이 제공합니다.

저는 한국 IT 업계에서 일하면서 수많은 제품과 조직의 중요한 순간들을 지켜보았습니다. 발표, 강연, 기사를 통해 그들이 달성한 성과와 그 과정을 접할 때마다, 자연스럽게 저와 제가 속한 조직을 돌아보곤 했습니다. 다른 조직의 성과를 우리의 현실과 비교하는 것이 불공평하다는 생각이 들 때도 있었지만, 사실 그들이 겪는 고충이나 좌절, 실패, 조직 내외부의 반발과 그것에 대한 대처 방법은 쉽게 알 수 없다는 점을 떠올립니다. 이러한 내막을 알 길이 없으므로 우리는 종종 다른 조직의 방식에 대해 지나치게 긍정적이거나 부정적인 편견을 갖게 됩니다. 결국 이러한 비교는 조직과 업무의 개선보다는 변할 수 없는 이유를 만들어내며, 스스로를 위안하는 타협이나 체념으로 이어지곤 했습니다.

불평은 누구나 쉽게 할 수 있지만, 변화를 위해 실질적인 방안을 찾고 도전하는 사람은 드뭅니다. 그리고 그 과정을 끝까지 버텨내며 어떠한 결과든 맞이하는 사람은 더욱 드문 것이 현실입니다. 조직과 그 성과를 조금이라도 개선하고자 노력하고 싶지만, 어디서부터 시작해야 할지 막막하다면 《트랜스폼드》를 권하고 싶습니다. 이 책은 변화를 이끌기 위한 원칙과 구체적인 방법을 단계적으로 설명하며, 뛰어난 디지털 제품 기업이 현재의 위치에 오르기까지의 과정도 함께 다룹니다. 《트랜스폼드》는 모든 기업에 적용 가능한 단 하나의 성공 방정식을 제시하지 않습니다. 그런 방정식은 존재하지 않기 때문입니다. 저 역시 이 책의 독자로서 여전히 고군분투 중입니다. 저의 역량이 부족한 것은 아닌지, 또는 제가 속한 조직에 맞지 않는 사람인지 고민할 때도 많습니다. 그러나 책에서도 언급하듯, 열의를 담은 모든 행동이 성공으로 이어지지 않더라도 좌절할 필요는 없습니다. 결국 내가 변화하기 때문입니다. 노력 끝에 내 안의 역량이 성장하면, 언젠가 알맞은 기회가 찾아올 것입니다. 저 스스로를 독려하며, 이 책을 읽는 독자들에게도 미리 응원을 보냅니다. 고객이 만족하면서도 사업의 성과를 내는 제품을 만들겠다는, 명확하지만 어려운 목표를 향해 오늘도 최선을 다하는 모든 업계 동료들에게 박수를 보냅니다.

《러브드》에 이어 다시 한번 몰입할 수 있는 경험을 선사해주신 장성두 대표님과 제이펍 관계자분들, 그리고 언제나 응원하며 함께 책을 완성해주신 송영화 편집자님께 감사드립니다. 이 책을 번역하는 동안 제가 맡고 있는 제품과 소속된 팀을 돌이켜보느라 마음이 편치 않았던 순간도 많았습니다. 그럼에도 불구하고 제가 여전히 제품을 사랑하고 성과를 낼 수 있도록, 그리고 제 역량을 펼칠 수 있도록 든든한 버팀목이 되어주는 소중한 동료들에게 진심으로 감사의 마음을 전합니다. 이 업계에 발을 들인 이래 지금까지도 친구이자 동료로 제 곁을 지켜주며, 힘든 이야기도 기꺼이 들어주는 친구들에게도 이 자리를 빌려 고마움을 전하고 싶습니다. 마지막으로, 때로는 무모하게 보일지 모르는 나의 선택을 늘 지지해주고 응원해주는 가족과 남편에게도 진심 어린 사랑을 보냅니다.

옥지혜

양성모(현대오토에버)

이 책을 통해 하루라도 빨리 프로젝트 모델에서 프로덕트 오퍼레이팅 모델로 전환하는 것이 기업 생존에 필수적임을 깨닫게 되었습니다. 덕분에 우리 조직과 개인이 현재 두 모델 사이 어디에 위치해 있는지, 앞으로 어느 방향으로 나아가야 할지 고민할 수 있었습니다.

이봉호(우아한형제들)

ChatGPT로 대표되는 AI의 등장으로 개발과 비즈니스 간의 간격이 그 어느 때보다 좁아진 지금, 이 책은 프로덕트 기반의 비즈니스 운영에 대한 전반적인 가이드와 구체적인 사례를 함께 소개합니다. 고객은 회사의 내부 운영에 관심이 없으며, 오롯이 그들이 접하는 프로덕트에서 만족을 느끼는지가 중요합니다. 이러한 관점에서 저자는 프로덕트 중심 조직의 운영 방안을 구체적이면서도 솔직하게 설명합니다.

이신우(미디어젠)

이 책에는 일정 궤도에 오른 스타트업이 지속 가능한 성장을 위해 프로덕트 모델을 전사적으로 도입할 때 필요한 내용이 담겨있습니다. 혁신적인 운영 모델을 찾는 비즈니스 리더나 제품 중심 성장을 목표로 하는 기업에게 강력히 추천할 만한 책입니다.

 이원국(한국과학기술원)

이 책은 프로덕트 오퍼레이팅 모델을 바탕으로 기업들이 어떻게 혁신을 달성할 수 있는지 다양한 사례를 곁들여 깊이 있게 설명합니다. 특히, 각 참여자의 역할과 책임을 구체적으로 제시하여 실무자들이 실제로 어떻게 이행해야 하는지 명확히 안내합니다. 프로덕트 중심 조직으로의 전환에 필요한 요소를 전략적으로 보여주는 중요한 지침서라고 할 수 있습니다.

 임승민(씨에스리)

이 책은 프로덕트 오퍼레이팅 모델을 통해 기업이 혁신을 이룰 수 있는 방법을 설명하며, 제품 구현, 문제 해결, 우선순위 결정 방식의 변화를 기준점으로 논지를 전개합니다. 또한, '제품'뿐만 아니라 다양한 직·간접적 이해관계자의 역할, 협업, 우려사항 등 여러 요인을 통해 성공적으로 이어지는 혁신의 과정을 다룹니다. 기업 운영 방식 변화에 관심 있는 모든 분께 강력히 추천합니다.

최아름(티오더)

스타트업에서는 조직 성장과 비즈니스 성공을 위해 팀 이동이나 구성원 변동이 흔히 발생합니다. 모든 시도가 성공적이지는 않지만, 그 과정에서 얻는 것이 있으며, 더 나은 방향으로 나아가기 위해 구성원 모두가 노력해야 한다고 생각합니다. 이 책은 각 직무에서 필요한 역량, 자세, 협업 방식을 설명합니다. 이를 통해 직무에서 어떤 노력이 필요한지, 왜 중요한지 알려줍니다.

제이펍은 책에 대한 애정과 기술에 대한 열정이 뜨거운 베타리더의 도움으로 출간되는 모든 IT 전문서에 사전 검증을 시행하고 있습니다.

추천사

《트랜스폼드》는 팬데믹 이후 조직을 쇄신하여 한 단계 성장하고자 하는 모든 조직장의 손에 들려 있어야 한다. 마티는 프로덕트 오퍼레이팅 모델의 중요한 측면을 모두 다루었다. 리테일과 헬스케어 산업에서의 개인적인 경험으로 미루어볼 때 이 책이 앞으로 나아가고자 하는 모두가 참고할 수 있는 뛰어난 가이드라고 확신한다.

— **프랏 베마나**Prat Vemana, 타깃Target의 최고 디지털 및 제품 책임자

마티는 《인스파이어드》, 《임파워드》를 출간하면서 SVPG에서 수년간 활동한 노하우를 녹여 제품을 만든다는 것의 표준을 정의하고 있다. 《트랜스폼드》를 통해 마티는 수많은 기업이 제품과 관련된 개념을 이해할 수 있도록 도울 뿐 아니라 혁신의 과정 중에 필연적인 장애물을 뛰어넘어 실제로 혁신을 이룬 사례를 통해 배울 수 있도록 안내한다. 이 책은 프로덕트 모델로 전환하고자 하는 모든 기업이 신뢰할 수 있는 자료가 될 것이다.

— **타일러 투이트**Tyler Tuite, 카맥스Carmax의 최고 제품 책임자

SVPG는 대부분의 경영진이 이해하지 못하는 부분이 무엇인지를 알고 있다. 조직 단위의 변화를 이루려면 개인이 먼저 그 변화를 직접 경험해

야 한다. 이 책은 어떻게 그 두 가지를 모두 해낼 수 있는지 알려준다.

— 브렌던 워브치코Brendan Wovchko, 램지 설루션Ramsey Solutions의 최고 기술 책임자

프로덕트 오퍼레이팅 모델로 전환할 용기가 있거나 그 용기를 얻고자 한다면 《트랜스폼드》가 유용한 길라잡이가 될 것이다. 이 책은 조직이 변화해야 하는 이유를 강조할 뿐만 아니라 변화를 이끌어내고 긍정적인 결과를 얻을 수 있는 실용적인 기술을 보여준다. 조직 내부의 반대와 같이 쉽지 않은 질문에 대한 솔직하고도 명확한 조언은 꼭 필요한 부분으로서 이 책에서 제시하는 조언을 그대로 행동으로 옮겨도 무방하다. 매일 새로운 기술이 등장하는 혁신의 시대에 당신의 회사가 변혁의 가능성을 가졌는지 또는 계속해서 그 동력을 유지할 수 있을지 고민한 적이 있다면 《트랜스폼드》는 반드시 읽어봐야 할 필독서다.

— 멜리사 코헨Melissa Cohen, 로켓 모기지Rocket Mortgage의 선임 제품 관리자

프로덕트 오퍼레이팅 모델로 전환해야 할 필요성을 느낀다면 《트랜스폼드》를 추천한다. 마티는 언제나처럼 자신의 스타일대로 솔직하게 왜 그 변화가 필요한지, 어떻게 하는지, 누가 그리고 무엇에 의문을 제기할지, 어떻게 이것을 다루고 해결해야 할지에 대하여 설명한다. 쉽게 읽히면서도 인상에 남아 다시금 또 찾을 것이다.

— 숀 보이어Shawn Boyer, 고해피랩스GoHappyLabs의 최고 경영 책임자

마티만큼 세계적인 수준의 제품팀에서 광범위하고도 심도 깊은 경험을 한 사람은 없다. 《트랜스폼드》에서 마티는 뛰어난 소프트웨어 제품을 만드는 방법을 아직 알아차리지 못한 기업이 참고할 수 있는 아주 실용적인 방법을 제안한다. 이 방법은 목표 설정을 도와주는 성공 방정식 하나를

도입하거나 유명한 소프트웨어 개발 방법론을 채택하는 것과는 다르다. 《트랜스폼드》는 조직 설계, 전략, 문화, 리더십 관점에서 실제로 적용할 수 있으며 계속해서 실천할 수 있는 방법을 총체적인 관점에서 다룬다.

— **슈레야스 도시**Shreyas Doshi,
스트라이프Stripe, 트위터Twitter, 구글Google, 야후Yahoo의 자문 및 (전) 제품 관리자

SVPG는 프로덕트 모델을 도입할 수 있다면 모든 회사가 고객에게 보다 나은 서비스를 제공할 수 있다는 것을 이미 알려주었다. 《트랜스폼드》는 업계, 제품의 유형과 이전 조직 운영 방법과 무관하게 그와 같은 잠재력을 촉발할 수 있는 방법을 가르쳐준다. 이 책을 만난 이후 우리의 사업이 제품을 발판 삼아 도약하기 위해 무엇을 해야 하는지 깨달았다.

— **마이클 뉴턴**Michael Newton,
코리움Qorium의 최고 경영 책임자 그리고 나이키Nike의 (전) 제품 부사장

《트랜스폼드》는 기능을 찍어내는 공장에서 고객에게 독보적인 가치를 제공하는 세계적인 기업으로 발돋움하고자 하는 기업의 경영진이 궁극적인 경쟁 우위를 얻을 수 있는 가장 뛰어난 자료다.

— **미셸 롱마이어**Michelle Longmire, 메더블Medable의 최고 경영 책임자

가장 성공적인 사업의 핵심이 바로 기술인 지금과 같은 시대에 《트랜스폼드》는 프로덕트 오퍼레이팅 모델로의 전환을 노리는 기업에게 필수적인 지침서가 될 것이다. 마티는 그간의 여정을 완벽하게 설명하면서 어렵게 얻은 인사이트를 뛰어난 사례 분석과 함께 제공하는데, 단지 혁신을 위한 로드맵을 제시하는 게 아니라 영감까지도 준다. 수많은 조직이 이와 같은 변혁을 갈망하는 것을 지켜봐온 입장으로서 이 책은 모두가

기다려온 바로 그 순간을 제시한다고 생각한다. 사업에서 한 걸음 더 도약할 수 있도록 기술을 활용하고 싶은 사람이라면 누구나 반드시 읽어야 할 책이다.

— 마이크 피셔Mike Fisher, 엣시Etsy의 (전) 최고 기술 책임자

사업에 제품을 최우선으로 두는 접근 방식이 얼마나 중요한지 알고 그것을 이해하고자 한다면 이 책은 반드시 읽어야 한다. 《트랜스폼드》는 제품을 담당하지 않는 경영진에게 프로덕트 모델에 대하여 설명할 때 큰 도움을 준다.

— 맷 브라운Matt Brown, 알테어Altair Engineering, Inc의 최고 재무 책임자

마티 케이건과 SVPG 팀이 다시금 해냈다. 뛰어난 사례를 인용하고 특유의 결론부터 말하는 화법으로 이들은 프로덕트 오퍼레이팅 모델로의 혁신에 있어 장애물과 함정을 뛰어넘을 수 있는 가이드를 만들었다. 보다 성공적인 미래를 기대하는 경영진 모두에게 이 책을 추천한다.

— 아니시 비마니Anish Bhimani, JP모건 체이스의 최고 제품 책임자

이 책에서 얻을 수 있는 통찰력으로 절약할 수 있는 돈, 시간 그리고 노력은 어마어마하다. 이것은 마티의 컬렉션에서 마지막 조각으로 혁신의 과정에서 겪을 수 있는 보편적인 실수와 그 패턴에 대해 다룬다. 모든 경영진, CEO 그리고 제품팀이 이 책을 읽기를 바란다.

— 아누아르 차푸르Anuar Chapur, 더펠리스 컴퍼니The Palace Company의 기술 부사장

《트랜스폼드》는 조직에 혁신의 DNA를 심기 위한 실전 중심의 가이드다. 마티와 그의 팀은 실제 사례를 이해하기 쉬운 언어로 풀어 수십 년간의

제품 혁신을 이끌어온 경험을 제공한다. 현명하고 기민하게 반응하여 기술적인 역량을 갖춘 조직을 만들고 싶은 CEO나 CIO를 위한 필독서다.

— **마두 나라심한**Madhu Narasimhan, 웰스파르고Wells Fargo의 혁신 전무이사

성공적으로 혁신을 하기 위해서는 무척 많은 것이 필요하다. 마티는 《트랜스폼드》에서 당신이 필요한 모든 것을 알려준다. CEO와 경영진의 입장에서 필요한 관점과 CI/CD와 같은 핵심적인 기술 그리고 조직 내 제품팀이 효과적으로 협업을 할 수 있는 방법까지 전달한다. 궁극적으로 이는 성공을 위한 지침과도 같다.

— **토마스 프레델**Thomas Fredell, 시프트키ShiftKey의 최고 제품 책임자

고객이 만족하면서도 사업적 성과를 가져올 수 있는 훌륭한 제품을 만드는 것은 무척 어렵다. 조직을 혁신해서 영향력 있는 제품을 지속적으로 발굴하고 제공하는 것은 그보다 더 어렵다. 2019년에 마티를 만나고 《인스파이어드》를 읽으면서 나는 제품 관리자로서의 여정을 시작했다. 그리고 관성적인 기능 출시만 하던 조직을 임파워드 제품팀으로 변화시킬 수 있었다. 크리스천 이디오디는 2020년에 조직 전체를 대상으로 혁신에 대한 워크숍을 진행함으로써 변화의 과정을 더욱 단축시키는 데 일조했다. 결과적으로 엄청난 성장과 더불어 팬데믹에서도 사업은 번창했으며, 그 이후 더더욱 발전해왔다. 《트랜스폼드》는 사업을 프로덕트 모델로 전환하고 그 규모를 키우는 과정에 적용할 원칙과 요소를 명확하게 다루고 있다.

— **로니 바르게세**Ronnie Varghese, 알모세이퍼Almosafer의 최고 디지털 책임자

프로덕트 모델을 정착하고 운영하기 위해 필요한 것이 무엇인지 배우고

자 하는 관리자에게 이 책을 추천한다. 《트랜스폼드》는 최고의 기술 중심 기업이 어떻게 일하는지를 풀어서 설명할 뿐만 아니라 진정한 디지털 혁신을 이끌 수 있도록 구체적인 기술을 다루고 다양한 업계의 실제 사례를 다룬다. 이 책이 전 세계적으로 제품의 혁신을 이루는 필독서라는 점을 믿어 의심치 않는다.

— 후안 로페즈Juan D. Lopez, 블루 오리진Blue Origin의 프로덕트 매니저 총괄

고객을 만족시키고 수익과 매출을 증대하며 최고의 인재를 유치하고자 하는 모든 CEO와 CPO는 이 책을 읽고 현업에 적용해야 한다. 이 책은 모든 것을 바꾸어놓을 것이다.

— 필 테리Phyl Terry,
컬래버레이티브 게인Collaborative Gain의 창립자이자 최고 경영 책임자

《트랜스폼드》는 성공적인 디지털 혁신의 길라잡이다. 광범위한 영역을 실용적으로 다루는 것에서 더 나아가 변화의 청사진과 함께 어떻게 목표까지 다다를 수 있는지 소개한다. 혁신의 한가운데 서 있는 기업뿐만 아니라 최고의 기업 운영을 목표로 하는 모든 사람에게 이 책을 읽어보기를 권한다.

— 개브리엘 부프렘Gabrielle Bufrem, 제품 코치

많은 기업이 변화를 시도하는 데 엄청난 시간과 돈을 투자하지만 그 대가로 얻는 것은 미미한 경우가 많다. 《트랜스폼드》는 무엇이 가능한지, 정말로 성공하기 위해 무엇이 필요한지 그리고 그 노력이 헛수고로 돌아가버릴 수 있는 지점도 알려준다. 나는 드디어 함께 일하는 동료에게 우리가 어떤 길을 가고 있는지에 대해서 설명할 수 있는 책을 발견했다.

— 앤드루 스코츠코Andrew Skotzko, 제품 리더십 코치이자 자문

당신의 조직이 최고의 기술 중심 기업처럼 혁신을 하고자 한다면 《트랜스폼드》를 읽어보아야 한다. 나는 나의 고객을 위해 이 책을 선물하고 있다.

— 펠리페 카스트로Felipe Castro, 아웃컴에지OutcomeEdge의 창립자

스트라이프, 슬랙, 애플이 여타의 기업과 어떤 점에서 다른지 궁금한 적이 있는가? 그것은 바로 프로덕트 오퍼레이팅 모델로, 기존의 전통적인 방식을 뛰어넘는 역동적인 프레임워크다. 《트랜스폼드》를 통해 경영진이나 제품팀 조직장으로서 이 모델의 기본 원칙을 어떻게 수용할 것인지와 더불어 최고의 기술 중심 기업이 제품을 만들 때 고수하는 원칙을 살펴볼 수 있을 것이다. 제품 구현에 있어서 모든 조직에 어울리는 단 하나의 천편일률적인 접근은 없다. 기술, 디자인 그리고 제품의 각 관리자가 구성원에게 전략적인 맥락을 전파하고 코칭하는 데 최선을 다하는 과정이 조직에 녹아들어야만 한다. 빠르게 가치를 탐색할 수 있는 비법을 알려주고 팀이 그저 구현하도록 하는 것이 아니라 문제를 해결하는 방법을 찾도록 동기부여를 해야 한다. 20여 년간 수많은 기업의 혁신을 도와온 마티는 신뢰, 혁신 그리고 적응 능력을 길러주는 실용적인 가이드를 제공한다. 당신의 조직을 한 단계 성장시키기 위한 여정이 이제 시작된다.

— 마커스 카스텐포스Marcus Castenfors,
크리스프Crisp 파트너이자 《Holistic Product Discovery(홀리스틱 제품 발견)》의 공저자

이 책은 실리콘밸리 프로덕트 그룹Silicon Valley Product Group, SVPG에서 활동하는 5명의 파트너가 함께 집필했다.

우리는 프로덕트 모델로의 혁신을 효과적으로 이끌려면, 혁신 현장에서 직접 작업해본 경험과 그 과정을 깊이 이해해야 한다고 믿는다. SVPG의 모든 파트너는 실무자로 시작하여 관리자의 자리에 올라, 세계 유수의 제품 기반 기업에서 수십 년간 제품을 만들어온 경험을 가지고 있다.

SVPG 파트너로서 우리는 모든 규모와 단계, 산업에 걸친 제품 조직과 협업하며, 각 조직이 고객을 위한 효과적인 해결책을 찾고 이를 실현하기 위해 기술을 어떻게 활용할지 고민한다. 우리는 주니어 파트너를 고용하지 않으며, 중개인을 두지 않고 업무를 대행하지도 않는다. 대신 조직 내 모든 계층의 사람들과 직접 협업하여, 회사의 미래를 이끌어갈 역량을 갖출 수 있도록 돕는다. 각 파트너에 대한 소개는 웹사이트에서 확인할 수 있다.*

---

*   https://svpg.com/team/

감사의 글

지난 20년간 수많은 기업이 프로덕트 모델로 전환할 수 있도록 도움을 준 SVPG 파트너들로부터 얻었던 교훈을 모아 이 책에 담았다. 우리가 직접 만날 수 있는 소수의 회사를 넘어서 그간 배워온 점을 공유하고 싶었다.

이 책은 우리가 창작한 것이 아니다. 우리는 뛰어난 제품 기반 회사가 어떻게 일하는지는 살펴보았고, 그와 같은 원칙과 행동을 적용할 수 있도록 다른 이들을 도왔다. 우리가 쓴 대부분의 내용은 전 세계 제품 커뮤니티에서 영감을 받은 것이다. 우리가 글을 쓰고 콘퍼런스 발표를 하고 세미나나 워크숍을 열 때면, 우리가 이 책에서 공유한 기술이나 사례 분석의 결과를 검증해본다. 모두가 감사하게도 기꺼이 피드백을 제공했고 추가적인 질문을 건네왔다. 이 책의 전반부에 그러한 상호작용을 포착해 담았다. 내용 대부분이 제품을 만드는 사람들의 커뮤니티에서 영향을 받은 데 반해 각 개념에 대하여 최선을 다해서 설명했고 전문 리뷰어에게 검수를 부탁했다.

Shawn Boyer, Matt Brown, Gabi Bufrem, Felipe Castro, Shreyas Doshi, Mike Fisher, Chuck Geiger, Stacey Langer, Michele Longmire, Alex

Pressland에게 큰 감사를 전한다. 모두가 이 책에 크게 기여했다.

또한 이 책에 프로필 작성을 허락해준 제품 코치인 개브리엘 부프렘Gabi Bufrem, 호프 구리온Hope Gurion, 마거릿 홀렌도너Margaret Hollendoner, 스테이시 랭어Stacy Langer,, 매릴리 니카Marily Nika, 필 테리Phyl Terry, 페트라 윌Petra Wille에게도 감사를 전한다. 개인적으로 이 책은 나의 SVPG 파트너들인 레아 히크먼 Lea Hickman, 크리스천 이디오디Christian Idiodi, 크리스 존스Chris Jones, 마르티나 라우쳉코Martina Lauchengco, 존 무어Jon Moore가 없었다면 완성하지 못했을 것이다.

이들 모두 독창적인 글을 작성하고 수많은 제안을 건네왔다. 이 과정의 매 순간을 함께해온 크리스에게 특별히 감사를 하고 싶다. 더불어 나의 글쓰기 과정에서 떼어놓을 수 없는 동료가 된 그에게 한 번 더 감사의 말을 전한다. 오랫동안 나의 편집자였던 피터 이코노미Peter Economy와 와일리 출판팀에도 감사를 보낸다. 마지막으로 그간 4종의 출판 프로젝트를 거치는 동안 사랑과 지지를 보내준 린Lynn에게 무한한 감사 인사를 전한다.

마티 케이건

이 책을 브루스 윌리엄스Bruce Williams(1950-2016)에게 바친다.

브루스는 내가 제품 조직을 이끄는 역할을 떠나 실리콘밸리 프로덕트 그룹SVPG을 시작할 수 있는 용기와 자신감을 불어넣어준 사람이다. 그는 수많은 사람의 삶이 더욱 나아지게 도움을 준 특별한 사람이자 모두가 원하는 최고의 친구였다. 브루스는 나에게 사무실 공간을 제공하는 것뿐 아니라 디자인, 영업, 마케팅, 출판, 자금 운영에 이르기까지 모든 분야의 조언을 아끼지 않았다. 브루스가 없었다면 나는 제품팀 조직장에 머물렀을 것이고 책을 한 권도 쓰지 못했을 것이다. 또한 SVPG의 구성원으로서 이전에는 상상조차 할 수 없던 인생 또한 경험하지 못했을 것이다. 내가 커리어에서 최선의 결정을 하도록 북돋아준 브루스에게 감사를 전한다.

모두가 각자의 인생에서 브루스 윌리엄스와 같은 인연을 만날 수 있는 행운이 있길 바란다.

PART

I

시작하기 전에

이 책을 통해 전하고자 하는 3가지 주요 목표부터 소개한다. 첫째, 프로덕트 오퍼레이팅 모델이 의미하는 바와 그 방식으로 일한다는 것이 어떤 의미인지를 당신에게 **인지시키고자** 한다. 둘째, 프로덕트 모델로 전환하는 것이 어렵긴 해도 구체적인 성공 사례를 통해 분명 당신도 조직의 변화를 이끌어낼 수 있다고 **설득하고자** 한다. 셋째, 조직의 혁신을 완수한 뒤 무엇이 달라지는지를 사례를 들어 보여줘서 **영감을 주고자** 한다.

《트랜스폼드TRANSFORMED》의 집필 의도를 시작으로 이 책의 포문을 열고자 한다. 그리고 전작인 《인스파이어드INSPIRED》(제이펍, 2018)와 《임파워드 EMPOWERED》(제이펍, 2021)가 이 책을 쓰는 데 어떤 영향을 미쳤는지도 설명한다. 기업이 혁신을 이루기 위해 많은 시간과 노력을 들이는 이유와 함께, 혁신을 시도할 때 자주 범하는 오류 그리고 이로 인해 다소간 예측 가능하며 실망스럽기까지 한 결과도 다룬다.

혁신에 성공하려면 그 과정은 무엇을 수반하는지, 무엇을 필요로 하는지 알 수 있어야 한다. 많은 이들이 이 과정을 도와줄 사람을 채용하면 된다고 쉽게 말하겠지만 현실은 그렇지 않다. 그럼에도 우리는 혁신이 가능하다는 확신을 심어주고자 한다. 당신이 새로운 능력을 갖출 수 있다면 기업 차원에서도 이 변화를 이끌어낼 수 있다는 걸 이해시킬 것이다. 마지막으로 당신이 변화의 필요성을 인지했더라도 그와 같은 방식으로 일해본 조직장이 없다는 딜레마를 어떻게 해결할지에 대해 알아본다.

CHAPTER 01

이 책은 누구를 대상으로 하는가?

《트랜스폼드》는 기업을 프로덕트 오퍼레이팅 모델로 전환하고자 하는 모든 사람을 대상으로 하며 다음과 같은 사람에게 필요한 책이다.

- 프로덕트 모델로 조직을 전환하고자 하는 제품팀의 구성원
- 프로덕트 모델로의 혁신을 진행하려는 기업의 제품팀 조직장
- 프로덕트 모델로 전환하는 데 무엇이 필요한지, 이를 추진할지, 만약 추진한다면 어떤 역할을 해야 할지 알고자 하는 CEO chief executive officer, CFO chief finance officer와 같은 임원
- 프로덕트 모델로의 전환에 영향을 받으며 이 과정에 참여하고자 하는 임원, 이해관계자와 구성원
- 기업이 성공적으로 프로덕트 모델로 전환하도록 돕는 코치

'우리 회사는 테크 기업이 아닌데 우리 회사에도 프로덕트 모델을 적용할 수 있나요?'라는 질문을 자주 받곤 한다. 이는 테크 기업이라는 용어에 대한 오해에서 비롯된 것이다. '테크 기업'이라 함은 기업이 **판매하고자** 하는 제품이 기술을 기반으로 한다는 것이 아니라 **사업을 성장시킬 동**

력이 기술이라는 것을 의미한다.

테슬라Tesla는 차를 팔고 넷플릭스Netflix는 엔터테인먼트를 판다. 구글 Google은 광고를, 에어비앤비Airbnb는 휴가용 숙박시설을 판매한다. 책을 팔아 사업을 시작한 아마존Amazon은 현재 웬만한 것은 다 취급한다. 기업이 **무엇을** 파는지가 아니라 팔고자 하는 것을 **어떻게** 만들고 사업을 **어떻게** 운영하는지가 포인트다. 프로덕트 오퍼레이팅 모델은 기술을 통해 사업을 성장시키고자 하는 기업이 채택할 수 있는 개념이다. 이 관점으로 바라본다면 모든 산업의 대다수의 기업이 해당한다고 볼 수 있다.

먼저 이 책이 《인스파이어드》, 《임파워드》와 어떻게 연결되는지 알아보자. 우리는 《인스파이어드》에서 프로덕트 모델을 적용한 기업의 제품팀이 어떻게 일하는지와 그 기술에 대해 다루었다. 《임파워드》에서는 프로덕트 모델을 적용한 기업의 제품팀 조직장이 뛰어난 결과를 내기 위해 팀에 어떤 환경을 제공하는지와 그 기술에 대해 살펴보았다. 하지만 정작 우리가 가장 많이 받는 질문은 '우리 회사의 운영 시스템은 당신이 말한 것과 너무나 다릅니다. 이런 회사도 프로덕트 모델로 전환하는 게 가능할까요? 가능하다면 도대체 어떻게 해야 할까요?'이다. 이 책은 그 질문에 대한 답을 제시한다.

지난 20년간 SVPGSilicon Valley Product Group(실리콘밸리 프로덕트 그룹)는 기업이 프로덕트 모델로 전환할 수 있도록 도왔다. 인터넷 시대에 탄생한 기업은 기술 기반의 태생을 가져서인지 프로덕트 모델과 같은 업무 방식을 자연스럽게 받아들인다. 그러나 대부분의 기업은 우리가 다루는 업무 방식이 낯설 수밖에 없다. 어떤 CEO는 프로덕트 모델로의 전환 과정이

'우측 주행에서 점차 좌측 주행으로 바뀌어가는 것과 같다'라고 말했다. 이런 기업들은 빠르게 변화하는 기술의 시대에 뒤처지지 않기 위해 혁신이 필요하다는 것을 알고 있지만, 그 과정이 험난할뿐더러 상당히 많은 것을 바꾸어야 한다는 점도 알고 있다.

당신이 만약 《인스파이어드》나 《임파워드》를 읽었다면 프로덕트 모델의 구성 요소를 이해할 수 있을 것이다. 다만 전작들에서는 업무 방식에 어떠한 변화를 줘야 하는지에 대해서는 다루지 않았다.

전작을 읽지 않았다 하더라도 큰 문제는 없다. 이 책에서도 프로덕트 모델에 대한 필수적인 개념을 소개하고 내용 파악을 위해 필요한 기본적인 토대는 제공할 것이다.

프로덕트 오퍼레이팅 모델이란?

안타깝게도 테크 업계는 용어를 정의하는 데 허술한 면이 있다. 동일한 개념에 대하여 다른 용어를 사용하기도 하며, 때로 동일한 용어에 각기 다른 정의가 존재하기도 한다. 나는 새로운 명칭을 도입하는 것을 선호하지는 않지만, 이 책에서 다룰 중요한 개념의 용어가 무슨 뜻인지에 대해서는 명확하게 짚고 넘어가고자 한다.

가장 중요하기에 확실하게 정의해야 할 용어는 **프로덕트 오퍼레이팅 모델**product operating model이다. 우리가 이 용어를 고안한 것은 아니다. 일부 뛰어난 디지털 제품 기업에서 사용하기도 하고 몇몇 기업에서는 축약 표현인 **프로덕트 모델**product model이라는 용어를 쓰기도 한다.

프로덕트 오퍼레이팅 모델은 업무를 진행하는 구체적인 절차 또는 특정한 방식을 지칭하는 것이 아니다. 이는 오히려 **관념적인 모델**conceptual model에 가까우며 뛰어난 디지털 제품 기업이 따르는 주요 원칙의 합이다. 이와 같은 원칙의 예로는 실험의 필수적인 역할을 강조하거나 예측 가능성보다 혁신을 우선시하는 의사결정 방향 등이 있다.

우리는 뛰어난 디지털 제품 기업의 운영 방식을 지칭할 때 프로덕트 오퍼레이팅 모델이라는 단어를 사용할 것이다. 기본적으로 프로덕트 오퍼레이팅 모델은 고객이 만족하면서도 사업의 성장에 기여할 수 있는 기술 기반의 접근 방식을 의미한다. 재무적 관점에서 보면 기술 투자에서 얻어낼 수 있는 이익을 극대화하는 것이다.

제품을 구축하는 데 정답은 없다는 점을 강조하고 싶다. 이는 매우 중요한 부분이므로, 이후에도 다시 다룰 것이다. 하지만 제품을 구축하는 데 있어 좋은 방법도 많지만, 그만큼 잘못된 접근도 많다는 점을 기억해두자. 그간의 출판물에서 강조해온 점을 한 번 더 짚고 넘어가겠다. 이 책에서 당신이 접할 내용 중에서 우리가 발명해낸 것은 없다. 우리는 훌륭한 디지털 제품 기업을 관찰하고 이에 대해 기록한다. 즉, 우리가 관찰하는 모든 것을 기록하지는 않으며, 공통 주제로 묶을 수 있거나 가장 중요한 원칙이라고 여기는 것을 중점으로 다룬다. 우리는 **큐레이터**curator이자 **에반젤리스트**evangelist의 역할을 수행한다.

프로덕트 오퍼레이팅 모델을 종종 **제품 주도 기업**product-led company이나 **제품 중심 기업**product-centered company이라고도 한다. 우리는 이러한 표현을 선호하지 않는데, 자칫 제품팀이 조직 전체를 장악했다는 함의를 전달할 수 있기 때문이다. 마찬가지로 프로덕트 오퍼레이팅 모델이 실제로는 **고객 중심 기업**customer-driven company의 일례인 데 반해, 이 용어가 무수히 오용되어 그 힘을 잃어버렸으므로 사용하는 것을 지양한다.

당신이 속한 조직에 작동하고 있는 모델을 파악하고 이를 명명하는 것역시 만만치 않다. 지금 기업이 어떤 모델에 근간을 두고 있는가를 알아볼 때 결정적인 영향을 미치는 것은 '운전석에 앉은 사람이 누구냐'이다. 다수의 기업에서 '비즈니스' 담당자가 요구사항을 제시하고 **IT 모델**IT model 을 운영한다고 표현한다. 이때 IT는 비즈니스를 위해서 존재한다. IT 모델과 가까운 개념으로 **프로젝트 모델**project model이 있는데, 이런 경우 프로젝트 단위로 예산 할당이나 인원 구성을 결정하므로 CFO가 큰 역할을 담당한다. 만약에 그때그때 해당 이해관계자가 운전석에 앉는다면 이를 주로 **기능개발팀 모델**feature-team model이라고 한다. 각 이해관계자들은 담당하고 있는 기능의 로드맵대로 업무를 진행한다. 영업 담당자가 운전석에 앉는다면 **영업 중심 제품**sales-driven product이라고 할 것이고, 마케팅 담당자가 운전석에 앉는다면 **마케팅 중심 제품**marketing-driven product이라고 할 것이다.

현재 당신이 어떠한 모델을 바탕으로 한 기업에서 일하고 있든 이 책 전반에 걸쳐 그 모델은 당신의 **이전 모델**prior model이라고 지칭할 것이며, 우리가 전환하여 달성하고자 하는 모델을 **프로덕트 오퍼레이팅 모델** 혹은 간단히 줄여 **프로덕트 모델**이라고 부를 것이다. 3부에서 프로덕트 오퍼레이팅 모델에서 일한다는 것이 어떤 의미인지 들여다볼 것이다. 또한 이 책에서 다룰 중요한 제품 관련 용어나 개념도 함께 알아본다.

제품(product)이란 무엇인가?

이 질문은 단순해 보이지만 자주 등장한다. 이 질문에는 여러 층위가 있고 이런 질문을 하는 이유도 제각각 다양하다.

이 질문을 하는 사람 중 혹자는 자신이 고객과 직접 대면하는 서비스를 만들고 있지 않다는 사실을 우려하기도 한다. 이를테면 전자상거래 애플리케이션이나 소비자를 위해 각 개인 기기에서 작동하는 서비스처럼 말이다. 이들은 어쩌면 기업 외부 고객에 대금을 지급하는 사내 서비스를 담당하고 있을 수도 있다. 또는 다른 유형의 제품을 구축하는 데 사용되는 플랫폼 서비스를 담당하고 있을 수도 있고, 중요한 데이터를 제공하는 백오피스와 같은 시스템을 담당할 수도 있다. 어쩌면 소프트웨어만을 담당하는 게 아니라 하드웨어 기기를 만들고 있을 수도 있다.

이와 같이 다양한 유형의 제품에 대해 서로 다른 용어를 사용하지만, 언급한 제품 모두 프로덕트 모델을 적용할 수 있고 이를 통해 발전할 수 있을 것이니 안심해도 좋다.

완전한 제품을 오롯이 담당하는지 또는 보다 큰 제품의 일부만을 다루는지에 따라 질문이 달라질 수도 있다. 이는 **팀 구성**(team topology)이라고 부르는 중요한 주제와 연결된다. 하지만 우선은 큰 제품의 일부만 다루는 것 역시도 제품을 다룬다고 볼 수 있으며 프로덕트 모델을 적용할 수 있다.

마지막으로 실제로는 당장 아무것도 구현하고 있지 않기 때문에 이러한 질문을 하기도 한다. 엔지니어가 구현하는 기술 기반의 제품이 아니더라도 다양한 유형의 제품이 존재한다. 어떤 사람이 제휴사와의 사업적 파트너십을 관리하는데, 자신의 업무에도 프로덕트 모델을 적용할 수 있는지 궁금해한다고 하자. 이 경우에 대해서는 적용할 수 없다. 프로덕트 모델은 기술 기반의 제품과 서비스를 구현하는 이들에 국한하여 발생하는 문제를 다루고자 하기 때문이다.

왜 바뀌어야만 하는가?

이 책을 선택했다면 당신은 이미 변화가 필요한 이유에 대해서 알고 있을 것이다. 하지만 변화는 위험부담이 크고 많은 노력을 들여야 한다. 그런 점에서 이 책은 당신의 목표를 구체화하는 데 도움이 될 것이다. 우리는 기업이 변화를 필요로 하는 대표적인 이유 3가지를 알아냈다.

경쟁사의 위협

모든 기업은 경쟁사가 나타나고 이들로부터 공격을 받기 마련인데, 경쟁사는 고객에게 보다 나은 대안을 제시하고자 한다. 모든 산업이 마찬가지다. 이 글을 쓰는 지금 최신 혁신 기술인 생성형 AI가 등장하면서 많은 산업군의 경쟁 구도가 재편되고 있다. 언제나 그렇듯, 어떤 기업은 새로운 기술을 활용하여 오랫동안 해결하지 못했던 고객의 문제를 새로운 방법으로 해결해내지만, 그렇지 못한 기업은 점차 뒤처지게 된다.

이러한 파괴적 혁신은 금융, 의료, 소매, 자동차, 물류, 광고, 심지어 우주탐사에 이르기까지 다양한 분야에서 일어나고 있다. 물론, 일부 산업은 변화에 더 높은 비용이 들거나 규제가 심하고, 정부 개입으로 인해 혁신이 지연되기도 하지만, 이러한 변화로부터 완전히 자유로운 기업은 드물다. 기업들은 한때 효과가 있었던 무기와 전략만으로는 오늘날의 새로운 경쟁자가 가진 도구와 역량에 맞설 수 없다는 사실을 깨닫고 있다.

확실한 보상

고객을 위해 변화를 이끌어낸 기업이 누리는 금전적 보상은 다른 기업에 혁신을 이루어야만 하는 동기부여가 된다. 혁신에 성공한 기업이 누리는 기업가치와 금전적 보상은 투자자, 임원, 제품팀 조직장과 직원이 변화를 추구하도록 독려한다.

좌절한 관리자

일부 기업은 기술에 쏟아붓는 예산에 비해 돌아오는 효용이 너무 적다는 사실에 좌절감을 느껴 프로덕트 모델을 추구하기도 한다. 계속되는 초과 지출, 실망스러운 결과, 출시를 위해 필요한 시간, 인내심을 잃어가는 고객의 쏟아지는 비난과 이에 대한 변명 등을 생각해보라. 아마 조직장들은 지출을 줄이면서도 보다 많은 수익을 창출하는 사례를 주목하며 자신의 조직에 적용할 수 있을지 궁금해할 것이다. 앞서 다룬 요인 외에도 다음 중 하나 이상의 추가적인 요인이 복합적으로 작용하여 관리자가 혁신의 필요성을 느낀다.

- 가장 유능한 기술 담당 직원이 현재의 조직 운영 방식에 불만을 품고 회사를 떠났을 수 있다.
- 뛰어난 디지털 제품 기업에서 근무했던 리더를 채용하여 다른 구성원이 이와 같이 일하도록 독려했을 수 있다.

- 제품을 계속 사용하고 싶지만 고객의 기대치가 높아져, 기업이 제공하는 제품과 개선 속도에 대한 불만이 점점 커지고 있을 수 있다.

동기가 무엇이든 기업은 새로운 기회를 포착하고 매서운 위협에 효과적으로 대응하기 위해 혁신을 시도한다.

CHAPTER
04

혁신의 전형적인 결말

우리와 함께 변화를 시도하고자 한 대부분의 기업은 이미 혁신을 시도했지만 많은 시간과 비용을 들이고도 아무 소득이 없었다고 생각했다. 이어서 소개하는 예시는 주변에서 쉽게 찾아볼 수 있을 것이다. 구체적인 기업명은 공개하지 않을지라도 상황에 대한 설명만은 생생하게 전할 것이다. 당신이 이미 알고 있는 사례도 있을 수 있다.

익명의 이 기업은 2000년 설립 이래 기업 재정 운영 시장을 선도해왔다. 이 기업은 언제나 고객을 우선시했으며 고객이 요청하는 것 그대로를 제공한다는 자부심이 상당했다. 각 고객의 요구사항을 충족하기 위해 고객별 '특별판'을 선보였고, 거래를 성사시키기 위해 무엇이든지 수용한 덕분에 초창기 괄목할 만한 성과를 거두었다. 내외부적으로 고객의 요구사항에 신속하게 대응하는 것이 이 기업의 브랜딩 특장점으로 자리 잡았다.

그러나 지금은 사정이 달라졌다. 직원 수가 증가하고 조직 전반적으로 근무시간이 늘어났지만, 새로운 기능을 제공하는 데 걸리는 시간은 확연히 길어졌다. 그뿐 아니라 시장에 새로이 진입하는 경쟁사가 여럿 등장했다. 경쟁사들은 빠르게 움직여 시장의 이목을 이끌어냈다. 그 결과 매출의 정체와 더불어 시장점유율도 하락하고 있었다.

이와 같은 상황을 타파하고자 이 기업은 공격적인 인수 전략을 펼쳐 새로운 기술을 구매하고 기존 제품에 통합하여 출시했다. 하지만 수익을 개선하기는커녕 인수한 결과, 문제가 발생했고 수익마저도 기대치에 미치지 못했다.

새로운 시작

이 기업의 이사회는 위기에 대처하기 위해 최고위층 임원을 시작으로 변화를 모색했다. 글로벌 컨설팅 회사에서 최연소 시니어 파트너로 빠르게 승진한 뒤 여러 상업금융 회사에서 최고위층 임원 역할을 수행해오는 등 화려한 이력을 갖춘 사람을 새로운 CEO로 채용한 것이다. 처음으로 CEO를 맡은 그녀*는 이 회사에서의 성과에 자신의 커리어가 달려 있다고 생각했다. 그녀는 준비를 마친 상태였고 실패할 이유도 없어 보였다. 회사는 여전히 높은 시장점유율을 유지하고 있었고 인지도가 높은 브랜드를 유지했으며 수익 또한 안정적이었다. 하지만 변화의 필요성을 느낀 그녀는 이사회에 많은 아이디어를 제시했다. 그녀는 기업 브랜드에 새로운 활력을 불어넣는 임무를 수행하는 역할을 맡았기 때문이다.

여러 분야의 경영 컨설턴트로 일해온 경험을 바탕으로 그녀는 무엇을 해야 하는지 누구보다 잘 알고 있었다. 곧 회사가 직면한 문제점을 진단하

---

* 우리는 누구나 뛰어난 리더가 될 수 있다는 인식을 확산시키고자 한다. 그 일환으로 이 책 전반에 걸쳐 익명의 사람을 지칭할 때 여성 대명사를 사용한다. 성별, 성적 지향과 성 정체성과 무관하게 이 책은 모두를 아우른다. 제품을 만드는 것에 관심이 있는 사람이라면 우리는 당신이 우리의 친구가 되길 바란다.

기 위한 작업에 돌입했다. 당시 회사는 미국, 인도, 유럽 등에 지사를 둔 거대한 조직이었다. 이에 따라 극명한 문화적 차이가 발생했다. 수년간 인수 중심의 성장에 집중하느라 이 큰 기업은 사실상 하나로 모이지 못 했다. 조직 단위의 통합이 이루어지지 않아 기술부채가 누적되었으며 고객의 불만은 쌓여만 갔다.

이전부터 관계를 맺어온 컨설팅 회사의 조언을 신뢰하고 이를 적극적으로 받아들인 신임 CEO는 조직의 문제점을 빠르게 파악했다.

그녀는 조직을 중앙집권식으로 개편하는 하는 것을 시작으로 제품 구현을 내부 인력으로 소화하도록 했다. 그리고 보다 명확한 사업 목표를 설정하고 프로덕트 매니저와 프로덕트 디자이너를 포함한 새로운 제품 조직을 신설하는 등 엄청난 조직 변화를 이끌어냈다. 게다가 이러한 변화를 주도하여 진행시켜나갈 최고 디지털 책임자chief digital officer, CDO까지 영입했다.

마찰과 반발

그녀는 엔지니어 인력 확보와 동시에 수많은 과제를 해결해야 했다. 치열한 시장 상황에서 높은 연봉을 제시해가며 600명의 엔지니어를 고용했다. 설상가상으로 12개월이 지나도록 채용 목표를 채우지도 못했는데 비용은 이미 초과한 상태였다. 이 문제를 타개하기 위해 능숙한 프로덕트 매니저를 채용하기보다는 비즈니스 분석팀을 재구성하기로 결정했다. 이 같은 결정은 제품군이 복잡하고 업계에 대한 심층적인 이해가 필요하다는 이유로 설득력을 얻었다.

혁신의 과정은 생각보다 더 파급력이 컸고 회사가 예측했던 것보다 값비쌌다. 고객과의 직접적인 대면을 통해 실적을 내는 유일한 팀이었던 영업팀은 이와 같은 변화가 달가울 리 없었기에 CEO에게 직접 불만을 제기했다. 반면 CDO는 엔지니어링 인력을 확보하는 것과 다수의 제품팀을 신설하는 것에 대해 긍정적인 의견을 냈으나 전반적으로 변화는 느리고 회사가 치러야 하는 비용은 지속적으로 증가했다.

경영진은 미처 몰랐겠지만 새로이 들어온 엔지니어들은 축적된 기술부채에 놀랄 수밖에 없었다. 인수된 기업들은 각기 인수 이전에 채택한 기술 스택을 그대로 유지하고 있었던 것이다. 이를 모두 통합하고자 하는 검토조차 이루어진 적이 없었다. 초창기 구성원들은 떠나고 남은 구성원들이 간신히 시스템을 유지해나가는 실정이었다. 엔지니어들은 즉각적인 시스템 통합 말고는 대안이 없다고 생각했다.

경영진은 신규 엔지니어들에게 호의적이었지만 시스템 통합과 같은 엄청난 작업을 감당할 의욕은 없는 상태였다. 그들은 엔지니어들이 리팩토링하며 개선할 수 있는 부분에 대한 작업을 하되 로드맵대로 빨리 출시할수 있는 방법을 찾아주기를 원했다. 2년간 각고의 노력을 기울였으나 회사는 그 어느 때보다 느리게 나아갔다.

결국 엔지니어들에게 문제가 있다고 판단한 CEO는 그들이 예측 가능하고 신뢰할 수 있는 결과를 제공할 수 있도록 관리해야 한다는 결론을 도출해냈다.

예측 가능성에의 집중

최고 정보 책임자chief information officer, CIO는 보다 명확하고 구조화된 출시 절차를 갖춰야 한다고 주장했다. 비록 출시 주기가 길어지고 횟수가 줄어들더라도 예측 가능성을 높일 수 있을 것이라는 기대를 기반으로 각 팀은 이 절차에 대한 교육을 받았다.

출시 횟수가 더 줄어든 탓에 영업팀은 고객이 기꺼이 업데이트에 따른 불편과 비용을 치를 만큼 풍부한 기능을 매 출시에 끼워 넣을 방법을 궁리해야 했다. 이 외에도 많은 절차가 새로이 생겨났다. 하나하나의 긴 출시를 모두가 주시하는 상황이 발생하자 프로그램 매니저팀을 구성하여 출시 절차를 관리하기에 이르렀다. 출시를 위한 비용이 증가하면서 출시 횟수는 점점 줄어들었고 그사이 경쟁사는 더욱 성장하고 있었다. 성공에 대한 경영진의 기대는 어느새 모두 잊혀져 사라져버렸다. 심지어는 최근에 합류한 엔지니어 중 상당수가 리더십의 부재를 이유로 퇴사했다. 고객 유지도 점점 더 어려워지고 있었는데, 고객들은 제품이 더 발전하지 않는다고 불만을 토로하는 악순환의 연속이었다.

더 이상 잃을 것이 없다고 생각한 소수의 제품 및 엔지니어링 관리자들은 CEO와 직접 대화하기로 결정했다. 현재의 제품은 고객의 요구사항을 충족시키지 못하고 불필요한 업무 절차가 너무 많아 업무를 진척시킬 수 없는 지경이라고 호소했다. 어떤 선택도 타개책이 될 수 없었다. 과거의 잘못된 관리 방식이 기어코 회사의 발목을 잡은 것이다.

혁신을 이뤄내기 위해 벌써 수천만 달러의 비용을 허비한 시점에서 CEO는 회사에 무엇을 증명할 수 있을지 고민했다. 4년간의 실패와 천문학적으로 쏟아부은 비용 그리고 동료 임원진의 열패감까지 겹친 상황 속에서 CEO는 이사회가 더 이상 그녀를 지지하지 않는다는 통보를 받게 되었다. 이 회사의 혁신은 서서히 그리고 마침내 모두 실패하고 말았다.

CHAPTER

05

CEO의 역할

우리가 지난 20년간 많은 기업이 프로덕트 모델로 전환할 수 있도록 도우면서 배운 점이 하나 있다면, 그것은 바로 혁신이 성공적으로 이루어지려면 CEO의 역할이 무척 중요하다는 점이다. 다만 CEO가 이러한 혁신을 이끌어본 경험이 반드시 있어야 하는 것도 아니고, 혁신의 과정 자체에 많은 시간을 쏟아야 하는 것도 아니다. 그럼에도 불구하고 CEO의 역할은 무척 중요하다. 물론 모든 CEO가 혁신을 지지하고 응원한다고 할 것이다. 하지만 대부분의 CEO는 오랜 시간이 지나고 나서야 혁신을 지향하는 것이 진정 어떤 의미인지 이해하게 된다.

프로덕트 모델로의 전환, 곧 혁신은 기술 관련 부서를 넘어 기업 전반에 영향을 미친다는 것이 문제라면 문제다. 조직을 혁신하고자 하는 과정에서 영업, 마케팅, 재무, HR, 법무, 사업개발, 컴플라이언스compliance, 제조에 이르기까지 모두가 영향을 받게 된다. 이 책에서는 프로덕트 모델로의 전환이 각 영역에 어떻게 영향을 미치는지 자세히 다루고자 한다. 여기서 중요한 점은 모든 조직장 또는 이해관계자가 새로운 업무 방식을 반기지 않는다는 점이다.

더 나은 결과를 가져올 수 있는 이 접근을 대부분의 구성원은 최소한 시도는 해보고자 할 것이다. 프로덕트 모델을 채택한 조직에서 일하는 방법을 배우면 개인에게도 보탬이 된다는 것에 많은 사람이 점차 공감하고 있다. 무척 열정적인 이해관계자나 임원이라 할지라도 혁신의 과정에서 반드시 해결하고 싶은 의문이나 달성해야 하는 목표가 있을 수 있다는 점 역시 놓쳐서는 안 된다. 일부 구성원은 소극적으로나마 저항하고 또 일부 구성원은 아예 거부할 수도 있다. 이는 자신의 권한을 유지하기 위해서일 수도 있고, 이미 뻔한 나쁜 선택과 그 결과를 알 수 없는 선택 중에서 전자를 선택하려는 오래된 관성 때문일 수도 있다.

혁신을 진행하는 데 문제가 될 수 있는 이해관계자들은 결과적으로 CEO에게 보고할 것이며, CEO가 궁극적으로 무엇이 중요하고 필요한지 결정하면 그들 역시 이를 따를 것이다. 전설적인 코치인 빌 캠벨Bill Campbell은 "기업은 리더가 가장 신경 쓰는 부분을 신경 쓴다"라고 말했다.

CEO가 CIO, CDO 또는 최고 혁신 책임자에게 권한을 위임하는 경우가 무척 많다. 이들은 각자 담당하는 조직 내에서는 결정에 영향을 미칠 수 있겠으나 (자주 발생하지 않지만) 다른 이해관계자가 이에 대한 반발을 CEO에게 보고한다면 문제가 생긴다. 당신이 만약 CEO라면 혁신이 IT라는 영역을 넘어서서 조직 전체에 영향을 미친다는 사실을 처음 알게 되었을 수도 있다. 그렇다면 이 새로운 사실에 대하여 심사숙고하는 것이 중요하다.

대부분의 기업이 제품팀, 디자인팀, 엔지니어팀에 변화를 주면서부터 혁신을 시작한다. 이러한 조치가 토대를 이루어야 다른 분야에서 혁신하려는 노력이 효용을 발휘하기 때문이다. 당신이 새로이 개발해야 할 능력이 있고 당신의 조직에 새로이 탑재할 원칙과 채용해야 할 인력이 있을 것이다. 또한 무엇보다 중요한 조직 문화 차원에서의 변화가 있어야만 한다. 이 변화가 이루어지고 나서야 혁신이 조직 전반에 영향에 미친다는 것을 알 수 있다. CEO와 고위 임원진이 이와 같은 변화를 적극적으로 지지하지 않는다면 혁신의 동력은 흐지부지될 수밖에 없다.

단적으로 말해 CEO는 프로덕트 모델로의 전환을 직접 알리고 주도하는 에반젤리스트가 되어야 한다. 만약 CEO가 이를 수행하기를 꺼리거나 해낼 수 없다면 혁신의 제반사항이 아직 갖추어지지 않았으므로 당신의 시간, 자원 그리고 노력을 아끼는 것이 나은 선택이다.

프로덕트 모델을 성공적으로 기업에 정착시키면 비단 제품팀과 엔지니어팀뿐만 아니라 모든 조직 구성원의 업무 환경을 개선할 수 있다. 이로 인해 조직 구성원은 회사의 제품에 보다 자부심을 느낄 수 있다. 마케팅 팀은 더 많은 홍보와 포지셔닝에 집중하고, 영업팀의 실적도 올라간다. 이러한 시너지가 이루어지면 모두가 금전적인 효용을 누릴 수 있다. 더불어 조직 구성원의 사기와 근속률이 향상된다. 즉, 이러한 가치만 보더라도 CEO가 프로덕트 모델로의 전환을 적극적으로 지원하지 않을 이유가 없다.

CHAPTER

06

혁신으로의 길라잡이

이즈음이면 우리가 혁신이 쉽지 않다고 단언하는 맥락을 당신이 이해했기를 바란다. 이 책은 앞으로 다가올 상황을 대비하기 위한 것일 뿐이다. 당신이 이 책을 비법이나 지침서로 생각하지 않기를 바란다. 당신에게 그런 비밀을 팔려고 하는 사람이 많겠지만, 우리는 그와 같이 지나치게 일반화된 접근 방식이 성과를 거두는 사례를 본 적이 없다. 이 책은 성공적으로 **전환을 이루어낸** 기업의 경험을 분석한 **혁신 사례**를 다룬다.

혁신 사례를 분석하는 이유는 비록 그 과정이 쉽지는 않더라도 반드시 성공할 수 있다는 자신감을 불어넣기 위해서다. 각 사례는 당시 각 기업의 제품팀을 이끌던 관리자가 설명할 것이다. 혁신 사례를 분석하다 보면 당신은 기업 내 전환을 이루고 난 다음 무엇을 해야 할지에 대한 영감을 얻을 수 있다. 사례 분석 외 이 책의 구성은 다음과 같다.

2부에서는 프로덕트 오퍼레이팅 모델로 전환한다는 것이 진정으로 무엇을 의미하는지 살펴본다. 그 후 프로덕트 모델로의 전환을 이루기 위해 당신이 가져야 할 핵심 역량과 주요 능력에 대하여 다룬다.

3부에서는 기업 차원에서 혁신을 이끌어내기 위해 필요한 역량에 대해 알아보겠다. 만약 당신의 기업이 이미 이러한 조건을 갖추었다고 생각한다면 아마 당신이 틀렸을 것이다. 또한 혁신이 실패로 이어질 확률 역시 높다. 그저 말뿐인 사람들의 감언이설에 속아서는 안 된다.

4부에서는 프로덕트 모델의 주요 개념과 프로덕트 모델이 근간으로 하는 원칙들을 알아본다. 그 과정에서 다수의 기업이 아직 이러한 기술을 갖추지 못했다는 것을 깨닫게 될 텐데, 이는 혁신을 위한 첫걸음이 된다. 프로덕트 모델과 관련된 핵심 역량 그리고 개념은 혁신의 토대다.

6부에서는 제품팀이 어떻게 고객, 영업, 프로덕트 마케팅, 재무, 이해관계자, 고위급 임원들과 체계적으로 협업하는지 살펴본다.

8부에서는 기업이 혁신과 같이 큰 규모의 변화를 거칠 때 도움이 될 기법에 대해 설명한다. 변화는 어렵지만 몇 가지 주요 기술과 전략을 이용하면 전환을 더욱 촉진할 수 있다. 조직 내 평가로 시작해 다양한 전략도 소개한다. 또한 지속적으로 혁신이 필요하다고 조직 내에 설파하는 것이 얼마나 중요한지도 강조할 것이다. 새로운 업무 방식을 도입해본 적 없고 관리자가 그와 같은 방식으로 일해본 적도 없는데, 어떻게 이와 같은 방식을 조직 단위에서 채택할 수 있는지 파헤쳐본다.

10부에서는 조직의 주요 이해관계자인 영업, 마케팅, 고객지원, 재무, HR, CIO, PMO, CEO와 이사회 및 제품팀 내부에서 제기하는 우려와 반론을 논의해본다. 구성원이 이러한 의견을 내는 이유는 이들이 생각하는 문제점을 어떻게 해결할 수 있을지 아직 알지 못하기 때문이다. 이러한 우려와 반론을 고려한 다음 이를 극복하는 방법에 대해 알아본다.

11부에서는 혁신 사례를 포함하여 이 책에서 다룬 주제를 하나로 아울러 이어본다.

제품팀 리더의 험난한 여정

조직의 혁신을 이끌어내기 위해 상대방이 꺼리는 주제를 논의해야 하는 경우도 많다. 이런 점에서 미루어볼 때 제품팀 조직장*에게는 조금은 불편한 이야기를 꺼내고자 한다. 회사의 경영진이 조직의 혁신에 있어 중요한 역할을 한다는 데에는 의심의 여지가 없다. 하지만 많은 제품팀 조직장은 자신들 또한 그만큼 할 일이 많다는 사실에 놀라곤 한다. 생각보다 많은 제품팀 조직장이 경영진의 방식만 바뀌면 만사가 해결된다고 믿는데 이러한 사고는 당황스럽기 그지없다. 이들은 다른 이들을 변화시키는 데 온 신경을 집중하고 스스로 변화하는 데에는 소홀히 하는 경우가 많다.

이들은 수준 미달인 프로덕트 매니저를 탓한다.

이들은 권한이 없다고 불평한다.

이들은 최선을 다하지 않는 엔지니어를 탓한다.

이들은 이해관계자가 자신을 믿지 않는다고 불평한다.

이들은 구체적인 제품 로드맵을 요구하는 CEO에 대해 불평한다.

하지만 이들은 이와 같은 문제의 상당수가 자신의 행동 또는 하지 않은 행동으로 인해 촉발되었다는 것을 알지 못한다. 제품팀 조직장이 제품팀 구성원의 역량을 끌어올려야 한다는 책임을 등한시하거나 잘못된 채용을 바로잡고자 하지 않는다면 제품팀에는 혁신에 필요한 능력치를 하회하는 구성원만 가득할 것이다.

그렇다면 팀이 동기부여가 되지 않는 상태는 누구의 책임인가?

엔지니어가 제품에 대한 관심 없이 주어진 일만 한다면 누구의 책임인가?

이해관계자가 프로덕트 매니저를 믿지 못한다면 누구의 책임인가?

CEO가 제품팀 구성원을 역량 미달이라고 여겨 신뢰하지 못한다면 누구의 책임인가?

제품팀 조직장이 혁신에 착수할 때 명심해야 할 2가지 사항이 있다. 첫째, 당신이 주인의식을 가지고 일하는 만큼 조직의 신뢰를 얻을 수 있다. 둘째, 구성원의 마음과 생각을 바꾸는 것 또한 당신의 역할이다.

경영진이 프로덕트 모델로 전환하기 위해 해야 하는 일이 많은 것처럼 어쩌면 더 많은 변화가 제품팀 조직장과 제품팀에 필요할 수 있다. 우리는 모든 국면에서의 변화가 필요하다는 것을 강조하고 싶다. 성공은 제품팀의 수준을 끌어올리는 것에서부터 출발한다.

---

* 　보다 정확한 표현을 위해 첨언하자면 프로덕트 매니저, 프로덕트 디자이너, 엔지니어팀 관리자 또는 각 담당자, 데이터 분석가와 사용자 연구원이 모두 개별 기여자(individual contributor, IC)다. '제품팀 리더'라는 표현은 프로덕트 매니저팀의 매니저, 프로덕트 디자인팀의 매니저 그리고 엔지니어팀의 매니저를 지칭한다. 그리고 '임원' 또는 '경영진'이라는 표현은 CEO, CFO, COO, CMO, CRO와 같이 최고 관리자를 지칭한다.

혁신에 관한 수많은 **안티패턴**anti-pattern이 존재한다. 우리 중 많은 사람들이 혁신의 실패를 목격했지만, 진정한 성공을 목격한 사람은 거의 없다. 그렇기 때문에 성공적인 혁신에서 얻은 교훈은 더욱 귀하다.

우리는 '혁신에 성공을 하고 난 다음 우리 회사는 무얼 할 수 있게 되나요?'라는 질문을 자주 받는다. 제품을 다루는 사람으로서 성과와 결과에 많은 시간을 할애하는 만큼 이 질문은 타당하다고 생각한다.

이 책은 혁신을 이루고 난 다음 기업이 갖는 경쟁력과 이룰 수 있는 성과를 강조한다. 특히 기업이 시장에서의 위협과 새로운 기회를 포착할 수 있는 능력을 다룬다. 기업의 관리자가 혁신이 필요하다고 진정으로 믿는다면 이게 구체적으로는 무슨 의미일까?

당신은 아마 '애자일agile로 전환하는 건 필요할 수도 있지만 그것만으로는 부족하다'라거나 '혁신의 핵심은 기능개발팀에서 임파워드 제품팀empowered product team*으로의 전환이다'라거나 '혁신의 목표는 제품 주도 기업으로의 전환이다'와 같은 이야기를 들은 적이 있을 것이다. 이런 발언은 혁신의 일부분에 대한 언급일 뿐 포괄적인 관점에서의 혁신이 갖는 가치를 설명하지는 못한다.

이 책에서 우리는 다른 접근을 해보고자 한다. 애자일, 임파워드 제품팀, 제품 주도 기업이라는 명명을 하기보다는 실제로 무엇이 바뀌는지에 집중하는 것이 생산적이다. 이 책에서 우리는 3가지 관점에서 프로덕트 모델로의 전환에 대해 이야기하고자 한다.

---

*   [옮긴이] 임파워드 제품팀이라는 표현은 《임파워드》에서 빌려왔다. 임파워드(empowered)의 의미는 특정 범위의 권한과 책임을 위임하되 이를 수행하는 주체가 동기부여를 바탕으로 주인의식을 가졌다는 의미로 쓰인다.

1. **제품 구현 방식의 변화**: 어떻게 제품을 구현하는지를 바꾼다.
2. **문제 해결 방식의 변화**: 어떻게 문제를 해결하는지를 바꾼다.
3. **우선순위 결정 방식의 변화**: 어떤 문제부터 해결할지 결정하는 방식을 바꾼다.

제품 구현 방식의 변화

애자일 개발 방법론이 업계에 소개된 지 수년이 지났음에도 아직도 많은 기업이 월 단위 또는 분기 단위의 대규모 출시에서 벗어나지 못했다. 소위 **가짜 애자일***의 부상으로 일부 기업은 스스로를 속여 실제로는 어떠한 유의미한 개선 없이 적합한 방식으로 일하고 있다고 착각하고 있다.

회사와 고객이 믿고 쓸 만한 서비스를 제공해야 신뢰를 얻을 수 있다. 이는 소규모의 빈번한 출시를 의미한다. 이것을 실현하기 위해서는 회사에서 사용하는 기술이 어떻게 동작하고 쓰이는지를 이해해야 한다. 고객이 알아채기 전에 문제를 확인하기 위해서는 기술에 대한 적절한 모니터링이 필요하다. 또한 소규모의 출시를 자주 하면 출시 범위를 확대하기 이전에 새로이 제시한 서비스가 가진 가치의 경쟁력을 확인할 수 있다. 계속해서 출시를 할 수 없다면 최소한 2주에 한 번은 실출시†를 할 수 있어야 한다.

문제 해결 방식의 변화

기업이 기능개발팀에서 임파워드 제품팀으로 변화하겠다는 것은 결과적

---

* 대표적인 '가짜 애자일' 사례로는 확장형 애자일 프레임워크(SAFe)가 있다. 스크럼(Scrum)을 채택하고도 월 단위 혹은 분기 단위의 출시를 하여 애자일의 장점을 취하지 못하는 팀도 있다.

† 실출시의 의미는 제품의 유형에 따라 다르겠으나 우리는 고객이 직접 써볼 수 있도록 새로운 기능을 성공적으로 출시했다는 것을 일컫는다.

으로 팀의 문제 해결 방식을 바꾸겠다는 것이다. 기능개발팀은 이해관계자들이 그들의 관점에서 정의한 해결 방안(이는 주로 기능 또는 프로젝트 단위의 업무로 묶인다)을 로드맵 형태로 전달하는 것을 받아 작업한다. 반면에 제품팀은 해결해야 할 문제를 전달받고 유의미한 가치를 제공하며 사용성이 좋은 동시에 최적의 규모인 해답을 찾아낸다. 직접 구현할 수 있는 기술력을 보유하고 그 기술을 통해 고객과 만나는 제품팀이 최선의 해결 방안을 찾게 하는 방식이라고 할 수 있다.

실무적으로 설명하면, 구현할 가치가 있는 해결 방안을 빠르게 제품으로 만들고 출시(이 과정을 제품 발견이라고 함)하게 된다. 이때 고객, 데이터, 사업과 업계를 잘 이해하는 뛰어난 프로덕트 매니저가 엔지니어와 프로덕트 디자이너와 함께 일하면서, 제품팀이 성공하는 데 필요한 다양한 역량을 갖추도록 해야 한다. 이 변화는 기업 내 이해관계자들과의 관계에도 영향을 미치며, 제품팀은 기존의 제한적인 역할에서 벗어나 협력적인 관계로 전환한다. 또한 제품팀은 고객이 만족하면서도 사업에 도움이 되는 해결 방안을 찾아야 한다.

우선순위 결정 방식의 변화

팀이 제품 발견 과정에 적응하여 고객이 만족하면서도 비즈니스에 도움이 되는 방식으로 어려운 문제를 꾸준히 빠르게 해결해낸다면 그 누가 보아도 큰 도약이라고 할 것이다. 하지만 이 문제가 기업이 직면한 문제 중 가장 중요한 것이라고 판단했다면 어떤 과정을 거쳐 그와 같이 결정했는지에 대해서도 생각해보아야 한다.

각 기업의 이전 모델에서 이해관계자들은 어떤 문제를 해결할지 직접 결정했다. 반면 프로덕트 모델에서는 이것은 제품을 이끄는 조직장의 핵심적인 역할인 동시에 새로이 맡은 결정사항이다.

모든 기업은 다양한 위협과 기회를 만난다. 어떤 위협을 심각하게 받아들이고, 어떤 기회를 추구하느냐에 따라 성공과 실패가 판가름 날 수 있다. 경쟁력 있는 제품 기업은 설득력 있는 제품 비전을 가지고 있으며, 이를 바탕으로 통찰력 있는 제품 전략을 세워 사업 목표를 달성하기 위해 해결해야 할 가장 중요한 문제를 선별한다. 이를 설명하기 위해 몇 가지 중요한 사항을 짚고 넘어가겠다.

첫째, 어떻게 제품을 구현하고, 어떻게 문제를 해결할지, 어떤 문제부터 해결할지의 3가지 축 모두 뛰어난 제품팀 조직장(프로덕트 매니저팀의 관리자, 프로덕트 디자이너팀의 관리자, 엔지니어팀의 관리자)에게 달려 있다. 이제 당신도 점차 제품팀 조직장이 왜 이토록 어려운 자리인지를 수긍하리라 생각한다. 제품팀의 구성원은 역량 신장을 위한 코칭뿐만 아니라 때마다의 업무를 해야 하는 제품 전략 차원의 맥락을 궁금해한다.

둘째, 일정 수준 이상으로 숙달된 뒤에는 이 3가지 축을 각 단계로 간주하여 단계에 따라 기업 혁신을 진행할 수도 있다. 실제로는 이 3가지 축은 하나로 연결되어 있다. 당신은 각각을 동시에 진전시켜야 하며 그럴 수 있을 것이다. 더 많은 내용은 8부에서 다룬다.

지금껏 살펴본 이야기를 요약하자면 다음과 같다.

- 제품을 어떻게 구현하고 출시할지를 바꾼다는 것은 대규모의 분기별 출시로부터 소규모의 빈번한 출시로 업무 방식을 변경한다는 의미다.

이는 가장 큰 파급 효과를 내면서 제품을 적시에 출시하기 위한 필수 요소다.

- 문제 해결 방식을 바꾼다는 것은 이해관계자가 주도하는 로드맵과 기능개발팀에서 벗어나, 해결해야 할 문제를 부여받고 이를 해결할 수 있는 제품팀으로 전환된다는 뜻이다. 또한, 제품 발견 과정을 통해 유의미한 가치를 제공하고, 사용하기 쉽고, 실행 가능하며, 최적의 규모로 해결책을 찾아야 한다는 의미다. 제품팀이 제시하는 해답은 고객의 문제와 사업의 과제를 모두 해결해야 하며, 이를 통해 비용 효율적인 제품 출시가 가능해진다.

- 어떤 문제부터 해결할지 그 우선순위를 결정하는 방식을 바꾸는 것은 기업의 근본적인 수준에서의 변화다. 이 방식의 변경에 따라 어떤 기회를 추구할지가 바뀌고 제품 비전과 전략을 아우르면서 투자 대비 최대의 성과를 낼 수 있느냐가 결정된다. 이 변화를 통해 기술적인 투자에 대한 효용을 최적화할 수 있다.

위와 같은 3가지의 축과 그에 대한 설명을 통해 기업이 어떤 영역에서 변화를 시도해야 할지 이해했기를 바란다. 각 관점에서 당신의 혁신으로의 여정이 시작될 것이다. 이후 3개 장에 걸쳐 3가지 축을 상세히 살펴보면서 디지털 제품 기업에서 이와 같은 변화가 왜 그렇게 중요한지를 알아보자. 이 개념들은 어떤 면에서 기술과 깊게 연결되어 낯설게 느껴질 수도 있다. 그러나 사업과 고객이 얼마나 중요한지를 이해하는 것이 우선이고 이를 위해 기술에 대한 구체적인 이해가 필요한 것은 아니니 걱정할 필요 없다.

CHAPTER 07

제품 구현 방식의 변화

기술에 투자하는 이유는 고객과 기업을 위한 가치를 창출하기 위해서다. 가치를 창출하는 데는 다양한 측면이 있겠으나 결국 제품을 만드는데 중요한 역량 중 하나는 팀의 엔지니어링 수준이다. 많은 기술 중심 기업이 가장 큰 비용을 집행하는 부서 역시 엔지니어팀이다.

프로덕트 모델이 아닌 이전 모델에서 일반적으로 기술적인 투자는 프로젝트 단위로 구분된다. 각 프로젝트에 대한 예산 집행, 인력 배분, 계획과 실행이 이루어지며 최종적으로 납품이 이루어지는 식이다. 우리가 무언가를 만들 때마다 창출해내는 가치는 크게 2가지가 있다. 하나는 작업의 결과물 그 자체이고, 또 다른 것은 그 과정에서 팀이 체득하는 경험치다. 프로젝트 모델에서는 무엇을 배웠는지는 소실되고 만다. 해당분야의 작업을 다시 하고자 할 때 이미 배울 수 있었던 것에 다시 한번시간과 금전적인 비용을 치르게 된다. 또는 오히려 배우지 않음으로써값비싼 실수를 저지르기도 한다.

프로젝트에 대한 산출물을 납품하고 그만인 팀과 지속적으로 그 결과물을 운영하고 관리해야 하는 팀은 전혀 다른 결과물을 낸다. 프로젝트 모델을 택한 기업의 기술부채가 유달리 심한 것도 이와 같은 이유에서이다. 집을 팔기 위해서 인테리어를 하는 것과 내가 살 집을 인테리어하는 것과 같은 차이다. 전자라면 벽지 위에 페인트칠을 하는 게 빠르고 저렴할 것이다. 나중에 칠이 벗겨지든 말든 무슨 상관이겠는가. 엔지니어팀의 외주화 역시 같은 결과를 불러온다. 그런 방식으로 계속 일하고 싶다면 이 방면으로 탁월한 능력을 갖춘 컨설팅 회사인 액센츄어Accenture와 계약을 맺는 게 낫다고 우리는 조언한다.

하지만 프로덕트 모델에서 이처럼 일한다면 시간과 금전적인 비용 측면에서 비효율적이고, 더 중요하게는 고객과 기업이 필요로 하는 혁신적인 결과물을 제공하지 못한다고 여긴다. 그래서 조직에서의 혁신은 제품을 **어떻게 구현**하느냐에서부터 시작한다. 이는 **프로젝트에서부터 프로덕트(제품)로** 초점을 바꾸는 것과 같다. 프로덕트 모델에서 제품팀은 제품을 가꾼다. 디지털 제품 기업은 매주 끊임없이 제품을 개선하는데, 프로덕트 모델이 자리 잡은 뛰어난 회사의 경우 하루에도 몇 번씩 제품을 개선한다.

새로운 기능을 추가하고 추가 수익원을 창출하며 운영 비용의 절감까지 회사에 필요한 모든 일을 제품팀에 새로이 할당할 수 있다. 제품팀은 회사가 투자를 멈추거나 현상태로 유지만 하기로 결정하거나 사업을 철수하기로 결정하기 전까지는 꾸준히 제품을 개선하는 데 관심을 기울일 것이다. 제품 개선이 끊임없이 이루어지도록 신뢰할 수 있는 소규모의 출시 체계를 바탕으로 자주 출시할 수 있어야 한다.

한 번에 와닿지는 않지만 통계적으로 증명된 바에 따르면 자주 출시할 수록 그리고 더 많은 변화를 줄수록 기업에도 고객에게도 이득[*]이다. 뛰어난 디지털 제품 기업들은 이 사실을 이미 수년 전에 깨달았다.

고객에게 안정적인 서비스를 제공하고자 한다면 많은 변화를 모두에게 한 번에 제공하는 소위 **빅뱅 출시**bigbang release를 하기보다는 작은 변화를 주고 제품이 안정적으로 동작하는지 모니터링하는 것이 유리하다. 단언하자면 제품팀이 최소 2주에 한 번씩 출시하고 있지 않다면 고객이 필요로 하는 관심과 도움을 제공하지 못하는 것이나 매한가지다.[†] 또한 제품팀은 출시하는 모든 신규 기능이 의도대로 동작하는지를 확인하고, 고객이 그 기능 또는 제품을 실제로는 어떻게 사용하는지 파악해야 한다. 예상치 못한 문제를 파악하기 위해 제품을 지속적으로 모니터링하면서 보다 많은 고객에게 새로운 기능을 제공하기 이전에 이 기능이 정말로 필요한 가치를 가진다는 것을 증명할 수 있어야 한다. 이와 같은 검증 절차에서 A/B 테스트를 수행하기도 한다.

당신이 담당하는 제품에 이와 같은 업무 방식을 적용하는 것이 불가능하거나 고객이 너무 잦은 출시로 오히려 불편을 겪는다고 생각할 수도 있겠지만, 18장에서 기업과 고객 모두에 대하여 이와 같은 원칙이 왜 옳은지와 이를 실천하기 위한 메커니즘에 대해 자세히 설명하겠다.

---

[*] 니콜 폴스그렌(Nicole Forsgren), 제즈 험블(Jez Humble), 진 킴(Gene Kim)의 저서 《디지털 트랜스포메이션 엔진(Accelerate: The Science of Lean Software and DevOps)》(에이콘출판사, 2020)

[†] 이와 같이 일할 수 없는 이유이자 평계를 많이 듣게 되는데 이 부분은 10부에서 다루겠다.

애자일이라는 용어는 이미 들어본 적이 있을 것이다. 지난 20년간 수많은 기업이 애자일을 채택해온 것은 제품팀이 안정적이면서도 소규모의 출시를 자주 할 수 있는 여건을 만드는 업무 방식이기 때문이다. 소규모의 출시를 자주 하기 위해서는 테스트와 출시 자동화에 큰 투자를 해야 한다. 하지만 과감하게 애자일을 채택한 기업은 최소 2주 단위의 출시를 실행할 수 있으며 이는 기업과 고객에 유의미한 가치를 제공했다.

그러나 소규모의 출시를 안정적으로 자주 하기 위해 반드시 애자일을 도입해야 하는 것은 아니다. 세계 최고의 제품팀들은 이미 소규모의 출시를 할 수 있는 능력을 갖추었지만(지속적 통합(continuous integration, CI)/지속적 배포(continuous delivery, CD)) 애자일 절차나 방법론을 선택하지 않은 경우도 있다. 이는 애자일 코치, 관행, 역할, 방법론과 절차를 도입하는 데 기나긴 시간과 천문학적 비용을 투자하면서도 분기 단위로 출시하고 이로 인해 고객의 불편을 초래하는 조직과 대조된다.

만약 어떤 기업이 아직도 연 단위, 분기 단위 또는 월 단위로 출시하고 있다면 얼마나 많은 애자일 관행을 따르는지 또는 얼마나 많은 애자일 코치를 고용하든지와 무관하게 결과는 같다. 그런 기업은 어떠한 의미로든 애자일하지 않을뿐더러 취하고 있는 노력에 비해 적절한 효용을 끌어내지 못한다. 고객과 기업이 원하는 바를 이루기도 어려울 것이다. 많은 기업이 수백만 달러를 쓰면서 애자일한 조직으로 변화하고자 하는 것은 그 과정이 혁신이라고 생각하기 때문이다. 하지만 그 노력에 부합하는 결과를 확인하는 경우는 드물다. 만약 당신이 이러한 상황에 처해 있다면 실망을 넘어서서 절망에까지 이를 것이라 생각한다.

애자일한 기조를 선택하는지 여부와는 무관하게 당신은 각 제품팀과 논의하여 최소한 2주에 한 번씩은 안정적으로 소규모 출시를 할 방법을 찾을 필요가 있다. 지금의 조직 구성원이 그것을 해낼 능력이 없다면 이러한 작업이 가능한 엔지니어팀 관리자 또는 엔지니어를 채용하거나 그들에게 이 방법을 가르쳐줄 수 있는 뛰어난 코치를 섭외해야 한다.

CHAPTER
08

문제 해결 방식의 변화

무엇을 만들든지 어떻게 구현하고 테스트하고 출시하는지는 무척 중요하다. 그러나 너무 많은 기업이 이 자체에만 집중해서 고효율의 기능 공장이 되어버리기도 한다. 어느 때보다 많은 기능을 출시하지만 이에 상응하여 고객이 그만큼의 가치를 느끼는지나 사업에 영향을 미치는지는 파악하지 않는다. 업계 분석가의 말을 빌리자면 기업에서 새로이 출시한 기능이나 완수한 프로젝트 중 수익을 창출하는 건의 비중은 10%에서 30% 내외다.

회사가 새로이 출시한 기능과 그 기능이 창출하고 있는 가치를 견주어 결과가 탐탁지 않다면 고객이나 사업이 직면한 문제에 대한 해결 방안 그 자체가 중요하다는 말에 공감할 것이다. 근본적으로 기능개발팀이 사업 운영의 원동력인 고객을 위해서가 아니라 조직 내 이해관계자를 위해서 일하는 탓이다.

사업팀 관리자와 관련 이해관계자들은 각자의 운영상 요구사항을 알고 있고, 자신의 목표를 달성하기 위한 기능과 프로젝트의 목록을 만든다.

이들은 이 목록을 그대로 기능개발팀에 전달하고 이를 바탕으로 제품 로드맵을 작성해 어떤 일정으로 어떤 기능을 만들 수 있는지를 요청한다. 이런 과정을 거쳐 출시한 기능은 왜 당초 기대와 다른 결과를 내게 될까? 기능은 기업이 직면한 문제에 대한 **예상 해결 방안**이다. 제품을 어떻게 써야 할지 모르는 고객이 문제일 수도 있다. 또는 인프라에 너무 많은 비용을 집행한 기업이 문제일 수도 있다.

기능개발팀 모델에서 로드맵상의 각 기능은 기능개발팀의 디자이너가 디자인하고 기능개발팀의 엔지니어가 구현한다. 이 기능이 고객이나 기업에 의도한 가치를 제공할지는 이 기능을 처음 제안한 사람의 책임이다. 이는 대개 이해관계자에 해당한다. 이들은 자신의 요구사항만 제시할 뿐 구현 과정에서의 세세한 기술적 상황을 이해하지 못하고 고객의 요구사항이나 불편함 또한 직접 대면한 적이 없는 경우가 많다.

결과적으로 기능개발팀 모델에서는 사업 목표 달성 여부에 대해 기능개발팀의 책임을 물을 수가 없다. 기능개발팀은 단순히 **기능이라는 산출물만 제공**하는 팀이기 때문이다. 그 기능이 원하는 결과를 생성해내지 못할 경우 그들은 요청받은 대로 수행했다고 하면 그만인 것이다. 놀랍게도 이 기능을 진행하자고 결정했던 이해관계자 역시 책임을 지지 않을 것이다. 아마 이들은 기능이 의도한 대로 나오지 않았다거나 기대보다 구현에 시간이 오래 걸렸다고 해명할 것이다. 이런 이유로 이해관계자와 기능개발팀 간에 잦은 불신이 일어나기도 한다.

이와 같은 업무 방식의 또 다른 반작용은 무수히 많은 기능이 방치된다는 점이다. 즉, 제품에 가치를 제공하지 못하는 상태로 개선되기를 기다리지만 그대로 버려지기 일쑤다. 그 결과 빠르게 기술부채가 축적되고 제품이 통제 범위에서 벗어나 팀 전체의 속도를 저하하는 요소로 동작한다. 최악의 상황에서는 사업 자체를 멈추게 할 수도 있다.

어떠한 이유에서건 기업이 꾸준히 가치를 창출할 동력을 잃거나 고객을 위해 혁신할 수 없다면 경쟁자들이 고객에게 더 매력적인 대안을 제시하는 것은 그야말로 시간문제다. 수많은 기업이 이런 경험을 해왔다. 비용을 절감할 수도 있고 현명한 마케팅을 하거나 프로모션을 할 수도 있지만 앞서 다룬 문제는 회피할 수 없다. 종국에는 다른 누군가가 당신을 제치고 고객의 마음을 사로잡을 것이다.

제품팀과 해결할 문제

기능개발팀의 상황을 임파워드 제품팀과 비교해보자. 제품팀에 기능과 프로젝트의 로드맵을 제공하기보다는 제품팀에게는 해결해야 할 문제와 성취하고자 하는 목표가 주어진다. 관련 담당자들과 만나 그들이 제시한 기능을 파헤쳐서 고객이나 기업의 요구사항을 분석하고 성과를 측정하는 방법과 목표를 논의한다. 이해관계자가 제시하는 기능을 그대로 구현하기보다는 임파워드 제품팀은 고객과 사업의 요구사항을 모두 만족시킬 수 있는 답을 도출해내야 한다. 이 해결 방안은 고객이 구매하거나 사용할 만큼 **충분한 가치를 제공해야** 하며, 고객이 쉽게 이해하고 사용할 수 있을 정도의 **사용성을 갖추어야** 하고, 주어진 시간과 현재의 기술 여건 내에서 **구현할 수 있어야** 한다. 또한 기업의 마케팅, 영업, 재무, 법무, 컴플라이언스 측면에서도 **실현 가능한** 답이어야 한다.

기능개발팀보다 임파워드 제품팀이 뛰어난 이유가 무엇인가? 제품에 대한 주인의식에서 비롯된 높은 동기부여나, 고객과 직접 해결책을 테스트하면서 얻는 지식 같은 명확한 이유를 제외하더라도, 뛰어난 디지털 제품 기업들은 권한을 부여받고 동기부여된 엔지니어가 조직의 혁신에 필수적이라는 것을 잘 알고 있다. 임파워드 제품팀은 이러한 강력한 자원을 최대한 활용할 수 있도록 설계되었기 때문에 더 뛰어난 것이다.

기능개발팀에서 엔지니어들은 요청받은 것을 구현하고 디자이너들은 그 구현 결과를 그럴싸하게 꾸미는 데 집중한다. 이들은 뛰어난 외주 인력에 지나지 않는다. 경우에 따라 정말로 엔지니어를 채용하지 않고 용역 계약을 한다면 그들은 말 그대로 외주 인력이다. 하지만 임파워드 제품팀에서 엔지니어는 단순히 구현하는 데만 집중하지 않는다. 물론 디자이너 또한 그저 외적인 것에만 신경 쓰지 않는다. 이들 모두 정확한 해결책을 모색하거나 최소한 서로 도울 의무가 있다. 임파워드 제품팀이라는 표현을 쓰는 이유도 이 때문이다.

엔지니어는 매일 기술을 직접 다루기 때문에 지금 당장 구현할 수 있는 것이 무엇인지를 알 수 있으므로 유리하다. 임파워드 제품팀의 엔지니어는 프로덕트 매니저, 프로덕트 디자이너와 협업하면서 고객에게 직접적으로 노출된다. 혁신적이면서도 뛰어난 제품과 서비스 모두 이런 방식을 거쳐 탄생한다.

물론 임파워드 제품팀의 엔지니어 역할을 수행하는 것이 어렵다는 것에 공감한다. 하지만 이는 혁신을 이루지 못한 기억이 엔지니어를 인식하는 방식을 아직 바꾸지 못했기 때문이다. 이는 여타의 직무 대비 엔지니어를 얼마나 외주화하느냐의 비율을 보고 가늠할 수 있다. 뛰어난 고객 경험을 설계할 수 있는 프로덕트 디자이너와 고객과 사업 모두에 해박한 지식을 보유한 프로덕트 매니저까지 더해진다면 직면한 난제에 대하여 고객의 지지를 받으면서도 사업 목표에 기여할 수 있는 해결 방안을 끌어낼 수 있을 것이다.

제품팀과 제품 발견

결과물에 대한 책임을 지는 임파워드 제품팀에게 제때 출시하는 것도 중요하지만, **시간 대비 비용**time to money을 말하자면 필요한 산출물을 얻어내기까지 소요되는 시간이 가장 중요하다. 임파워드 제품팀이 어떤 기능을 출시했는데 기대하던 효과를 불러오지 못했다면 기능이나 그들의 접근에 대해 반복적인 개선 작업을 진행한다. 시간이라는 자원의 효율적인 운용이 제품팀의 중요한 목표라는 측면에서 특정 제품 아이디어나 접근 방식이 유용한지 빠르게 판단해내는 방식으로 인식의 전환이 일어나는데, 이것을 **제품 발견**product discovery이라고 지칭한다. 제품팀은 떠오르는 아이디어마다 구현해보고 효과가 있는지 확인해볼 수도 있겠지만, 이는 무척 긴 시간이 필요할 뿐 아니라 고객에게 최선이 아닌 제품을 선보이는 문제점이 생기기도 한다. 하지만 제품팀은 아이디어와 접근을 검증해볼 수 있는 많은 도구와 기법을 보유하고 있다.

제품팀이 자주 선택하는 방식은 **프로토타입**prototype인데 다양한 형태로 실천해볼 수 있다. 기본적으로 어떤 형태이건 빠르고 구현 비용이 적다. 각 프로토타입은 서로 다른 위험 요소나 가정을 확인하기 위해 디자인된다. 직접 만들어보면서 검증할 때의 원칙 중 하나는 실제 제품을 구현, 검증 및 출시를 진행할 때보다 그 비용이 저렴해야 한다는 점이다. 대부분의 경우, 실제 제품을 구현하는 과정보다 프로토타입은 절반 정도의 비용으로 실행에 옮길 수 있다. 만약 제품팀이 평균적으로 3~5번의 출시 주기를 거쳐야 목표로 했던 사업 성과를 달성할 수 있다면 또는 기능개발팀이 각 출시 주기마다 참여해 작업을 한다면 목표까지 다다르기 위해 어쩌면 1~2년의 시간이 필요할 수도 있다. 그리고 이마저도 이해관계자들이 프로덕트 로드맵에 때때마다 출시를 진행할 여유를 줄 때에나 가능하다.

한편 임파워드 제품팀에 문제를 할당한 경우, 제품 발견 과정에 필요한 기술을 갖춘 인력을 갖추었다면 3~5번의 출시 주기는 며칠 또는 몇 주만에 기능을 완성할 수 있다. 그뿐 아니라 그로부터 몇 주만 지나면 사업 목표에 부합하는 제품을 고객이 경험해볼 수 있게 된다. 당신이 왜 소규모의 임파워드 제품팀이 훨씬 더 많은 투자를 하는 기능개발팀을 압도하는지가 궁금했다면 이것이 바로 그 답이다. 문제를 해결하는 방법을 바꾸기 위해 필요한 능력은 17장에서 알아보자.

제품팀과 이해관계자의 협업

문제 해결 방식을 바꾸면 비단 비용과 시간을 아끼는 것에서 더 나아가 고객을 위해 끊임없이 가치를 창출하는 선순환을 만들 수 있다. 기능개발팀처럼 조직 내 이해관계자를 위해 일하는 것이 아니라 임파워드 제품팀은 고객을 위해 일하되 사업 목표를 달성하는 데 기여한다. 이 둘의 차이는 무척 중요하고 조직 내의 역학을 근본적으로 바꾼다. 하지만 주의해야 할 점은 일부 주요 이해관계자는 기술 인력에 대한 권한을 잃는 것을 달가워하지 않는다는 점이다. 방어적으로 행동하며 불편해하거나 몇몇은 적극적으로 반대할 수도 있다. 조직의 최고위층 관리자가 명확하게 그리고 확실하게 지지하지 않는 이상 혁신이 실패하는 이유 중 하나이기도 하다. 이와 마찬가지로 모든 프로덕트 매니저, 프로덕트 디자이너 그리고 엔지니어가 추가적인 책임을 지려 하지 않거나 또는 그런 능력이 없을 수도 있다.

사실 고객이 직면한 문제를 해결해야 한다는 책임을 지는 것이 주어진 요구사항대로 제품을 만드는 것보다 훨씬 어렵다. 제품팀에 적절한 능력의 인원을 배치하고 이들이 이 과정에 성공할 수 있도록 필요한 코칭과 정보를 제공해야 한다. 이러한 내용에 관해서는 3부를 참조하자.

제품 관리자, 제품 디자이너, 엔지니어로 구성된 강력하고 다양한 기능을 갖춘 제품팀이 함께 협력하여 고객이 좋아하면서도 비즈니스에 적합한 방식으로 고객의 문제를 해결하는 것이 제품 모델의 필수 핵심 개념이다. 이에 대해서는 15장에서 자세히 살펴보자.

성과 중심 로드맵

문제를 해결하기 위해 고민하고 있다면 '이 문제는 어디서부터 비롯된 것인가' 하고 스스로에게 질문을 던져보자. 이전 모델에서 문제는 주로 이해관계자가 제품 로드맵 형태로 정해진 우선순위를 전달했기 때문이었다. 프로덕트 모델로 전환한 기업에서 이 문제는 직관에 기반해서 결정한 제품 로드맵에서 오는 경우가 많다. 그러면 제품 전략을 바르게 세우기 위한 제품 리더십이 배양되기 이전에 문제를 해결하는 데 집중하고 싶다면 어떻게 해야 할까? 이와 같은 상황에는 **성과 중심 로드맵**(outcome-based roadmap)을 사용해볼 수 있다.

지금 이해관계자에게 가서 무슨 문제를 해결해야 하냐고 묻는다면 되레 혼란을 야기할 수 있다. 이는 제품 로드맵이 대부분 본질적으로는 달성하고자 하는 산출물(output)의 나열이기 때문이다. 해결해야 할 문제가 아니라 구현해야 할 기능 위주로 작성하는 경우가 대부분이다. 다행히도 요구사항이 이와 같이 주어져도 엔지니어가 이를 문제로 치환하는 것은 크게 어렵지 않다.

조직에서 보유하고 있는 산출물 중심의 로드맵을 우선 작성하되, 각 항목을 뜯어보고 각 요구사항이 어떤 문제를 해결하고 싶은지, 예상 효과가 무엇인지를 역으로 추적한다. 팀 혁신 이전과 동일한 문제를 해결하게 되겠지만, 제품팀이 잠재적인 해결 방안을 직접 모색함으로써 성과에 집중할 수 있는 환경을 갖출 수 있다. 이후 제품 발견의 기술을 배우면서 지향하는 목표를 달성할 추가적인 방안을 발굴할 수 있다. 성과 중심 로드맵의 또 다른 장점은 이해관계자와 기능의 납기 일자에 대해서 이야기하는 것이 아니라 문제를 해결하고 성과를 내는 데 집중할 수 있다는 점이다.

우선순위 결정 방식의 변화

지금까지 제품을 구현하는 방식을 어떻게 바꿀 것인지 그리고 제품이 직면한 문제를 해결하는 방식 또한 어떻게 바꿀 것인지 살펴보았다. 하지만 아직 어떤 문제를 가장 시급하게 다루어야 하는지에 대해서는 이야기하지 않았다. 지금의 각 기능과 프로젝트의 로드맵을 확인하고 내재된 문제를 발견하여 성공에 도달하도록 이 문제를 해결할 방안을 고민하는 것은 어렵지 않다. 그것은 바로 기능 중심의 로드맵을 **성과 중심 로드맵**으로 바꾸는 방법이다. 이 단계는 그렇게 어렵지 않고 임파워드 제품팀에 해결할 문제를 제시하고 명확한 성패의 판단 기준을 마련할 수 있다. 결과적으로 이는 고객에게도 기업에도 이득인 해결 방안을 찾아내는 과정으로 나아가게 한다.

하지만 이 문제가 과연 고객과 기업이 마주한 문제 중 가장 중요한 사안일까? 기업은 수많은 기회와 위협을 목도한다. 당신의 회사는 최고의 기회를 그리고 가장 집중해서 대응할 위협을 선택하기 위해 최선을 다하고 있는가?

제품 중장기 계획을 폐기하자

대다수의 이해관계자가 주도하는 기능개발팀 회사에는 연 단위의 제품 중장기 계획 수립 절차가 세워져 있다. 이해관계자들은 어떤 프로젝트가 가장 중요한가에 대해 각자의 주장을 펼친다. 이런 기업의 경우, 재무 담당자가 중재자 역할을 자처하고 각 담당자가 제시한 사례를 바탕으로 의사결정을 한다. 또는 이해관계자가 경영진 앞에서 계획을 설명하고 이들이 결정을 내린다. 주어진 업무에 대한 책임을 중요시하는 기업에서는 어떤 산출물을 내었는지와 당초 계획과 최종 산출물을 비교한다. 그러나 주로 판단의 근거로 작용하는 데이터가 없기 때문에 일관성을 갖춘 의사결정 방향성을 만들지 못한다.* 제품에 대한 중장기 계획을 세우는 것은 무슨 문제를 해결할지에 대한 결정을 내리는 것과 같다. 어떤 문제를 해결할지에 대한 우선순위를 매기는 방식을 바꾸는 것이야말로 프로덕트 모델로의 전환에 필요한 세 번째 축이다.

파괴당하기 전에 스스로 파괴하자

이런 차이가 얼마나 근본적인 변화를 가져오는지 간과하기 쉽다. 이를 이뤄내기 위해서는 반드시 경쟁사가 이 회사를 파괴하기 전에 스스로 파괴하는 단계가 필요하다. 당신이 경쟁사의 압박과 고객의 요구사항과 행동이 변화하면서 완전히 새로운 제품이 필요하다는 점에 공감한다면 결국 제품의 구현, 마케팅, 영업, 출시 그리고 운영 방식 역시도 영향을 받게 된다는 점도 이해할 것이다. 외부 조언을 무수히 받고 경영 컨설턴트를 영입하는 것과는 무관하게 종국에 각 이해관계자가 기업의 혁신을 이루

---

* 《인스파이어드》에서는 왜 그런지, 훌륭한 제품팀은 어떤 일을 하는지에 대해 자세히 설명한다.

기 위해 스스로를 변혁할 수 있으리라고 생각하는가? 설령 그렇게 하고자 하더라도 지금 앉아 있는 회의실에 그 답이 있을 확률은 낮다. 기술과 고객으로부터 멀리 떨어져서 혁신을 이루겠다는 것은 어불성설이다. 당신도 그런 혁신이 일어날 가능성이 매우 낮다는 것을 알고 있을 것이다.

프로덕트 모델은 이와 같은 현실을 반영하였다. 제품팀에는 혁신에 필요한 모든 일에 대한 전권이 주어지지 않는다. 하지만 CEO의 지원을 받아 제품팀 조직장과 제품팀은 이해관계자와 협업하여 조직 전반에 필요한 변화를 주도한다. 5부 트레인라인, 7부 데이터사이트, 9부 어도비의 사례를 통해 각 주체의 역동적인 협업에 대해 확인하겠으나 우선 개괄적인 부분만 먼저 살펴보자.

고객 중심의 제품 비전을 세우자

많은 기업이 무언가에 **대응**하느라 시간을 보낸다. 새로운 영업 기회에 대응하고, 경쟁사의 신제품에 대응하고, 고객의 요청에 대응하고 가격경쟁력에 대한 압박에 대응한다. 그러나 뛰어난 디지털 제품 기업은 이러한 요소에 관심은 기울이지만 휘둘리지는 않는다. 기업을 이끄는 것은 고객의 삶을 더 나은 것으로 만들어주는 제품 비전이다. 실제로 뛰어난 디지털 제품 기업에게는 제품팀에 새로운 사람을 채용할 때 압도적이면서도 영감을 줄 수 있는 제품 비전이 최고의 도구다. 제품팀에 채용하길 원하는 인재는 바로 그 제품 비전을 믿는 사람이다. 이들은 고객의 삶에 영향력을 끼치고자 한다.

강력한 제품 비전은 3~10년간 조직에 동기를 불어넣는다. 제품 비전은 그 무엇보다 고객 중심으로 사고한 결과라는 점을 잊지 말자. 제품 비전이 어떻게 고객의 삶을 더 윤택하게 할 수 있을까? 기업이 어떻게 더 많은 이윤을 창출할지, 다음 분기 작업 우선순위가 무엇일지 또는 제품팀을 어떻게 구성할지에 대한 내용을 구체적으로 언급하지 않는다. 이 주제 역시도 중요하고 앞으로 이 책에서 다루겠지만, 제품의 비전은 당신이 만들고자 하는 미래를 담을 수 있어야 한다는 것에 있다. 수십, 수백 개의 제품팀이 한 기업에 있을 수 있지만, 제품 비전이 그들을 하나로 묶고 그 비전을 실현한다는 공동의 목표 아래 일사불란하게 움직인다.*

인사이트에 따라 제품 전략을 세우자

제품 비전이 미래에 대해 논한다면 제품 전략은 지금 중요한 문제를 어떻게 보고 있는지를 이야기한다. 제품 전략은 사업 성공을 위한 가장 중요한 영역부터 다룬다. 대다수의 기업이 동시에 너무 많은 일을 하려고 한다. 그래서 스스로의 노력을 흐지부지 흐트러트리고 사업에 이바지할 수 있는 업무는 진척시키지 못한다. 전설적인 CEO인 짐 바크스데일Jim Barksdale은 "중요한 일을 중요한 상태로 유지하는 것이 가장 중요하다"라고 했다. 혹은 러시아 속담을 빌리자면 '두 토끼를 쫓으면 한 마리도 잡을 수 없다'는 말이 적합하다.

일단 집중할 영역을 정한 다음에는 기업이 승부를 걸어볼 인사이트가 무엇인지 정해야 한다. 당신은 데이터에서 유추하는 정량적 인사이트와 고객을 통해 직접적으로 인입하는 정성적인 인사이트를 지속적으로 분석해야 한다. 또한 새로운 기술을 도입할 때 예측되는 효용을 따져보고 업계

---

*   https://www.svpg.com/examples/에서 우리가 생각하는 가장 뛰어난 제품 비전의 예시를 확인할 수 있다.

기술의 최신 트렌드도 기민하게 따라잡고 있어야 한다. 인사이트에 따라 제품 전략을 세우기 위해서는 조직이 새로운 역량을 키워야 한다. 강력한 제품 전략을 통해 얻을 수 있는 것은 기술적인 투자의 가치를 극대화하는 것이다. 뛰어난 제품 전략은 뛰어난 전력승수force multiplier와도 같다.

제품 전략은 **사업 전략**business strategy과도 **시장 진입 전략**go-to-market strategy과도 다르다. 많은 기업이 뛰어난 사업 전략과 시장 진입 전략을 세워놓고도 제품 전략에서는 그 힘을 발휘하지 못한다. 기능개발팀 기반 기업에 제품 전략이 있다면 그것은 서로 다른 이해관계자의 가장 많은 기능을 출시하는 것이다. 다시 말해 제품 전략이 전혀 없다는 의미다.

제품팀 조직장의 역할

혁신을 지향하는 기업은 대부분 제품팀의 수준을 끌어올려야 한다는 목표 아래 더 많은 시니어 엔지니어를, 뛰어난 프로덕트 디자이너를, 유능한 프로덕트 매니저를 고용하고 있다. 정작 실무가 아닌 제품팀 조직장 단위에서의 경쟁사 대비 능력 차이가 더 큰 경우도 많다. 많은 기능개발팀 기반 기업에는 제품팀 조직장 역할을 수행하는 사람이 존재하지 않기도 한다. 제품 비전이 없는 경우가 많다 보니 당연히 제품 전략 또한 없을 것이다. 기능개발팀 기반 기업에서 '제품팀장'의 역할은 프로덕트 모델을 따르는 회사에서의 동일 직무와 수행하는 역할이 상이하다.

프로덕트 모델 기업에서 제품팀 조직장의 주된 역할은 팀 구성원 모두가 문제를 발견하고 해결책을 효과적이고도 성공적으로 도출할 수 있도록 코칭하고 이끄는 것이다. 프로덕트 매니저팀의 관리자, 프로덕트 디자이너팀의 관리자, 엔지니어팀의 관리자 역시 어떤 문제를 해결할지뿐만 아니라 해결 방안과 구현 방식을 바꾸는 데 무척 중요한 역할을 수행한다. 어떤 문제를 해결할지를 결정하는 데 필요한 기술은 16장에서 설명하겠다.

오직 하나의 정답?

뛰어난 제품을 만드는 데 오직 하나의 정답이 있다고 믿는 것은 제품을 만드는 사람들 사이에서 흔하면서도 치명적인 오해다. 어떤 사람이나 팀이 새로운 방법, 기술 또는 절차를 시도해서 좋은 성과를 거둔다면 다른 사람들도 그대로 따라 하면 된다고 믿음으로써 이런 오해가 생긴다. 또는 어떤 사람이나 기업이 특정 절차, 프레임워크나 툴을 영업하고 싶어 할 때 촉발되는 판단 착오이기도 하다. 하지만 프로덕트 오퍼레이팅 모델은 **관념적인 모델**(conceptual model)이다.

어떻게 업무를 할 것인가에 대한 방법 중 하나란 소리다. 처방도 절차도 아니며 단일 프레임워크도 방법론도 아니다. 제품을 만드는 일의 본질은 해결해야만 하는 수많은 문제와 제각각의 위험 요소, 서로 다른 고객, 다른 종류의 기술과 충족시켜야 하는 각각의 제약사항에 있다. 설령 모두를 성공으로 이끌 수 있는 방법이 하나 있다고 하더라도 광범위한 업무에 적용하기에는 너무 느리고 값비쌀 것이다.

소비자가 사용할 제품을 만드는 것과 AI가 탑재된 SaaS 제품을 만드는 것은 다르다. 단일 제품을 운영하는 조직이더라도 상황에 따라 무척 다를 수 있다. 그런고로 우리는 프로덕트 모델 **원칙**에 주안점을 둔다. 원칙은 복잡도, 고객, 기술 또는 산업군과 무관하게 적용할 수 있다. 기업을 평가할 때 표면에 머물기보다는 맥락이 무엇인지 그리고 팀이 적절한 결정을 내리고 있는지를 살필 필요가 있다.

이를 바르게 이해하지 못한 경우도 흔히 찾아볼 수 있다. 앞서 얼마나 많은 조직이 애자일 관행을 따르고, 애자일 코치를 활용하고, 애자일 관련 직무를 수행할 사람을 채용하는지 설명하면서 그런 노력에도 월 단위 또는 분기 단위로 출시한다는 점을 언급했다. 애자일한 방법이나 역할 그리고 관행에 대한 필요성을 느끼지 못하지만, 오랫동안 지속적인 출시라는 원칙을 지켜온 기업을 상기해보자. 이 중 어느 기업이 더 '애자일'한 원칙을 따르는지는 자명하다.

또 다른 예로는 제품팀의 역량과 관련이 있다. 직무를 통합하는 디지털 제품 기업도 있다. 예를 들어 프로덕트 디자이너가 프런트 엔지니어의 역할까지 수행하는 경우는 드물다. 하지만 이와 같이 직무를 통합하는 경우 그 인력풀은 무척 작아지겠지만 명백한 장점이 있다. 본질적으로 더 중요한 것은 이러한 기업들이 디자이너의 역할을 무엇이라고 정의하는지가 아니라 이러한 디자이너를 어떻게 활용해서 시간 낭비를 최소화하고 위험을 해결하며 가치 있으면서도 사용성이 뛰어난 제품을 만드느냐다.

PART

III

프로덕트 모델과
핵심 역량

이전 모델에서는 사업팀의, 정확하게 말하자면 사업팀 관리자의 요구사항을 처리하기 위해 제품팀이 존재했다. 하지만 프로덕트 모델에서 제품팀은 어려운 문제를 고객이 만족하면서도 사업 성장에 기여할 수 있는 방식으로 해결하여 결과적으로는 고객과 사업 모두를 위해 존재한다. 서로 다른 2가지 존재 가치는 얼핏 듣기에는 사소한 차이일 수 있으나 팀이 어떻게 일하고 기업 내 다른 조직과 어떻게 협업하는지에는 큰 차이가 있다.

우리는 고객과 기업이 직면한 문제의 해결책을 찾기 위한 결정 권한을 제품팀에 부여하고 그 결정에 따른 책임 역시 제품팀에 묻는다. 이 때문에 기존과는 다른 새로운 역량이 필요하다. 뛰어난 제품팀만이 뛰어난 제품을 만들 수 있으며, 뛰어난 제품팀에는 새롭고도 핵심적인 역량을 갖춘 구성원이 존재하기 마련이다.

이 섹션에서 핵심 역량에는 어떠한 것이 있으며 그에 따른 결과물은 어떠해야 하는지 살펴볼 것이다. 그리고 새로운 직책을 맡았으나 이에 필요한 역량을 갖추지 못했거나 이를 보완할 경험마저도 쌓지 못한 사람에게 속지 않기 위해서는 어떻게 해야 하는지를 알아본다. 이와 같은 역량을 갖추기 위한 노력을 등한시해서는 안 된다. 이 책의 전반적인 내용은 이번 3부에서 다룰 역량을 토대로 한다.

새로운 역량을 갖출 의지가 없다면 당신이 이끌고자 하는 혁신도 이쯤에서 접어두는 것이 낫다. 이 새로운 역량은 다른 방식으로 커리어를 설계해온 사람에게 위협처럼 느껴질 수 있다는 점도 잊지 말자. 어떤 사람은 프로덕트 모델을 중요한 커리어 기회로 생각하고 몇 년간은 여기에 빠져들어 지낼 수 있으리라 생각한다. 또 어떤 사람은 이 주제를 건너뛰고 이미 수행하고 있다고 믿으며, 누군가는 몇 달만 버티면 관리자들이 이 주제에 대한 관심을 잃을 것이란 생각으로 외면하고 있을지도 모른다.

다수의 조직 구성원은 코칭을 받아 필요한 역량을 갖추고 뛰어난 성과를 보일 수 있을 것이다. 한편 모두가 그렇게 바뀔 수는 없다는 것을 잊지 말자. 조직 구성원이 **기꺼이 배우고자 하는 마음**과 이들을 도와 새로운 역량을 갖추도록 끌어줄 수 있는 관리자나 코치의 **지도 능력**에 모든 것이 달려 있다. 여기서 각 주요 핵심 역량을 다루겠지만 그 역량 자체를 학습할 수 있을 만큼의 상세한 설명은 제공하지 못할 것이다. 각 역량을 습득하기 위해서는 수년이 걸린다. 이 능력을 가르치고 각 역량을 갖추기 위한 기술을 소개하는 책을 두 권 더 출간했다.* 이 책에서 이 역량에 대해 소개하는 것은 각 역량의 필요성에 대해 당신이 공감할 수 있고 각 직책을 맡은 구성원에게 무엇을 기대해야 하는지를 알려주기 위해서다. 직무 기술서의 내용이나 승진 체계 역시도 개선하여 이 책에서 다룰 핵심 역량을 계속 배양할 수 있도록 안내할 것이다.

혁신의 과정에서 마주하는 난제 중 하나는 실제로 담당자가 해당 직무가 수행해야 할 역할에 대해 배우기도 전에 이미 그 직책을 부여받는 경우다. 이는 당신이 상상하는 것 이상으로 심각한 결과를 초래할 수 있다. 우리는 각 역량에 대하여 평가할 수 있는 합리적인 잣대를 제공하고자 한다.

---

* 편집자 마티 케이건이 집필한 책은 《인스파이어드》와 《임파워드》다.

프로덕트 매니저, 프로덕트 디자이너 그리고 엔지니어

크로스펑셔널crossfunctional한 조직에서는 대표적으로 구체적이고도 명확하게 구분되는 3가지 역량이 필요하다. 이는 대개 최소 3명 이상이 필요하다는 의미이지만, 때에 따라서는 1명이 다양한 능력을 가졌거나 경우에 따라서는 2가지 역량만이 있어도 제품을 운영하는 데 문제가 없을 수 있다. 고객 또는 기업이 직면한 문제를 해결할 때 고객이 만족하면서도 기업에 득이 되는 해결책을 찾아내야 한다는 점을 상기하자. 효과적인 해결 방안을 찾아내기 위해 제품팀은 다음과 같은 4가지의 리스크*를 진다.

1. **가치**: 고객이 우리의 해답을 구매하거나 사용하고자 하는가?
2. **실현 가능성**: 우리의 해답이 현재의 시장 및 기업 환경에서 현실적인가? 효과적이고도 합법적으로 마케팅, 판매가 이루어지고 서비스를 제공할 수 있으며 투자를 유치하거나 수익화를 할 수 있는가?
3. **사용성**: 고객이 쉽게 배우고 사용하며 우리의 해답이 제공하는 가치에 공감할 수 있는가?
4. **구현 가능성**: 주어진 인력, 시간, 기술과 데이터로 우리의 해답을 구현할 수 있는가?

크로스펑셔널 제품팀에서 필요한 직무와 각기 담당하는 업무, 책임 범위는 다음과 같다.

---

* 이 책에서 제시한 리스크 분류 외에도 다른 방법이 있다. 대표적으로 프로덕트 디자인 회사인 IDEO의 분류법에 따라 리스크를 1) 가치로움 2) 구현 가능성 3) 실현 가능성으로 세분화한다. 즉, IDEO의 분류법에서는 가치와 사용성을 '가치로움'이라는 하나의 범주로 묶었다. 중요한 것은 어떤 분류를 사용하든지, 중요한 리스크를 모두 고려할 수 있는 체계를 선택하는 것이다. 모든 사용자가 구매자인 소비자 대상 제품의 경우, IDEO의 분류법이 더 적합할 수 있다. 그러나 그 외의 경우에는 부적절할 수 있는데, 이는 사용자가 제품을 사용할 수 있는지와 고객이 제품을 구매할지 여부를 구분하지 않기 때문이다.

- 프로덕트 매니저product manager: 제품의 **가치와 실현 가능성**에 대한 리스크를 관리하고 **제품의 성과** 전반에 대한 책임을 진다.
- 프로덕트 디자이너product designer: **사용성**에 대한 리스크를 관리하고 **제품 전반의 경험**, 다시 말해 제품과 고객이 상호작용하는 모든 순간을 책임진다.
- 테크 리드tech lead: **구현 가능성**에 대한 리스크를 관리하고 **제품의 출시와 배포**에 대한 책임을 진다.

각 3가지 직무 모두 해결 방안의 모든 영역에 기여할 수 있지만 누가 특정 리스크를 담당하는지에 대해서 알아두면 좋다. 각 직무를 수행하기 위해 필요한 능력은 중요한 요소다.

제품팀 조직장

제품팀 조직장product leader은 프로덕트 매니저들, 프로덕트 디자이너들, 엔지니어들의 관리자다. 이 사람들이 현업에서 일할 프로덕트 매니저, 프로덕트 디자이너와 엔지니어를 채용하고 온보딩하며 코칭하고 길러낸다. 제품팀을 구성하고 코칭하는 것뿐 아니라 뛰어나면서도 영감을 줄 수 있는 제품 비전을 수립하는 것도 조직장의 몫이다. 또한 인사이트에 따른 제품 전략을 세우고 그것에 기반하여 섬세하게 팀 구성을 설계한다. 더불어 사업 목표를 달성하기 위해 해결할 중요한 문제가 무엇인지 결정한다.

제품팀 조직장은 제품팀이 조직 전체와 유기적으로 연결되어 최고의 기회를 포착하고 최악의 위협에 맞설 수 있도록 이끈다. 그리고 이 과정을 무사히 해낼 수 있도록 제품팀 주위의 이해관계자와 조직 전반과 협업한다.

결론적으로 당신이 누구를 제품팀 조직장으로 선택하느냐에 따라 혁신의 성공 여부가 결정 난다고 해도 과언이 아니다. 아직 자리에 걸맞은 능력이나 경험을 갖춘 제품팀 조직장이 없다면 그러한 사람을 채용하고 혁신의 시작을 맡기는 것이 가장 첫째로 해야 할 일이다. 많은 기업의 제품팀 조직장은 이 역할을 수행하기 위한 모든 능력을 갖추지 못하고 일부만 가진 경우가 대부분이므로 외부로부터 리더십 관련 코칭을 받아 일시적으로나마 과정을 보조할 수 있도록 돕는다.

이 밖에 영향을 받는 직무

프로덕트 모델로의 전환에서 영향을 받는 직무는 몇 가지가 더 있다. 프로덕트 마케팅과 프로젝트 매니징(또는 출시/출시 관리)이 바로 그것이다. 이 직무들에 대해서는 책의 후반부에서 다루도록 하겠다.

CHAPTER

10

프로덕트 매니저

앞으로도 강조하겠지만 뛰어난 프로덕트 매니징 능력을 갖추는 것은 정말로 쉽지 않다. 아마 당신의 회사에도 '프로덕트 매니저' 직무를 수행하는 사람이 있을 것이다. 하지만 '프로덕트 오너', '비즈니스 애널리스트' 또는 '프로그램 매니저' 직무를 수행하는 사람도 있을 것이다. 이 직무가 이토록 복잡한 이유는 이전 모델에서도 마찬가지로 '프로덕트 매니저'인 사람이 있었을 텐데, 프로덕트 모델에서의 동일 직무의 역할과는 무척 다르고 필요한 능력도 책임 범위도 다르기 때문이다.

직무에 대해 다룰 때는 해당 직무를 맡는 사람마다 면밀히 살펴 각기 필요한 능력을 갖추었는지, 아니라면 코칭을 통해 합리적인 수준의 시간 내에 필요한 역량을 갖출 수 있을지를 따져봐야 한다. 이전 모델에서는 앞서 살펴본 바와 같이 이해관계자들이 명시적으로 본인이 제시한 해결 방안의 가치와 실현 가능성에 대한 책임을 진다. 하지만 프로덕트 모델에서는 **프로덕트 매니저**가 이를 담보할 수 있어야 한다.

가치는 고객에 대한 깊은 수준의 이해가 있어야 하고 **실현 가능성**을 따져보려면 사업에 대한 탄탄한 지식이 있어야 한다. 《인스파이어드》에서 이 직무에 대해 심층적으로 다루었으니 이 책에서 다시 반복하지는 않는다. 다만 이 직무를 맡은 사람이 직무를 올바르게 수행하고 있는지를 평가하기 위한 가이드는 제공하고자 한다.

고객을 이해한다는 것은 고객이 어떻게 제품을 선택하고 사용하는지에 대해서 정성적으로도 정량적으로도 안다는 것뿐만 아니라 시장과 경쟁사 현황 그리고 업계 동향과 기술 현황에 대해서도 알고 있다는 것을 의미한다. 사업을 이해한다는 것은 제품이 어떻게 비용을 충당하여 수익을 내고 생산, 마케팅, 판매, 배송 또는 서비스로 제공되는지 그리고 어떤 법률상, 계약상, 컴플라이언스 제약이 있는지를 파악하고 있는 것이다.

새로이 입사한 프로덕트 매니저는 그만한 능력을 갖춘 뛰어난 매니저의 코칭 아래 두세 달 정도라면 고객과 사업에 대해서 위에서 언급한 수준을 갖출 수 있어야 한다. 매니저의 적절한 관리가 없다면 필요한 지식을 갖추지 못한 채 수년이 흘렀을 수도 있다. 기업의 이해관계자가 프로덕트 매니저를 믿지 못한다면 이와 같은 난국에 봉착했을 것이다. 보통 엔지니어와 프로덕트 디자이너가 이와 같은 지식을 보유하지 못했다는 점을(물론 이와 같은 지식을 가졌다면 무척 고무적이다) 감안할 때 제품팀이 효과적인 해결책을 찾아나가고 좋은 결정을 하기 위해서는 이와 같은 지식을 어디에선가 얻어야 한다.

모든 의사결정이 제품팀 조직장의 허가 아래 이루어지거나 이해관계자들에게 결재를 받느라 의사결정 시마다 매번 회의를 진행해야 한다면 제품팀에 뛰어난 프로덕트 매니저가 없다고 할 수 있다. 이 직무를 수행하기 위한 적절한 수준이 무엇인가를 설정하기 위해 다음과 같은 솔직한 상황을 가정하자.

1. 제품팀 조직장의 능력은 그녀가 채용한 사람 중 **가장 서툰 프로덕트 매니저**를 기준으로 평가한다.

2. CEO는 모든 프로덕트 매니저가 5년 내에 미래의 **리더가 될 수 있는 잠재력**을 가졌다고 믿을 수 있어야 한다.

예외가 있긴 하지만 대다수의 레거시 비즈니스 애널리스트와 애자일 중심의 프로덕트 오너는 이 기준에 부합하지 않는다. 레거시 직무는 프로덕트 모델에서의 프로덕트 매니저와 비교해보았을 때 그 역할의 범위가 무척 협소하고 필요한 지식의 수준도 낮다.

프로덕트 매니저들은 주요 이해관계자들뿐만 아니라 주요 고객과도 신뢰를 바탕으로 하는 관계를 형성할 수 있어야 한다. 이것을 해내려면 뛰어난 사람이 필요하다. 아쉽게도 많은 기업에서 그들이 프로덕트 매니저라고 부르는 구성원에게 이러한 잣대를 들이대려고 하지 않는다. 그래서 제품팀에 꼭 필요한 크로스펑셔널한 능력을 갖추지 못하고 이해관계자들은 제품팀을 믿지 못한다. 물론 성과도 내지 못한다. 이런 상황이 닥치면 프로덕트 모델로 전환하는 것은 무너져버린다. 기존의 프로덕트 오너나 비즈니스 애널리스트에게 단순히 새로운 이름의 직무를 부여한다고 해서 상황이 달라지길 바란다면 결과는 실패로 이어질 게 불 보듯 뻔하다.

몇 명은 새로운 역할을 찾아서 제품의 성공에 기여할 수 있는 다른 방법을 찾아야 한다. 반면 누군가는 뛰어난 프로덕트 매니저가 될 잠재력을 가졌을 텐데, 아마 이들은 조직 전반에 흩어져 있을 것이다. 혁신의 무척 중요한 단계 중 하나는 높은 잠재력을 가진 사람을 찾아내고 중요한 역할을 맡긴 뒤에 필요한 코칭을 제공해서 성공할 수 있도록 이끄는 것이다.

사업 전반에 관한 폭넓은 이해를 갖춘 사람과 다른 사업 영역에서 빠른 습득력이 증명된 사람을 찾아라. 데이터에 몰입할 수 있고 행동이나 트렌드를 재빠르게 캐치하는 사람을 찾아라. 고객과 면대면으로 이야기하고 싶어 하는 사람을 찾아라. 그리고 수많은 제약에도 불구하고 소매를 걷어붙이고 디자이너와 엔지니어와 함께 화이트보드 앞에서 방안을 구상할 사람을 찾아라. 가능한 한 빨리 배울 수 있으면서도 어려운 문제를 해결하기 위해서 협업하는 데 주저하지 않는 사람을 찾아라.

마지막으로 다시 한번 강조해서 말하고 싶다. 당신의 회사가 이미 뛰어난 사람을 채용한 터라 앞서 언급한 문제들에 공감할 수 없다고 생각한다면, 우리의 경험상 당신은 지금 실패할 수밖에 없는 방향으로 회사의 혁신을 이끌고 있는 것이라고 경고한다.

직접 접근(direct access)

제품팀이 효과적인 해결 방안을 발견하고 실천하려면, 특히 프로덕트 매니저가 다음 3가지 영역과 **방해받지 않고 직접 접근**하거나 교류할 수 있는 것이 절대적으로 중요하다.

1 사용자 그리고 고객
2 제품 관련 데이터
3 주요 이해관계자

사용자 그리고 고객과의 소통

방해받지 않고 사용자나 고객과 직접 소통할 수 없다면 제품팀이 성공할 확률은 낮다. 사용자와 고객은 팀이 다루지 않는 문제에 대한 영감을 줄 뿐 아니라 예상 해결 방안을 빠르게 테스트할 수 있는 방법을 제공하기도 한다. 프로덕트 매니저와 프로덕트 디자이너가 직접 이들과 대면해야 한다는 점에 대해서는 수긍하는 반면 엔지니어가 반드시 사용자나 고객과 접점이 있어야 하는지에 대해서는 반문이 들 수 있다.

모든 엔지니어가 모든 사용자나 고객과의 만남에 동석할 필요는 없다. 하지만 때로 제품을 어떻게 사용할지 몰라 애쓰는 사용자를 보는 순간 마치 마법과도 같이 엔지니어에게 동기부여가 일어나 이런 상호작용에 더 관심을 가지고 구현을 할 수도 있다.

물론 고객과의 접점이 생기는 팀 구성원에게는 훈련과 코칭을 통해 고객과의 대면을 매끄럽게 이끌 수 있도록 해야 한다. 중요한 것은 영업이나 마케팅 담당자, 고객 담당자, UX 리서처 그 누구도 제품팀이 직접 고객을 만나는 상황을 제한해서는 안 된다는 점이다. 강조하건대 그 누구도 그래서는 안 된다.*

그렇다고 해서 사용자와의 대면에 다른 구성원을 포함시켜서는 안 된다는 의미는 아니다. 예를 들어 주요 이해관계자나 관심 있는 경영진을 포함시키는 것은 매우 효과적일 수 있으며, 때때로 같은 공감 수준을 갖추기 위해서 이를 전략적으로 활용할 수도 있다.

제품 관련 데이터에의 접근

프로덕트 매니저가 제품 관련 데이터에 직접 접근할 수 있어야 이를 근간으로 좋은 결정을 내릴 수 있다. 보통 데이터에는 고객이 제품과 어떻게 상호작용하고 있는지, 어떻게 구매하는지, 시간에 따라 행태가 어떻게 바뀌는지 등을 포함하고 있으므로 다양한 형태로 서로 각기 다른 정보를 얻을 수 있다.

제품팀은 데이터 분석가나 데이터 과학자를 통해서 복잡한 데이터를 분석한 결과를 확인할 수도 있지만, 이것을 바탕으로 내리는 결정은 오롯이 그녀의 몫이므로 직접 데이터에 접근할 수도 있어야 한다.

일부 기업에서는 데이터의 접근을 개인정보보호나 보안을 문제로 제한하는 경우가 있다. 이러한 경우 통제, 접근, 익명화 혹은 범주화와 같은 방식으로 적절한 수준의 데이터만 구성하도록 시스템을 구현할 수도 있으니, 이러한 데이터에는 직접 접근할 수 있어야 한다.

고객과의 소통이 중요하듯이 데이터에 직접 접근할 수 있어야 한다는 점은 프로덕트 모델에서 무척 중요하다. 데이터에 직접 접근할 수 없다면 프로덕트 매니저는 눈을 가리고 운전하고 있는 것과 다를 바가 없다.

유관 이해관계자와의 협업

주어진 사업 환경에서 실천할 수 있는 해결 방안을 찾는다는 것은 마케팅, 영업, 서비스, 재무, 법무, 컴플라이언스, 생산, 관련 전문가를 포함한 다양한 관점에서의 제약사항을 검토한다는 의미다. 프로덕트 매니저는 이들과 반드시 관계를 형성하고 시간과 노력을 들여 다양한 이해관계자가 가진 우려와 요구를 파악해야 한다. 이해관계자들은 프로덕트 매니저가 분야별 제약에 대해서 이해하고 있으며 어떠한 대안을 제시하더라도 이 제약 모두를 검토하고 준용하는 선에서 의견을 낸다고 생각한다.

---

* 대부분의 회사는 제품팀이 사용자 그리고 고객과 직접 소통해야 한다는 필요성을 직관적으로 이해하지만 일부는 반대하기도 한다. 이에 대해서는 10부에서 다룬다. 지금은 제품팀이 지속적으로 고객과 직접 소통하는 것이 프로덕트 모델의 절대적인 기본이라는 점만 이해하면 된다.

프로덕트 매니저는 실제 구현에 착수하기 이전에 실현 가능성을 확인하기 위해 이해관계자들과 상의한다. 프로덕트 매니저와 이해관계자 간의 신뢰는 몹시 중요한 협력관계로 고객과 기업 모두에 이로운 효과적인 해결 방안을 도출하기 위해 꼭 필요하다. 이와 같은 사유로 사용자 그리고 고객과의 직접적인 소통, 제품 관련 데이터에의 접근 권한과 이해관계자와의 협업관계가 중요하다. **이와 같은 3가지 영역과의 접촉은 프로덕트 매니저가 가치 있고 실현 가능한 제품을 구현할 수 있는 원동력이다.**

만약 프로덕트 매니저가 어떠한 이유에서건 위에 언급한 3가지에 접근하는 것에 제한을 받는다면 그녀는 실패할 확률이 높다. 제품팀이 3가지 영역에 직접적으로 접근할 수 있도록 보장하고 프로덕트 매니저와 이 3가지 사이를 가로막는 인사 배치나 절차는 생기지 않도록 해야 한다.

엔지니어를 외주로 고용한 기업이라면 프로덕트 매니저는 추가적으로 엔지니어들에게도 직접적인 접근 권한을 제공해야 한다. 이는 너무나 자명하다고 여겨지는 지침이지만 IT 모델을 따르는 조직의 일부 구성원에게는 낯설기도 하다.

다음과 같은 상황에서 프로덕트 매니저가 엔지니어와 직접 교류할 수 없는 경우가 발생하기도 한다.

- 엔지니어가 외주 인력인 경우
- 엔지니어가 프로덕트 매니저와 다른 시간대에서 일하여 의사소통이 어렵거나 코딩 중일 때는 엔지니어를 방해하지 않는 그라운드 룰(ground rule)이 있는 경우
- 제품팀이 나뉘어 프로덕트 매니저가 고객과 이해관계자를 담당하고 프로덕트 오너나 프로젝트 매니저가 엔지니어를 담당하는 경우

매일 직접 구현을 담당하는 엔지니어가 **무엇을 구현할 수 있는지**에 대해서 가장 잘 이해하고 있다. 하지만 이러한 정보는 프로덕트 매니저와 엔지니어가 매일 교류할 때 빛을 발한다. 이와 같은 여건이 어렵다면 프로덕트 매니저가 최소한 테크 리드와는 직접 의사소통할 수 있어야 한다.

도메인 경험은 중요하지 않나요?

뛰어난 프로덕트 매니저에 대해 이야기할 때 **도메인 경험**(domain expertise)에 대한 언급은 없었다는 걸 눈치챘을 것이다. 가령 보험을 다루는 제품을 담당한다고 할 때 보험에 대해서 얼마나 알아야 하는가? 이것이 중요한 주제인 이유는 혁신을 꾀하는 회사에서 고객 기반이나 도메인 경험이 풍부한 사람 중에서 새로이 프로덕트 매니저를 채용하는 경우가 매우 흔하기 때문이다. 하지만 대부분 이와 같은 방식의 결정은 잘못된 결과를 초래하기 십상이다. 도메인에 대해서 거의 알지 못하는 사람이 자신의 역할을 수행하는 데 어려움이 있는 것은 당연하겠지만, 프로덕트 매니저가 **도메인에 대해서 너무 잘 알고 있을 때도 문제가 생긴다.**

물론 새로이 채용된 프로덕트 매니저는 온보딩 단계인 초반 몇 달 사이에 도메인에 대한 해박한 지식을 갖출 수 있어야 한다. 여기서 짚고자 하는 지점은 프로덕트 매니저 이전의 도메인 경험만을 믿고 채용할 때의 위험성이다.

슈레야스 도시(Shreyas Doshi)는 도메인 전문성을 도메인 지식에서 도메인 악습을 뺀 것이라고 말한다. 특정 도메인에 오래 머물러 있는 사람은 전문성과 악습을 구분하기 어렵다. 도메인 악습은 혁신의 속도를 현저히 늦춘다. 이들은 누군가가 나타나서 그 악습을 무시하고 무언가를 해낼 수 있는 걸 보이기 전까지 '원래 안 된다'고 한다. 수술 도구, 세무, 규제 보고와 같이 깊은 도메인 전문성이 필요하기도 하지만, 이때는 제품팀 전체에 지식을 전파할 수 있는 전문가를 고용할 것이다.

11

프로덕트 디자이너

프로덕트 모델로 전환하려는 기업은 대부분 이미 다수의 디자이너가 재직 중이지만 프로덕트 모델에서의 프로덕트 디자이너와 다른 역할을 수행한다. 이전 모델에서 디자이너는 프로덕트 매니저나 마케팅을 보조하는 역할을 수행하는데, 프로덕트 모델에서는 이러한 역할이 필요하지 않다. 프로덕트 모델에서 디자이너가 수행할 역할은 제품의 동작 방식과 제품의 발견 과정을 어떻게 이끌지에 집중된다.

제품이 어떻게 동작할지 결정한다

이전 모델의 디자이너는 프로덕트 모델에 비해 더 협소한 범위의 업무만을 수행한다. 그래픽 또는 비주얼 디자이너도 물론 중요한 역할이지만 "디자인은 어떻게 보이고 느껴지는지가 아니라 어떻게 동작하는지를 다룬다"라는 스티브 잡스Steve Jobs의 말에 주목할 필요가 있다. 프로덕트 모델에서 디자이너는 보다 중요한 역할을 하는데, 고객 경험에 대한 총체적인 책임을 질 뿐만 아니라 사용자와 고객이 제품의 가치를 어떻게 받아들이는지도 관장한다. 우리는 프로덕트 모델의 디자이너를 **프로덕트 디자이너**라고 부르는데, 이들은 서비스 디자인, 인터랙션interaction 디자인,

CHAPTER 11 프로덕트 디자이너 61

비주얼 디자인 그리고 경우에 따라서는 산업industrial 디자인까지 소화할 수 있는 인재다. 대부분의 제품의 경우, 언급한 모든 분야의 디자인에서 전문가이길 기대하는 것은 아니지만, 인터랙션 디자인에 대한 지식과 능력은 모든 프로덕트 디자이너에게 필수다. 인터랙션 디자인은 기술과 사람(사용자와 고객)이 서로 어떻게 상호작용하는지에 대한 이해를 바탕으로 하는 영역이다.

제품 발견 과정에 참여한다

이전 모델에서 디자이너는 '조금 더 이쁘게 만들어달라'는 요구와 함께 제품 구상 말미에 합류하는 게 일반적이었다. 또는 동일한 회사에서 만든 제품 같아 보이도록 최소한의 조치라도 취해달라는 식의 요구를 받아 수행해왔다. 그러나 당신에게 필요한 것은 효과적인 문제 해결 방안을 탐색할 수 있는 프로덕트 디자이너다. 뛰어난 프로덕트 디자이너는 사용자나 고객과 직접 대면해서 회사가 해결하고자 하는 문제를 어떻게 생각하는지, 그리고 그 문제를 해결하기 위한 가안(假案)에 대해 어떻게 생각할지를 알아내도록 훈련받았다. 이들은 사용자와 고객이 인지할 수 있으면서도 직관적인 방식으로 제품 경험의 일체를 느낄 수 있도록 설계한다.

게다가 이 뛰어난 프로덕트 디자이너는 비단 경험을 디자인할 뿐만 아니라 경험을 바꾸기 위한 변화도 설계한다. 어떤 변화를 바르게 디자인했다면 사용자는 변화와 개선에 대하여 인지를 하지 못하는 경우도 있지만, 일단 인지하는 사용자가 있다면 새로이 학습을 하거나 인식을 바꾸지 않아도 이전의 경험을 통해 자연스럽게 그 변화를 수용할 수 있다.

프로덕트 디자이너는 프로덕트 매니저와 테크 리드의 일상적인 업무 처리를 위한 주요 파트너 중 하나다. 프로덕트 디자이너는 프로토타입 형태로 제품에 대한 의견을 낼 수 있으며, 이 프로토타입을 조직 내부에서 직접 사용, 검토, 평가하고 고객을 대상으로 테스트해볼 수도 있다. 디자이너 하나가 일주일에 몇십 가지의 프로토타입을 만드는 것은 흔히 있는 일이다. 대부분 폐기하는 수순을 밟더라도 모든 프로토타입이 효과적인 해결 방안을 선택하기까지의 과정에 꼭 필요한 단계다.

프로덕트 모델을 채택한 기업이 프로덕트 디자이너에게 기대하는 기술 수준이 높고 시장의 수요가 지속적으로 있기 때문에 뛰어난 프로덕트 디자이너는 프로덕트 매니저나 엔지니어 수준의 보상을 약속받는다. 고객이 직접 사용하는 제품이나 서비스를 담당하는 제품팀마다 전담 제품 디자이너를 할당한다. 더 많은 기업이 프로덕트 모델로 전환하고 보다 다양한 제품을 취급함에 따라 프로덕트 디자이너의 역할은 더욱 중요해지고 있으며 이러한 전문가에 대한 수요도 증가하고 있다.

CHAPTER

12

테크 리드

엔지니어에 대해서 이야기할 때와 프로덕트 매니저 또는 프로덕트 디자이너에 대해서 이야기할 때 차이점이 있다. 프로덕트 매니저와 프로덕트 디자이너는 크로스펑셔널 제품팀에서 1명씩 배치한다. 이 때문에 이 직무를 맡은 구성원에게 주어지는 권한도 기대치도 적지 않다.

하지만 엔지니어는 제품팀마다 주로 여러 명이 배치되기 마련이다. 각기 다른 제품팀마다 다른 기술을 다루고 책임의 범위도 제각각이라 더 큰 엔지니어팀이 필요하기도 하고 더 작은 팀으로도 충분하기도 하다. 하지만 여러 명의 엔지니어와 협업하기 때문에 서로 다른 능력치와 경험을 가진 사람들과 팀을 이루게 된다. 예를 들어 제품팀당 최소 1명의 시니어 엔지니어가 테크 리드 역할을 수행하고, 몇 년간 업무 경력을 쌓은 엔지니어들과 이제 막 커리어를 시작한 주니어 엔지니어가 있을 수 있다.

어떤 기업은 경험이 많은 엔지니어를 선호하는가 하면, 습관 형성부터 가르치면서 성장할 수 있는 주니어 엔지니어를 선호하는 기업도 있다. 이는 엔지니어팀 총괄의 결정에 따른다. 이 장에서 다룰 내용은 조직에서 책임자급 역할을 하는 시니어 엔지니어로, 이 책에서는 **테크 리드**[*]라고 부른다. 테크 리드는 정확하게 말해 개인 기여자이지 엔지니어팀의 관리자는 아니다.

프로덕트 모델의 엔지니어와 이전 모델의 엔지니어를 비교할 때 2가지 측면에서 둘을 구분할 수 있다.

첫 번째는 디지털 제품 기업이 작업하는 해결 방안의 복잡도와 'IT 시스템' 회사가 작업하는 결과물의 복잡도와 관련이 있다. 모든 기술은 직접 맞닥뜨리기 전에는 쉬워 보인다. 규모, 성능, 오류 발생 비중의 관리, 안정성, 국제화, 테스트 자동화, 출시 시스템, 새로운 기술 트렌드, 설계와 기술부채 관리 전략 등에서 프로덕트 모델의 엔지니어는 차이를 보인다. 이와 같은 기술을 다룰 수 있는 엔지니어는 무척 중요하고 반대로 각 영역에서의 실수는 큰 비용을 치를 수도 있다.

두 번째는 프로덕트 매니저와 프로덕트 디자이너가 도출한 방안을 그대로 구현할지 혹은 최선의 해결책을 찾을 수 있도록 돕고 그 이후에 구현하는지의 차이에서 온다. 프로덕트 모델이 내포하는 모든 원칙 중에서 가장 중요한 것을 꼽자면 임파워드 엔지니어에게 모든 것이 달렸다는 사실을 인지해야 한다는 점이다.

이는 구현을 담당하는 엔지니어가 지금 당장 가능한 것이 무엇인지를 알 수 있기 때문이다. 하지만 엔지니어가 무엇을 만들고 어떻게 만들었

---

[*] 이 책에서 '테크 리드'라는 용어는 팀에서 가장 선임인 개인 기여자를 지칭하기 위해 사용하지만 이 핵심 역할을 가리키기 위해 다른 용어를 쓰기도 한다. 어떤 용어를 쓰는지는 중요하지 않다. 테크 리드는 구축 방법만큼이나 무엇을 구축하는지에 대해서도 관심을 가져야 한다.

는지에 관심이 있을 때에만 성립할 수 있다. '프로덕트 매니저는 무엇을 왜 만들지에 대해 책임을 지고, 엔지니어는 어떻게 만들지에 대해 책임을 진다'는 옛말은 이제 틀렸다. 이런 표현은 임파워드 제품팀의 포인트를 놓치고 진정한 변혁의 원천을 바르게 파악하지 못한 것이다.

프로덕트 모델에서 엔지니어를 외주화하지 않는 주된 이유는 이들이 외주로 일하는 경우, 혁신을 이뤄내기 위한 기회에 너무 늦게 투입되거나 제품이나 고객에 대해 무지한 상태일 수 있기 때문이다. 그러므로 시니어 엔지니어는 구현 자체에만 신경 써서는 안 된다. 적어도 각 팀의 테크 리드가 프로덕트 매니저 그리고 프로덕트 디자이너와 협력해서 팀이 당면하고 있는 문제의 해결책을 찾으려는 의지만 있다면 성공할 수 있다. 반대로 테크 리드가 제품 발견 과정에 참여하지 않으려 하거나 참여할 수 없다면 제품이 결과적으로는 목표를 달성하지 못할 가능성이 농후하다.

현업에서는 테크 리드에게 많은 시간을 할애하라고 하지는 않지만 최소한 매일 한 시간은 제품 발견 과정에 참여하도록 한다.* 대부분의 테크 리드는 제품에 대한 아이디어를 극초반에 몇 분만 함께 상의한다면 몇 주 혹은 몇 달의 피해를 사전에 예방할 수 있다고 한다.

---

* 종종 정반대 문제에 봉착한 엔지니어팀을 만나게 되는데, 이 경우에는 쓸모없는 기능을 만드는 데 지쳐 제품 발견 과정에 모든 업무시간을 쓰고 싶어 하기도 한다. 이런 엔지니어에게는 이들의 책임이 제품을 출시하는 것이라는 점을 상기시키는 것이 좋다. 그럼에도 불구하고 이러한 상황을 마주하는 것이 나쁜 것은 아니고 오히려 쉽게 해결할 수 있을 것이다.

제품팀 리더

많은 사람들이 임파워드 제품팀과 프로덕트 모델로의 전환의 핵심이 매니저가 현업에서 물러나고 **마이크로매니징**micromanaging을 멈추고 제품팀이 일을 할 수 있게 내버려두는 것이라고 생각한다. 하지만 프로덕트 모델에서 임파워드 제품팀은 **보다 뛰어난** 리더십을 필요로 하는 것이지 리더십이 필요 없다는 것이 아니다. 전설적인 CEO 앤디 그로브Andy Grove의 말을 인용하여 이게 무슨 뜻인지 살펴보자. "사람들이 일을 잘하지 못하는 데에는 2가지 이유가 있을 수 있다. 사람들이 어떻게 해야 일을 잘할 수 있는지를 모르는 경우와 어떻게 하는지는 알지만 동기부여가 되지 않은 경우다." 이 2가지 경우를 차례대로 다뤄보자.

조직 관리

코칭과 인사가 주를 이루는 조직 관리에 대하여 먼저 살펴보자.

코칭

프로덕트 모델에서 뛰어난 조직 관리를 행함에 있어 자주 간과하는 영역이 코칭이다. 조직 구성원이 능력을 배양할 수 있도록 돕는 코칭은 가장 중요한 매니저의 역할이다. 당연히 코칭은 조직 구성원을 마이크로매니징한다는 의미가 아니다. 각자의 강점과 약점을 파악하고 이해하며 코칭 계획을 세워 이들이 보다 성장할 수 있도록 효과적으로 코칭 시간을 활용할 방법을 찾는 것이다.

제품팀의 모든 구성원은 자신의 역량을 키울 수 있도록 돕는 누군가와 협업할 기회를 가져야 한다. 이를 위해 기술 선도 기업들은 엔지니어가 경험이 많은 엔지니어 관리자에게, 디자이너가 숙련된 디자이너 관리자에게, 프로덕트 매니저가 능력이 입증된 프로덕트 매니저에게 업무를 보고하는 체계를 갖추고 있다.

코칭에 쏟는 시간과 노력은 조직 구성원의 수와 능력치에 달려 있다. 대략 기준을 만들어보자면 1차 조직장이 업무시간의 최대 80%를 코칭과 인사 업무에 쓰는 것이 보통이다.

인사

관리자는 제품팀의 인사 관리를 책임지는 사람이다. 채용, 면접, 온보딩, 평가, 승진 그리고 팀의 구성원 교체까지의 전반을 아우른다. 회사에 HR 기능 조직이 별도로 있다면 그들은 관리자가 이러한 역할을 할 수 있게 도움을 제공할 뿐 관리자의 역할을 대신할 수는 없다. 모든 관리자가 이 점을 꼭 이해할 수 있도록 해야 한다.

임파워드 제품팀이 뛰어난 프로덕트 매니저, 프로덕트 디자이너와 엔지니어가 있는지 여부에 큰 영향을 받기 때문에 전반적인 기준을 높이는 것에서부터 혁신이 시작된다. 많은 시간과 노력이 필요한 인사 업무를 언제나 우선시하는 것은 쉽지 않다. 이 과정은 당신이 아마도 선호할 제품 관련 일이라고 여기지 않기 때문이다. 하지만 아마존 창립자이자 최고 경영자인 제프 베이조스Jeff Bezos의 말을 기억하자. "채용 기준을 높게 설정한 것이 아마존의 성공에 있어 가장 중요한 결정이었다. 그리고 앞으로도 그럴 것이다."

리더십

제품 조직을 리딩할 수 있는 방법은 크게 2가지가 있다.

하나는 **지시와 통제**command and control를 실천하는 방법으로, 조직 구성원이 무엇을 해야 하는지에 대해서 명확하게 말하고 기능과 프로젝트 로드맵에서 특정 항목을 각 구성원에게 할당하는 방식이다. 이와 같은 방법은 관리자와 이해관계자가 중요한 의사결정을 모두 도맡는다. 이 경우에는 제품팀은 정확하게 말하자면 기능개발팀으로서 그 결정 사항을 이행하는 역할을 한다. 이것이 더 쉬운 방식이라는 것은 두말할 필요가 없다.

이에 대한 대안으로 조직에 **동기부여**를 하며 리딩하는 방식이 있다. 사업적으로 또는 고객이 직면한 문제를 팀에 할당하고 각 문제를 해결할 수 있는 최선의 방안을 팀이 직접 찾게 하는 방법이다. 제품팀에 중요한 의사결정을 위임한다면 제품 비전과 제품 전략을 포함한 전략적인 맥락을 팀에 설명해야 한다. 이는 제품팀이 좋은 결정을 하는 데 꼭 필요하기 때문이다.

관리자가 팀의 의견에 동의하지 않거나 마지막에 급하게 개입해서 방향을 틀어버린다면 관리자가 애당초 어떤 맥락을 제공했는지와 어떤 피드백을 줬는지에 대해서 다시 살펴볼 필요가 있다. 이는 성찰과 정진이 필요한 새로운 능력이다. 이런 점에서 '통제하지 말고 설득하여 이끌어라'라는 넷플릭스의 모토를 지향한다.

제품팀 관리자는 제품 비전, 팀 구성, 제품 전략과 각 팀별 목표 설정에 중요한 역할을 한다. 제품팀의 각 개인은 각 영역에 대하여 새로운 아이디어나 통찰을 제안할 수 있는데, 이는 뛰어난 조직 문화의 시그널이기도 하지만 궁극적으로 관리자는 팀 구성원 모두를 아울러야 한다.

제품 비전

제품 비전product vision은 어떤 미래를 구상하는지 구체적으로 서술하면서 고객의 삶을 어떻게 바꾸는지를 표현한 문장이다. 제품 비전은 제품 조직의 공통 목표를 담는다. 대개 3년에서 10년 내 이루고자 하는 것을 가리킨다. 임파워드 제품팀은 스타트업에서부터 대기업까지 다양한 모습이 있겠지만 이들 모두 같은 방향으로 나아가도록 이끌어주고 제품 비전을 실현할 수 있도록 각자의 방식으로 기여해야 한다.

제품 비전을 다룰 때는 제품팀과 이해관계자를 아우를 수 있도록 조금 더 멀리서 바라보는 것이 좋다. 이 단위에서의 공감대를 이룰 수 있다면 문제 해결책에 대해서 토론하는 시간을 무척 아낄 수 있다. 모두가 함께 움직인다면 사용자나 고객을 보다 잘 이해할 수 있을 것이다. 어떤 회사는 제품 비전을 북극성이라고 부르기도 한다. 그 어떤 제품팀에 속해 있든 그리고 어떤 문제를 해결하려고 하든, 자신이 큰 맥락에서 어떻게 기여하는지를 항상 알고 있다는 의미다.

제품 비전은 매일, 매달 그리고 매해 조직 구성원을 회사로 이끄는 원동력이자 동기부여의 근간이다. 제품 비전을 필두로 제품팀은 단순히 시장 상황에 반응하는 것이 아니라 주도적으로 제품을 이끌어나간다. 뛰어난 인재를 채용하기 위해 가장 중요한 수단이 제품 비전이기도 하다.

뛰어난 제품 비전을 구축하는 것은 여타 전략적 요소들과 다른 면이 있다. 제품 비전은 과학이라기보다는 예술에 가깝다. 제품 비전의 목표는 **설득과 영감**을 불러오는 것으로 그 자체로 이미 **감성적인** 면이 있다. 제품 비전을 통해 당신은 어떻게 하면 고객의 삶이 더 나아지도록 변화시킬 수 있을 것인지에 대하여 이야기할 것이다.

조직 구성원이 가히 구체적이라고 느낄 정도로 세부적인 사항까지 규정할 필요는 없지만, 모두가 이해하고 성취하고자 하는 것이 무엇인지 이해할 수는 있을 정도로 상세해야 한다. 뛰어난 제품 비전을 만드는 것이 쉽지 않지만, 일단 구현해두면 계속해서 얻을 수 있는 이점이 많으므로 이를 만드는 과정은 충분히 가치가 있다. 설계, 팀 구성, 제품 전략 그리고 향후 몇 년간의 제품 모두 제품 비전에 뿌리를 두기 때문이다.

팀 구성

팀 구성team topology은 각기 다른 제품팀의 권한과 책임을 지칭한다. 팀의 구조와 범위 그리고 서로 간의 관계에 대해서도 설명한다. 많은 기업에서 팀 구성은 의도되었다기보다는 당시의 조직을 반영한 결과물인 경우가 많다. 팀 구성의 대표적인 안티패턴으로 **콘웨이의 법칙**Conway's Law*을 들 수 있다. 팀 구성의 목표는 효과적인 권한 배분이다. 따라서 느슨하게 연

---

* 옮긴이 소프트웨어 구조는 그것을 만드는 조직의 커뮤니케이션 구조를 투영한다는 법칙이다.

결되어 있으나 각 팀이 같은 공감대를 이루어야 한다.

효과적인 팀 구성을 마련하는 것은 가장 어려운 동시에 제품팀 조직장에게는 가장 중요한 일이기도 하다. 조직의 규모가 크다면 더더욱 그러하다. 제품팀, 디자인팀 그리고 엔지니어팀의 관리자와의 협업과 협상이 필요하다. 당신이 내리는 결정이 팀 간의 관계와 의존성에 영향을 미치고 업무 범위에도 지대한 영향을 줄 것이다. 이를 성공적으로 헤쳐나간다면 제품팀은 높은 수준의 자율성을 보장받는다. 더불어 진정한 주인의식을 느낄 수 있고 각자의 작업 결과물이 어떻게 더 큰 목표에 기여하는지 이해할 수 있다. 이러한 팀은 어려운 문제를 해결하고 빠르게 움직일 수 있을 뿐 아니라 좋은 성과를 낼 수 있다.

제품 전략

제품 전략product strategy은 제품 비전을 어떻게 실현할지 그리고 그 과정에서 사업적인 요구사항을 어떻게 충족시킬지에 대한 방안을 담고 있다. 제품 전략은 끊임없이 제품에 집중해서 도출해낸 인사이트를 활용하고, 이를 과업으로 전환시키며, 최종적으로는 완수까지의 과정을 끌고 나간다. 이 모든 것의 의미는 16장에서 다루기로 한다. 제품 전략이 있다면 몇 개의 제품팀이 있건 각 제품팀이 최선의 결과를 낼 수 있도록 돕는다.

제품 전략을 통해 사업 또는 고객이 직면한 문제 중 해결해야 하는 것을 선별해낼 수 있다. 이 문제들은 관리자가 각 제품팀에 할당해서 해결할 수 있도록 한다. 제품 전략을 수립할 때 뛰어난 제품팀 조직장이 두각을 나타낸다. 이들은 무엇에 집중하고 무엇에 집중하지 않을지 결정하는데, 때로는 몇몇의 의사결정에 다른 관리자가 공감하지 못하기도 한다.

뛰어난 제품팀 조직장은 제품에 대한 데이터와 인사이트를 다루는 데 능숙하다. 그리고 제품 전략에 힘을 실어줄 수 있는 지점을 끊임없이 모색한다. 강력한 제품 전략은 소규모 조직이 규모가 훨씬 큰 경쟁사를 뛰어넘도록 돕는다. 안타깝게도 강력한 제품 전략을 수립하기 위한 지름길은 없다. 시간과 노력을 쏟아 데이터와 인사이트를 취합하고 통합하는 과정이 필요하다.

팀 목표

제품 전략을 실행하기 위해서 관리자는 어떤 문제를 해결해야 할지 명확하게 설명하는 목표 한두 가지를 각 제품팀에 할당해야 한다. 이 목표는 제품 전략으로부터 파생되고 도출된 인사이트를 과업으로 바꾼 것이다. 이제야 비로소 임파워링이 그저 유행어에 그치는 게 아니라 실전에서 효력을 발휘할 차례다. 팀에는 **팀 목표**라는 이름으로 몇 가지의 중요한 문제가 주어졌다. 이 팀은 문제에 대해 검토한 뒤 문제 해결에 성공하였는지를 측정할 수 있는 **핵심 결과**를 조직 관리자와 상의하여 결정한다. 관리자들은 팀과 반복적으로 논의하여 조직 전반의 목표를 최대한 아우를 수 있도록 이 척도를 다듬는다.

임파워링이 바르게 이행되었는가를 확인하려면 각 팀에 할당된 문제를 해결할 수 있는 최선의 방안을 도출했는지 여부를 알아보면 된다. 뛰어난 관리자는 함께 일하는 구성원에게 권한을 부여하고 그들이 성공할 때 인정받을 수 있도록 한 발짝 물러나는 자신감과 안정감을 가져야 한다.

지속적인 공유

제품팀 조직장의 마지막 역할은 프로덕트 모델과 앞서 다룬 제품 비전,

팀 구성, 제품 전략과 같은 그 전략적 맥락을 제품 조직과 회사 전반에 끊임없이 알리는 것이다. 이를 위해서 채용, 온보딩, 팀 전체 회의, 팀 점심 회식, 이사회 미팅, 고객의 소리 브리핑 등 다양한 방식의 조직 내부 공유 및 홍보가 필요하다. 보다 규모가 큰 조직에서는 이를 더욱 게을리 해서는 안 되며, 이와 같은 과정은 조직 전반을 대상으로 끊임없이 이루어져야 한다는 사실 또한 잊으면 안 된다.

임파워드 제품팀이 이끄는 제품 기반 회사에서 제품팀 조직장의 역할이란 이전 모델과 매우 다르기도 하고 매우 어렵기도 하다. 이 책에서 성공적인 혁신 사례를 살펴보면 각 회사의 CEO가 프로덕트 매니저, 프로덕트 디자이너 그리고 엔지니어팀에 뛰어난 인재를 확보할 수 있도록 각별한 관심을 기울인 것을 알 수 있다.

프로덕트 옵스(product Ops)

제품팀은 고객에게 선보일 수준의 해결 방안을 구현하는 데 시간과 비용을 투자하기 전에 아이디어를 빠르게 시험해보고 효과가 있는지를 판단하는 역할을 한다. 때로 수집한 정보를 바탕으로 결정하고 때로는 실제 사용자나 고객이 제품을 사용하는 동안의 경험에 대해 나눈 대화를 근거로 결정하기도 한다.

몇몇 기업은 제품팀의 의사결정 과정을 조금 더 지원할 수만 있다면 상대적으로 적은 투자를 하고서도 제품팀의 속도와 효율을 높일 수 있다는 것을 알아차렸다. 사용자 연구원은 사용자나 고객과의 대면 테스트를 준비하고 실행하여 그 결과에서 타당한 결론을 도출하는 전문가다. 데이터 분석가는 실데이터 기반 테스트를 준비하고 확신에 도달하기까지 필요한 양의 정보를 제공하고 결과에서 다시금 타당한 결론을 도출하는 과정을 돕는다.

어떤 기업에서는 큰 규모의 사용자 리서치팀과 데이터 분석팀을 꾸려 제품팀을 위해 이러한 테스트를 진행하도록 조직을 운영한다. 효율적인 방안이라고 생각할 수는 있겠으나 이런 경우 제품팀은 직관적이면서도 동기부여에 큰 힘이 되는 고객 또는 그들이 만든 데이터와 상호작용을 하지 못한다. 제품팀 구성원의 머리와 마음에 이러한 정보가 닿을 수 없다면 인사이트의 가치는 소실되고 만다.[*]

---

[*] 사용자 조사의 요약은 휴가의 요약과도 같다. 그 가치는 실제로 경험을 해봤다는 점에 있기 때문이다.

또 다른 회사에서는 모든 고객과 실데이터 기반 테스트를 제품팀에 위임하기도 하는데, 물론 이 방식도 효과적일 수 있다. 하지만 이런 경우 팀 구성원이 최적의 기술과 방법론에 대한 지식이 부족하고 때로는 잘못된 결론을 도출하여 추가적인 시간, 출시와 테스트가 필요한 일이 발생하기도 한다.

우리는 소규모의 사용자 연구원과 데이터 분석가 그룹을 구성하여 보다 큰 규모의 제품팀이 신속하게 움직이고 올바른 결정을 내릴 수 있도록 코칭하고 지원하는 것이 가장 효과적이라고 생각한다. 아울러 이 과정에서 도출된 인사이트는 제품팀 조직장에게도 전달해 다음 제품 전략을 위한 출시 과정에 반영될 수 있도록 하면 그 효용을 극대화할 수 있다. 많은 기업에서 이 사람들은 다른 조직에 속해 있으며 오직 몇 기업에서만 **프로덕트 옵스**라는 이름으로 한 조직으로 묶인다. 이러한 호명이 그들이 수행하는 중요한 역할에 대한 가시성을 높이는 효과도 있다.

아무리 그 의도가 좋더라도 불필요한 중간 다리를 만들지 않도록 주의해야 한다. 앞서 설명한 바와 같이 크로스펑셔널한 제품팀이 효율적이면서도 성공적인 운영을 바란다면 사용자와 고객과 직접 대면할 수 있어야 하고, 이들이 생산하는 데이터에도 직접 접근할 수 있으며, 사업 전반의 다양한 이해관계자와도 직접 교류할 수 있도록 지원해야 한다.

첨언하자면 몇몇 기업에서는 이 책에서 정의하는 것과 매우 다르게 프로덕트 옵스라는 표현을 쓰기도 한다. 프로덕트 옵스 그룹이 제품팀과 사용자 또는 고객, 데이터 그리고 이해관계자 사이를 비집고 들어가는 게 그들의 역할이라고 생각하는 것이 최악의 경우인데, 이와 같이 흐르지 않도록 조직 운영에 주의해야 한다.

프로덕트 옵스라는 표현이 프로그램 관리 담당자(project management officer, PMO)의 대체 표현으로 쓰이는 경우 역시 유의해야 한다. 이전 모델에서 사용하던 PMO는 지시와 통제를 근간으로 한 조직 운영을 상징하기도 하므로 이 문화 역시 우리는 바꾸고자 하기 때문이다. 이전 모델과의 갈등은 끊임없이 이어지니 이러한 가능성도 염두에 두어야 한다.

AI의 등장과 제품팀에 미치는 영향

새로이 등장한 AI 기술은 제품팀이 이전보다 더 나은 방식으로 문제를 해결할 수 있도록 도왔고 이는 차세대 제품과 서비스의 등장으로 이어졌다. 그뿐 아니라 이 기술은 구성원의 핵심 역량에도 영향을 미쳤다. 다른 직업과 마찬가지로 프로덕트 매니저, 프로덕트 디자이너 그리고 엔지니어 모두 지루하고 일상적인 작업을 자동화하고 새로운 아이디어를 연구하고 평가하는 데 활용함으로써 이 새로운 기술을 통해 업무 효율을 개선하고 있다. 그리고 이 추세는 특히 엔지니어링 영역에서 더욱 가속화될 것으로 보인다.

하지만 윤리적 측면과 사업적 리스크 관리 차원에서 면밀한 검토가 필요한 것도 사실이다. 오늘날의 제품팀은 그 어느 때보다 많은 일을 할 수 있게 되었지만 더 많은 위험을 떠안았다. AI 기술의 발전에 따라 프로덕트 모델을 채택한 기업이라면 계속해서 실험을 거듭하며 효과적인 방법을 수용하고 도입할 것이다. 고객을 돕기 위해서 새로운 기술을 기존 제품으로 흡수할 방법에 대해서 고민하는 것과 같이 뛰어난 제품팀이라면 제품을 구현하는 데 어떤 도움을 줄 수 있는지에도 관심을 기울일 것이다.

혁신 사례: 알모세이퍼

마티의노트 최첨단의 기술 혁신과는 동떨어져 있다고 알려진 지역에서도 혁신 사례를 발견할 수 있다. 수년에 걸쳐 내가 배운 것 중 하나는 전 세계 어디에서나 뛰어난 인재를 찾을 수 있으며, 이들이 프로덕트 모델로 전환을 시도할 때 놀라운 결과를 창출할 수 있다는 것이다. 뛰어난 리더십과 제품 팀이 결합한다면 팬데믹으로 인한 어려움조차도 극복할 강력한 힘을 발휘한다.

배경

시라 그룹Seera Group의 계열사 중 하나인 알모세이퍼Almosafer는 사우디아라비아 소재의 관광기업으로 중동 지역을 주된 시장으로 기업 활동을 펼치고 있다. 이 기업은 중동 지역 국가와 문화를 바탕으로 전 세계에서 이 지역으로 들어오는 관광 및 종교 관련 여행에 대한 수요를 충족하는데 특화되어 있다. 이 기업은 여행사로 시작하여 수년 동안 중동 지역으로 향하는 개인, 기업 그리고 정부기관의 여행 수요를 소화해왔다. 전 세계의 다른 모든 곳과 마찬가지로 인터넷의 도래 이후 대규모의 글로벌 여행사의 등장에 밀려 현지 오프라인 여행사는 고군분투할 수밖에 없었다.

이 글로벌 여행사는 대규모의 자본을 바탕으로 고객에게 혜택을 제공하고 기술 기반 제품의 이점을 활용했지만, 현지 요구사항이나 관습 그리고 문화를 수용하는 데에는 게을렀다. 현지 업체가 지역 고유의 요구사항을 이해하고 기술적인 능력을 바탕으로 성장할 수 있는 기회가 세계 각지에 있었다.

2018년 무렵 제품팀 조직장인 로니 바르게세Ronnie Varghese와 테크 리드인 카이스 아모리Qais Amori, 알모세이퍼의 다른 관리자들은 현지 고객을 진정으로 만족시키려면 글로벌 여행사보다 뛰어난 방식으로 이들의 문제를 해결할 수 있는 디지털팀이 필요하다고 판단했다. 그래서 이들은 프로덕트 모델로의 전환에 착수했다.

가장 중요한 점은 이 기업이 새롭고도 혁신적인 역량을 구축했다는 점이다. 이들은 충족되지 않은 고객의 요구사항을 파악하기 위해 지속적으로 인터뷰를 수행함으로써 어떤 해결 방안이 유효한지 또는 유효하지 않은지를 정확하게 짚어낼 수 있는 데이터를 수집하고 분석했다. 그뿐 아니라 새로운 아이디어에 대해 빠르게 프로토타입을 만들고 테스트까지 진행했다. 그 과정을 통해 이들은 고객이 공감할 수 있는 제품을 선보였다. 이는 경쟁사는 상상할 수 없는 방식으로 고객의 고유한 요구사항을 만족시킬 방법을 찾아냈기 때문이다.

첫해에 알모세이퍼는 2가지에 집중했다. 첫째는 고객 경험을 크게 개선하는 것이었고, 둘째는 운영 비용을 절감할 뿐만 아니라 향후 혁신과 고객 경험 개선을 지원할 수 있는 기술적 인프라를 갖추는 것이었다. 이러한 투자의 결과로 여행 사업의 항공편 분야에서만 10억 달러 규모의 기업으로 성장했다.

제품의 개선을 넘어 디지털팀은 중동 지역 내 남다른 평판을 얻는 데에도 기여했다. 이 회사는 뛰어난 인재가 기술을 활용하여 최고 수준의 제품을 만들 수 있다는 명성을 쌓았고 중동 지역의 그 어떠한 경쟁사와 견주어도 손색이 없다는 것을 증명해냈다. 알모세이퍼는 그야말로 로컬 기반 사업의 성공 사례였다. 그러던 중 국경 폐쇄가 이루어졌다.

문제 정의

코로나19의 확산으로 전 세계 여행이 중단되는 사태가 벌어졌다. 여행객 대부분이 해외에서 유입되는 사우디아라비아의 경우 더욱 강한 타격을 받을 수밖에 없었다. 팬데믹은 헤쳐나가기 어려운 상황임이 분명했지만 다행히도 알모세이퍼의 디지털팀은 어려운 문제를 해결할 수 있는 능력치를 키워두었다. 디지털팀은 개인 고객과 기업 고객 모두와 끊임없이 접촉하며 잠재적인 기회를 포착해냈다. 팬데믹을 맞아 이미 알고 있었던 흥미로운 기회가 필연적인 성공의 실마리로 변하기도 했는데, 이는 안전하게 가족과 친구들을 만날 수 있는 방법을 찾는 것이었다.

사우디아라비아에는 휴식 공간이라는 뜻의 **이스티라하**istiraha라는 문화적인 전통이 있다. 이것은 요리하고 그늘에 앉아 신선한 공기를 마실 수 있는 넓은 안뜰이나 열린 공간을 가리킨다. 특별한 날이면 가족이나 친구들과 이스티라하에 모여 축하하곤 했다. 팬데믹으로 실내 모임을 피해야 하는 여건상 이스티라하를 찾고 예약해야 했는데 적당한 방법이 없었다. 호텔이나 항공편과 다르게 이와 같은 독특한 시설을 등록하거나 조회할 수 있는 제품은 없었던 것이다. 숙박과 다른 점이 있다면 이스티라하는 당일 오후부터 저녁까지의 공간 예약이 필요했다.

해결 방안 모색

디지털팀은 이와 같은 제품을 구현하는 것은 리스크가 따른다고 생각했다. 대부분의 기존 제품은 이미 존재하는 문제에 대한 새로운 해결 방안을 제시하는 데 반해 이 새로운 제품은 이스티라하를 찾고 예약한다는 새로운 문제에 대한 대안을 제시해야 하기 때문이다. 탄탄한 방안을 제시하는 것과 동시에 시장 개발도 필요했는데, 고객이 이와 같은 새로운 제안을 이해하고 활용할 수 있어야 하기 때문이다.

여행 시장에 새로운 방식의 예약을 소개하기 위해 제품팀은 사업개발팀, 마케팅팀과 긴밀하게 협업했다. 단기임대가 가능한 이스티라하를 찾고 공간 수급을 안정적으로 관리하며 이스티라하를 찾는 고객이 어떤 과정을 거치는지도 파악하는 작업에 들어갔다. 제품팀은 이 책 후반부에서도 다룰 예정인 제품 코치 호프 구리온Hope Gurion과 협력하여 뛰어난 결과물을 빠르게 도출하기 위해 노력했다.

또 다른 장애물은 제품팀이 원격으로 일할 수 있도록 업무를 조정해야 한다는 것이었다. 그러나 그간 팀의 역량을 키우고 신뢰를 쌓아왔기 때문에 빠르고 효과적으로 원격 협업이 가능했으며 원격으로 고객에 대한 연구도 진행해나갔다. 결과적으로 문제 정의도 해결 방안 모색도 원격으로 해결하는 데 성공한 것이다.

결과

이 새로운 제품에는 확실하지 않은 부분이 많았다. 이스티라하가 몇 개나 있는지, 몇 명의 이스티라하 소유주가 임대할 수 있도록 등록할지 그리고 몇 명이나 이를 임대하고자 할지 전혀 가늠할 수가 없었던 것이다.

그래서 팀의 초기 사업 목표는 이들이 재빠르게 만들어낸 새로운 방식의 예약이 얼마나 시장의 반응을 이끌어낼 수 있을지 확인하는 것이었다. 이후 성장에 초점을 맞추는 방식을 택했는데, 현재 이스티하라는 중요한 카테고리로 자리 잡고 있다.

금전적인 성공을 떠나 디지털팀이 가진 역량은 국가와 지역사회가 필요로 하는 시기에 의미 있는 서비스를 제공했다는 데 의의가 있다. 이 지역에서 성업하고 있는 그 어떠한 글로벌 여행사도 알모세이퍼와 같은 방법으로 접근하지 않았을 것이다.

현재 알모세이퍼는 중동 지역 시장의 70% 이상을 점유하고 있다. 이와 같은 괄목할 만한 결과는 하나의 역량이나 서비스에서 비롯된 것이 아니다. 고객을 가장 먼저 생각하고 이를 뒷받침하는 노력과 기술이 있었기 때문이다.

알모세이퍼는 중동 지역의 성공 사례 중 하나이고 이 회사는 중동 지역의 더 많은 국가에서 서비스를 제공하고자 확장 중이다. 알모세이퍼는 앞으로의 성장과 성공도 이어갈 수 있는 환경을 구축했다.

IV

프로덕트 모델의 주요 개념

프로덕트 모델로 전환하기 위해서는 핵심 역량뿐만 아니라 주요 개념에 대한 이해가 필요하다. 즉, 뛰어난 제품을 일관적으로 구현하게끔 하는 새로운 활동도 필요하다. 이 개념 중 일부는 과거에 해왔던 활동과 유사할 수 있지만, 핵심적인 부분에 큰 차이점이 존재하고 완전히 낯선 개념도 있을 수 있다. 4부에서는 이와 같은 주요 개념에 대해서 소개하도록 하겠다.

프로덕트 모델이 포괄하는 모든 개념이 모두 똑같이 중요하지는 않다. 몇 가지 개념은 무척 중요한데, 차근차근 알아보도록 하자. 몇몇 개념은 프로덕트 모델로의 전환에 도움은 주겠으나 성패를 가르는 데 영향을 미치지 않는다. 게다가 같은 목표를 이루기 위해 한 가지 길만 있는 것도 아니다. 이 말인즉 어떤 방식이든 간에 주요 개념을 제대로 이해하는 것이 중요하다는 의미다. 주요 개념을 정확하게 이해할 수 있다면 혁신이 성공할 확률이 높아질 것이다. 반대로 주요 개념을 제대로 이해하지 못하면 혁신은 서서히 무너지게 될지도 모른다.

프로덕트 모델의 주요 개념

우리가 설명하는 각 주요 개념은 **프로덕트 모델 주요 원칙**을 기반으로 한다. 이 프로덕트 모델 주요 원칙은 기업이 프로덕트 모델을 근간으로 시작했건 또는 전환을 해서 프로덕트 모델이 되었건 무관하게 뛰어난 디지털 제품 기업이 따르는 공통의 원칙을 모아 만들었다. 기업 규모가 크든 작든 그리고 소비자를 대상으로 하든 기업을 대상으로 하든 무관하다. 이 프로덕트 모델 주요 원칙을 이해할 수 있다면 새로운 절차, 기술 또는 역할이나 심지어는 면접 중인 채용 후보가 팀에 보탬이 될지 잠재적으로 해가 될지를 가늠할 수 있다.

프로덕트 모델 콘셉트

프로덕트 모델의 근간에는 크로스펑셔널한 임파워드 **제품팀**이 존재한다. 이 책에서는 제품팀이 맡은 바를 수행할 수 있게 하기 위한 내용을 주로 다룬다. 그 어떤 기업도 원하는 만큼의 많은 인력이나 제품팀을 가질 수는 없으므로 인적 자원에서 최선의 결과를 도출하기 위해 노력해야 한다. 이는 영감을 주는 제품 비전과 뛰어난 인사이트를 바탕으로 한 **제품 전략**이 결합해야만 가능하다.

이전 모델에서는 기능개발팀이 사업 이해관계자의 요구사항을 충족시키기 위해서 일했으므로 제품 전략이 제품팀과 동떨어져 있을 수 있다. 하지만 프로덕트 모델에서는 제품 전략이 핵심적인 역할을 수행하여 이를 바탕으로 사업 기회와 리스크를 포착할 수 있으며 어떤 문제를 먼저 해결할 것인지를 결정하는 데 큰 영향을 미친다.

제품팀이 당면한 문제를 시급히 해결할 수 있으려면 제품팀은 **제품 발견** product discovery 절차에 이미 능숙해야 한다. 이 절차를 거쳐 제품으로 구현할 값어치가 있는 해결 방안을 모색한다. 제품이 처한 상황을 토대로 어떤 위험 요소가 있는지 확인하고 되도록 적은 비용으로 잠재적인 해결 방안을 가능한 빨리 검증한다. 또한 프로덕트 모델에서는 열심히 일하고 다양한 기능을 고민하고 구현하는 걸로는 충분하지 않다. 사업에도 득이 되는 방향으로 고객이 직면한 **문제를 해결해야**만 의미가 있다. 이는 제품 발견의 **결과**로 제품을 제공하기 때문이다.

일단 구축할 가치가 있는 해결 방안을 찾았다고 판단한다면 재빨리 이 해결 방안을 구현하여 고객에게 선보여야 한다. 도출한 해결 방안을 신속하고 믿을 수 있는 품질로 일관되게 제공하기 위해서는 **제품 구현**_{product} delivery 능력이 필요하다. 고객의 요구에 부응하는 제품을 전달하면서도 계속해서 새로운 가치를 제공하여 궁극적으로는 고객을 진정으로 위하려면 신뢰할 수 있고 서로 종속적이지 않은 출시를 소규모로 자주 진행해야 한다. 그리고 이 모든 과정을 지속적으로 계측하고 모니터링할 수 있어야 한다.

마지막으로 프로덕트 모델의 주요 원칙은 끊임없는 혁신을 위한 강력한 **제품 문화**product culture를 만드는 것이다. 새로운 제품 문화를 구축하기 위해서는 수많은 노력이 필요하다. 하지만 이를 무너뜨리는 것은 무척 쉽다. 프로덕트 모델 원칙을 지속적으로 스스로 상기할 수 있도록 하자. 조직 내에 당신이 목표로 하는 바를 이루지 못하도록 방해하는 상황이 언제나 발생한다. 이에 대응하기 위해서는 이러한 기본 원칙을 늘 기억하고 지키는 마음가짐이 필요하다.

CHAPTER
15

제품팀

모든 개념 중 가장 중요한 것은 역시나 **임파워드 크로스펑셔널 제품팀**이다. 효과적이고 혁신적인 제품의 출발점이기도 하며 프로덕트 모델은 이와 같은 제품팀을 만들거나 육성하는 방법에 대한 것이다.

원칙: 문제 해결의 권한과 책임을 위임

먼저 임파워드되었다는 말의 의미부터 살펴보자. 임파워드 제품팀은 고객을 만족시키면서도 사업에 득이 되는 방향으로 문제를 해결한다. 팀이 임파워드되었다는 것은 해결할 문제가 이들에게 할당되었다는 의미다. 이 문제는 고객 또는 기업의 문제일 수 있으며 이 문제에 대한 최선의 대응을 찾아내는 것이 팀의 역할이다. IT 모델에 존재하는 기능구현팀과는 무척 다른데 기능구현팀에는 구현해야 할 기능과 프로젝트가 우선순위에 따라 주어진다.

이어서 팀이 크로스펑셔널하다는 표현도 살펴본다. 크로스펑셔널한 제품팀은 프로덕트 모델의 핵심 역량을 보유한 구성원이 각기 할당된 문제에 대한 강력한 해결 방안을 제시할 수 있다는 의미다. 임파워드 제품팀은 꼭 크로스펑셔널해야만 하는데, 이는 문제 해결에 필요한 적절한 역량을 갖추지 못한 팀이 문제를 해결하기를 기대하고 이에 대한 책임을 지우는 것은 비합리적이기 때문이다. 결국 이러한 능력치를 갖춘 팀만이 임파워드 제품팀의 역할을 수행할 수 있다. 일반적으로 이와 같은 팀은 프로덕트 매니저, 프로덕트 디자이너 그리고 몇 명의 엔지니어로 구성된 팀을 의미한다. 각 직무의 역할에 대해서 강조하여 다시 설명한다.

- **프로덕트 매니저:** 제품의 가치와 실현 가능성에 대한 리스크를 관리하고 제품의 성과 전반에 대한 책임을 진다.
- **프로덕트 디자이너:** 사용성에 대한 리스크를 관리하고 제품 전반의 경험, 다시 말해 제품과 고객이 상호작용하는 모든 순간을 책임진다.
- **테크 리드:** 구현 가능성에 대한 리스크를 관리하고 제품의 출시와 배포에 대한 책임을 진다.

어떤 사람들은 이 셋을 **제품팀의 3인조**product triad 또는 **트로이카**troika*라고 부르기도 한다. 필요에 따라 제품팀에 보다 전문적인 영역을 담당하는 데이터 분석가, 모바일 앱 엔지니어, 테스트 자동화 또는 QA 엔지니어가 있을 수도 있으며, **풀스택**full-stack **엔지니어**라고도 불리는 보다 넓은 범위의 기술을 갖춘 엔지니어를 배치하기도 한다.

---

* '제품팀의 3인조'라는 용어에 반대하는 것은 아니지만 2가지 이유 때문에 이 용어를 선호하지는 않는다. 첫째, 3개의 주요 역량을 2명 또는 4명이 수행하는 경우도 있으므로 반드시 3인조는 아니기 때문이다. 둘째, 우리가 좋아하는 제품팀의 사례를 들자면 테크 리드뿐만 아니라 모든 엔지니어가 제품 발견 활동에 참여하기 때문이다.

문제 해결을 위임받은 크로스펑셔널한 제품팀은 강력한 무기다. 당신이 좋아하는 기술 기반의 제품을 떠올려보라. 그 제품을 가꾸는 것은 임파워드 제품팀일 것이다. 이와 같은 제품팀이 스스로 생겨나는 것은 아니라는 점을 이해하자. 프로덕트 모델에서 **제품팀 조직장은 제품팀의 각 구성원을 코칭하고 이들이 뛰어난 의사결정을 할 수 있도록 전략적인 맥락을 제공해야 한다.** 이 책에서 제품팀 조직장이라고 함은 프로덕트 매니저팀, 프로덕트 디자인팀 그리고 엔지니어팀의 관리자를 모두 묶어 지칭한다.

새로이 조직에 합류하는 구성원이 임파워드 제품팀의 구성원으로서 갖추어야 하는 역량과 지식을 모두 보유한 상태가 아니라는 점을 기억하자. 제아무리 강력한 디지털 제품 기업에서 근무했던 뛰어난 인재일지라도 당신의 전략적 맥락을 알지 못한다. 그러므로 제품팀 조직장이 제품팀 구성원이 각기 자신이 맡은 일을 해낼 수 있는 역량을 갖출 때까지 코칭하는 것이 필요하다. 뛰어난 관리자는 제품팀을 가로막는 장애물을 없애기 위해 고군분투한다.

원칙: 산출물이 아닌 성과

고객이 당신이 제시한 새로운 대안이 기존에 사용하던 제품보다 자신의 문제에 더 적합하다고 느끼지 못한다면 결과적으로는 실패할 수밖에 없다. 많은 기능을 출시하는 것이 기분은 좋을 수 있겠지만, 실질적인 사업 성과로 이어지지 못한다면 이 또한 실패로 귀결될 수밖에 없다. 이와 같은 상황을 내포한 표현으로 '사업적인 성과에 대한 책임을 진다'나 '타임투마켓time to market을 넘어서 타임투머니time to money' 등이 있다.

이 원칙을 모두가 입을 모아 말하는 이유는 제품팀이 아무도 사용하지도 구매하지도 않는 제품을 만드는 것이 아니라 고객과 기업을 위해 문제를 효과적으로 해결할 수 있는 제품을 내놓기 위해 존재하기 때문이다.

이 원칙을 적용한 사례는 데이터를 열심히 살펴본 결과, 가장 효과적인 방안이 어떤 기능 자체를 **제거**하는 경우를 들 수 있다. 모바일 앱에서 주로 도달하는 결론인데, 사용할 수 있는 공간 자체가 지극히 제한적인 상황에서 화면의 구성 요소가 모두 고객의 관심을 얻기 위해 대치 중이기 때문이다. 성과에 집중하는 팀이라면 **기능의 제거**와 같은 선택지를 고려할 것이다.

원칙: 주인의식의 고취

제품팀에 권한과 책임을 위임하고자 한다면 제품팀 스스로가 무엇을 책임져야 하는지는 인지함으로써 주인의식을 가질 수 있게 해야 한다. 제품팀의 책임 범위가 어디까지인가? 달리 표현하자면 **제품팀은 무엇의 주인인가?** 팀의 관할이 어디까지이고 주인의식을 가져야 하는 범위에 대해서는 **팀 구성**에 따라 다를 수 있지만, 기본적으로 각각의 제품팀은 무언가 **의미있는 것**에 대한 책임을 지게 된다. 제품 전체일 수도 있고 제품의 일부일 수도 있다. 사용자 입장에서는 단일한 제품일 수 있으나 수십 수백 개의 제품팀이 제품의 각 영역을 담당하는 상황은 이제 흔히 찾아볼 수 있다.

제품팀은 할당받은 문제의 해결 방안을 **제품 발견**을 통해 제시할 수 있어야 하며, 이 해결 방안을 **제품 구현**을 통해 기술적으로 구축해 고객에게 제시할 수 있어야 한다. 이 2가지 역할을 각기 다른 팀에 할당하여 수행하게 한다면 심각한 문제를 초래할 수도 있다. 따라서 제품 발견, 제품 구현 그리고 주요한 혁신 과제에서부터 사소한 최적화 작업, 버그 수정, 사용자수 확대에 이르기까지 주인의식의 대상이 되는 업무 영역은 제품팀이 수행하는 모든 업무에 해당한다. 그렇다고 해서 모든 제품팀 구성원이 제품 발견과 구현에 동일한 시간을 할애하는 것은 아니다. 현업에서 프로덕트 매니저와 프로덕트 디자이너는 대부분의 시간을 제품 발견에 사용하고 엔지니어는 제품 구현에 대부분의 업무시간을 투입한다.

원칙: 진정한 협업

협업collaboration이라는 단어는 무척 자주 쓰이고 다양한 맥락에서 사용하다 보니 이제는 크게 와닿지 않는다. 물론 대다수의 사람은 자신이 적극적으로 협업을 하고 있다고 생각한다. 하지만 임파워드 크로스펑셔널 제품팀에서 협업에 열려 있다는 것은 다른 의미를 가진다. 이는 대부분의 사람들, 특히 대부분의 프로덕트 매니저가 선호하는 업무 방식과는 확실히 차이가 있다.

많은 제품팀이 아직도 구시대적인 **워터폴**waterfall 방식을 따른다. 프로덕트 매니저가 요구사항을 정의하고 디자이너에게 전달하여 요구사항을 반영한 디자인을 요청하고 **스프린트 플래닝**sprint planning을 거쳐 이를 구현할 엔지니어에게 넘기는 방식으로 일을 한다. 명확하게 말하자면, 이는 우리가 말하는 협업의 의미와는 확실히 다르다.

첫째, 협업은 합의를 의미하지 않는다. 제품팀이 합의를 이루는 것이 가장 이상적이겠으나 이를 고집할 필요는 없다. 이 때문에 각 개인이 조직의 결정사항에 **동의하지 않더라도 수행**disagree and commit하는 방식으로 일하고자 한다.

유사하게 협업은 민주적이지 않다. 우리는 어떤 결정사항을 투표에 부치지 않는다. 대신 제품팀의 각 전문가에게 의지한다. 일반적으로 기술과 관련된 결정은 테크 리드에게 맡긴다. 고객 경험과 관련된 결정은 프로덕트 디자이너의 몫이다. 사업적 제약사항과 이와 관련한 결정은 프로덕트 매니저에게 위임한다. 때때로 의견 충돌이 발생할 수 있으며 테스트를 통해 이에 대한 해결을 기대할 수 있다.

또한 협업은 결과물을 생산하는 데 집중하지 않는다. 많은 프로덕트 매니저가 자신의 업무가 요구사항을 담은 문서를 작성하는 것이라고 생각하거나 유저 스토리를 작성하는 것이라고 생각한다. 팀 구성원이 원격으로 근무하고 있다면 이와 같은 결과물을 만드는 것은 중요할 수 있지만, 이것이 협업의 전부는 아니다. 오히려 이런 결과물이 진정한 협업을 방해하는 경우도 많다. 왜냐하면 프로덕트 매니저가 요구사항이 무엇인지를 정의하는 순간 대화는 종결되며 논의에서 구현으로 업무 단계가 넘어가기 때문이다. 이 시점에서 프로덕트 디자이너는 자신이 작업한 디자인이 전사 가이드에 부합하는지를 확인해야 한다고 여기고 엔지니어는 그저 코딩을 해야 한다고 생각하는 것이다. 다시 워터폴 체제로 돌아온 셈이다.

마지막으로 협업은 타협을 의미하지 않는다. 평범한 사용자 경험, 느린 성능, 제한된 확장성과 모호한 고객 가치를 만들어낸다면 팀 단위에서는 큰 손해를 보게 마련이다. 당신은 의미 있는 해결 방안을 도출해야 한다. 당신의 제안이 타깃 고객이 실제로 구매하거나 사용하기로 선택할 만큼 가치로워야 하고, 사용자가 그 가치를 느낄 수 있는 사용성을 갖추어야 하며, 가치를 전달할 수 있도록 실제로 구현이 가능해야 한다. 또한 조직 내 다른 팀이 효과적으로 이 해결 방안을 마케팅하고 판매하고 운영할 수 있도록 사업적으로 실행할 수 있어야 한다. 이를 모두 달성하려면 결국 진정한 의미의 협업을 해야 한다.

제품팀에서 당신의 역할은 당신에게 할당된 문제를 해결하는 것이며, 그 방식은 고객이 만족하면서도 기업에 득이 되는 방향으로 이루어져야 한다. 이것이 크로스펑셔널한 제품팀에서의 당신과 팀의 구성원의 임무이고 모두가 그에 적합한 능력을 갖추었기 때문에 그 자리에 앉은 것이다.

제품팀의 협업은 프로덕트 매니저, 프로덕트 디자이너 그리고 엔지니어의 협업으로부터 시작된다. 협업을 시작하기 위해 우리가 가장 선호하는 방법은 주로 프로덕트 디자이너가 만드는 프로토타입을 중심으로 팀이 한 테이블에 둘러앉아 해결 방안을 주제로 토론하는 것이다. 프로덕트 디자이너는 경험에 대한 다양한 방식을 고려할 수 있고, 엔지니어는 다른 접근을 제안하거나 현재의 접근을 가능하게 하는 기술을 검토할 수 있다. 프로덕트 매니저는 각 해결 방안이 어떤 영향과 결과를 가져올지에 대하여 검토한다. 가령 개인정보 침해가 있을지 또는 각 판매 채널과 새로운 해결 방안이 부합하는지 등을 따져보는 것이다.

제품팀 구성원 중 그 누구도 다른 사람에게 어떻게 일을 하라고 지시하지 않는다. 오히려 건강하고 유능한 조직이라면 각 구성원은 서로가 필요한 기술을 발휘할 수 있을 것이라고 믿는다.

하지만 주의해야 할 점도 있다. 프로덕트 디자이너는 사용자와 이들의 **행동에 대한 통찰을 바탕으로** 당신이 해결하고자 하는 문제의 접근 방식을 다른 방향으로 이끄는 경우가 있다. 이는 때로 해결 방안이 내포하고 있는 가치에 큰 영향을 주거나 성능에 간접적인 영향을 줄 수 있다. 마찬가지로 뛰어난 엔지니어도 **기술에 대한 깊은 이해를 바탕으로** 주어진 문제를 완전히 다른 방향으로 접근하게 하기도 하는데, 이는 프로덕트 매니저나 프로덕트 디자이너가 상상했던 것보다 그리고 고객의 기대 이상으로 뛰어난 결과를 가져오기도 한다. 또한 프로덕트 매니저가 **고객과 사업에 대한 이해를 바탕으로** 기존 논의와 다른 방향을 제시하기도 한다.

동기부여를 갖고 있는 임파워드 제품팀의 구성원이 각자의 영역에서 충분한 역량을 갖추었을 때 터져 나오는 마법과 같은 순간을 우리 모두 좋아한다. 프로덕트 매니저, 프로덕트 디자이너와 엔지니어가 프로토타입이나 프로토타입에 대한 사용자 반응을 같이 살펴보면서 엔지니어가 새로운 가능성을 제안하거나 디자이너가 또 다른 경험을 제안하고 프로덕트 매니저가 영업, 개인정보 관련 영향을 검토하는 것이다. 그리고 이 모든 접근 방식을 탐색한 뒤에 결정을 내리는 그 순간은 그야말로 마법과도 같다.

협업은 프로덕트 매니저, 프로덕트 디자이너와 엔지니어가 모든 제약 조건을 충족하는 해결 방안, 말하자면 고객이 만족하면서도 사업에 득이 되는 해결 방안을 찾아내는 것을 말한다. 이러한 협업을 능숙하게 진행하는 것이 뛰어난 제품팀이 일하는 방식의 근간이다.

제품 전략

향후 몇 년 내로 달성하고자 하는 고무적이면서도 의미로운 제품 비전이 있다면 제품 전략은 그 제품 비전을 실현하기 위한 구체적인 방안이다. 제품팀의 역할이 어려운 문제를 해결하는 것이라면 제품 전략은 어떤 문제를 해결하는 게 중요한지를 결정하는 잣대다. 놓치고 싶지 않은 기회가 많은 만큼 기업에 들이닥치는 위협도 많다. 그렇다면 어떤 선택이 최선의 선택인지 그리고 어떤 위협에 가장 선제적으로 대응할 것인지를 결정해야 한다.

원칙: 선택과 집중

스티브 잡스의 말을 먼저 살펴보자. "집중이란 자신이 집중할 대상을 골라내는 것이 아니다. 오히려 수백 개의 다른 좋은 아이디어를 포기하는 것을 의미한다. 선택은 신중해야 한다. 나는 우리가 해낸 것들만큼이나 하지 않기로 결정한 것에 대한 자부심을 가지고 있다. 혁신은 1000가지 일에 대해 '아니요'라고 할 수 있을 때 이루어진다."

이해관계자 중심의 모델에서는 이런 선택과 집중을 하는 것이 본질적으로 불가능하다. 각각 자신의 목표와 요구사항을 가지고 있는 이해관계자들의 요구를 최대한 많이 충족시키고자 하기 때문이다. 반면 프로덕트 모델에서는 기회와 위협을 전반적으로 살피면서 제품 전략을 바탕으로 선택과 집중을 하여 최대 효용을 끌어낼 선택을 해야 한다.

기업의 고위 관리자가 이와 같은 선택에 참여하는 것이 중요한데, 특히 제품팀 조직장이 이런 결정에 적극적으로 참여해서 명료한 판단을 내릴 수 있어야 한다. 어떤 목표를 가장 우선시한다고 선언했는지도 중요하지만, 그 자리에서 언급이 이루어졌다는 사실 자체가 중요하다는 것을 이해해야 한다.

대부분의 회사에는 뛰어난 목표가 여러 개 있는데, 이 중에서 단 하나만 달성해도 회사가 크게 발전할 수 있다. 하지만 동시에 너무 많은 목표를 좇게 되면 그중 어느 것도 성공하지 못하는 일이 발생하기도 한다. 우리는 종종 제품팀 조직장들에게 CEO가 가장 중요시 여기는 목표 두세 가지를 결정하도록 요청하게 하고 제품팀 조직장들은 이 결정을 이행하는 데 집중하라고 코칭한다.

고무적인 제품 비전의 힘

제품 비전을 세우면 선택과 집중을 보다 원활하게 수행할 수 있다. 제품 비전은 모두가 만들고 싶은 미래의 모습을 담고 있다. 몇 개의 제품팀이 있건 당신은 각 팀이 조직 전체의 목표에 이들이 어떻게 기여하는지 알려줄 수 있어야 한다. 제품 비전은 3년에서부터 10년 내에 달성할 수 있는 지향점을 다룬다. 제품 비전은 또한 고객의 관점에서 어떻게 더 나아질 수 있는지 설명한다. 제품 전략이 기업의 관점이라면 제품 비전은 고객의 관점이다.

짜임새 있는 제품 비전은 더 많은 가치를 가진다. 제품 조직에 큰 영감을 주고 새로운 제품팀 인재를 채용할 때 최고의 도구가 된다. 강력하고 고무적인 제품 비전을 구축하는 방법은 《임파워드》에서 더 상세히 다루었다.

이 책에서 제품 비전을 언급하는 이유는 선택과 집중에 중요한 기준이 되기 때문이다. 어떤 결정이 제품 비전을 현실화하는 데 어떠한 방식으로도 기여할 수 없다면 그것이 왜 우선시되어야 하는지에 대한 의문이 생길 수밖에 없다. 그 아이디어를 발전시키는 데에는 다양한 이유가 있을 수 있지만, 그 결정을 한다는 것은 제품 비전을 향해 가는 길에 불필요한 우회로를 거치는 셈이 된다.

원칙: 통찰의 힘

선택과 집중을 위해서는 **훈련**이 필요하지만 제품 전략에 힘을 실어줄 통찰력을 키우기 위해서는 **기술**이 필요하다. 통찰력은 노력의 효과를 배가시킬 수 있는 지점을 짚어낼 수 있게 돕는다. 이와 같은 통찰력은 어디서나 얻을 수 있지만 주로 다음과 같은 경로를 통해 얻는다.

- **데이터 분석**: 고객이 제품을 어떻게 사용하는지를 알려주는 데이터. 고객이 제품을 구매하는 방법, 경로 그리고 이유에 대한 데이터. 또한 이 2가지가 시간이 흐르면서 어떻게 변화하는지를 살펴보고 분석한다.

- **고객과의 의사소통**: 고객은 무엇이 기술적으로 가능한지 모르기 때문에 무엇이 필요한지를 묻지 말고 지금 어떤 제품을 쓰고 있는지, 고객 주변의 환경과 맥락 그리고 새로운 제품을 쓰려면 어떤 조건이 충족되어야 하는지를 묻는다.

- **새로운 기술**: 이전에는 해결할 수 없었지만 지금은 엔지니어가 해결할 수 있는 문제가 있는가? 새로운 기술이 열어주는 새로운 기회에는 어떤 것이 있는가? 새로운 기술로 어떤 고객 경험을 가능하게 할 수 있는가?

- **확장되는 산업**: 갈수록 심화되는 경쟁적인 산업 환경에서 무엇을 배울 수 있는가? 당신의 업계 또는 인접 업계에 영향을 미치고 있는 트렌드는 무엇인가? 고객의 기대치는 어떻게 변화하는가?

제품팀 조직장은 이러한 인사이트에 몰입해야 하고 기업 전체 구성원이 유의미한 결론을 발견하면 이를 곧장 관리자와 이야기할 수 있는 분위기를 조성해야 한다. 제품팀 조직장이 최종적으로 의견을 취합하고 분석할 책임이 있지만 인사이트는 어디에서든 얻을 수 있다.

원칙: 투명한 의사결정

프로덕트 모델에서 어떤 문제를 해결할 것인가에 대한 결정권이 다양한 의사결정권자로부터 제품팀 조직장으로 이양되었다는 것을 기억하자. 이 제품팀 조직장들은 사업 전반을 아우르며 경영진과 이해관계자들과 협업하여 영향력 있는 제품 비전과 제품 전략을 세우고 이를 토대로 가장 가치로운 기회와 가장 시급한 위협을 구분한다.

제품팀 조직장이 자신의 이익이나 관심사에 따라 결정할까 봐 이해관계자들이 우려하기 시작한다면 질투 또는 실망감이 쉽게 조직 내에 퍼질 것이다. 이 때문에 제품팀 조직장은 데이터에 기반하여 열린 자세로 투명한 의사결정을 내리고, 제품 전략 관련 결정을 내리는 이유에 대한 논리적인 근거를 갖추어야 한다. 제품 전략의 실천은 대개 기업 전체의 협력을 필요로 하므로 제품팀 조직장은 회사의 다양한 이해관계자로부터 제품 전략에 대한 동의를 얻어낼 수 있게 노력해야 한다.

제품 전략은 그 전략을 실행할 수 있을 때만 효과적이라는 점을 기억하

라. 효과적인 제품 전략을 수립하는 데 정해진 공식은 없다. 하지만 뛰어난 제품 전략을 수립하기 위해서는 인사이트, 데이터, 고객, 기술과 산업 전반에 대한 이해와 최신 트렌드를 알고 있어야 하며, 가능한 많은 정보를 취합하여 수많은 선택지 중 최선을 골라내야 한다. 이는 종종 **제품 감각**이라고 불리기도 하는데, 실제로는 세부사항에 얼마나 집중하고 시간을 투자했는가에 대한 결과로 얻어진다.

이와 같은 분석과 투명한 의사결정의 가치는 선택의 근거가 명확하고, 조직 전반이 같은 공감대를 이룰 수 있으며, 제품 전략의 실천을 보다 빠르고 효과적으로 해낼 수 있다는 점에 있다.

원칙: 베팅을 통한 위험 분산

마지막으로 제품 전략은 과학이 아니라는 걸 설명하고자 한다. 최고의 제품 전략으로도 그리고 이를 실행에 옮길 최고의 제품팀과 제품팀 조직장이 있더라도 모든 제품팀이 매 분기마다 마치 시계가 움직이듯이 모든 문제를 제때 정확하게 해결하리라 기대할 수는 없다. 제품팀에는 서로 다른 역량을 가지고 서로 다른 문제를 해결하는 사람들이 모여 있다. 이들은 다양한 기술을 사용하고 제각기 다른 정보의 접근 권한을 가지고 있다.

어떤 문제는 다른 문제보다 그저 어렵기도 하고 어떤 문제는 그 리스크가 크기도 하다. 그리고 어떤 문제는 다른 문제보다 목표를 달성하기가 어려울 수도 있다. 이와 같은 현실을 무시하고 어떤 프로젝트가 예상보다 시일이 더 걸렸거나 유의미한 성과를 내지 못했을 때 예상 밖이라고 여기는 대응은 대표적인 IT 모델에서의 실수 중 하나였다. 프로덕트 모델에서는 기술 중심 기업의 당연한 현실을 수용하고 이와 같은 돌발 상황에서의 대응 방안을 모색한다.

이런 상황을 베팅에 빗대어 생각해볼 수 있다. 해결해야만 하는 중요한 문제가 있을 때 이 문제를 여러 제품팀에 할당하여 적어도 한 팀이 해당 분기에 진전을 이루길 기대할 수 있다. 다행히 여러 팀이 성과를 거두거나 기대 이상의 성과를 거둔다면 무척 기쁘겠지만 그런 경우는 드물다. 숙련된 제품팀 조직장은 매 분기마다 일련의 베팅을 통해 리스크를 관리하고 연말까지 회사의 연간 목표를 달성할 가능성을 끌어올리기 위해 노력한다.

CHAPTER

17

제품 발견

제품팀은 할당된 문제에 대한 최선의 해결책을 찾아내는 것뿐만 아니라 그 해결책을 구현하고 고객에게 출시하는 것까지 모두 책임진다. 전자는 **제품 발견**의 과정이고 후자는 **제품 구현**의 과정에 해당한다.

원칙: 비용 최적화

제품 발견에 있어 첫 번째 원칙은 버려지는 시간과 불필요한 노력을 최소화하여 문제를 해결할 수 있어야 한다는 점이다. 으레 제품팀이 최선의 가설을 세우고 이를 엔지니어에게 설명한 다음, 그들이 이 가설에 해당하는 해결 방안을 구현하고 출시하도록 기다리곤 한다. IT 모델을 따르는 다수의 기업에서 수십 년간 이와 같은 방식을 채택하여 일해왔다. 하지만 수십 년간 쌓인 데이터를 분석해본 결과, 이처럼 생산되는 결과물 중 70%에서 90%는 목표로 하는 사업 성과를 달성하지 못한다는 것을 확인할 수 있었다.

이는 엔지니어 인건비라는 가장 큰 비용을 허비한다는 점에서뿐만 아니라 기회비용 차원에서도 낭비다. 가끔씩 제품팀이 다시 도전해볼 기회를 얻기도 하지만, 이런 경우에도 동일한 작업 방식으로는 성공할 수가 없다.

제품 발견이라는 개념은 뛰어난 기업이 먼저 이와 같은 방식으로 무수히 낭비해온 전례를 토대로 고안한 것이다. 이들은 엔지니어에게 구현을 요청하기 이전에 세운 가설이 고객이나 기업이 직면한 문제를 해결할 수 있을 것이라는 **충분한 증거**sufficient evidence를 찾아내길 원했다. 제품 발견은 제품에 대한 새로운 아이디어를 빠르게 검증하고 실제 구현을 진행해 시장에 선보일 만한 가치가 있는지 확인하는 절차가 필수적이다. 여기에는 수익 창출에 필요한 시간도 단축하고 이를 바탕으로 비즈니스 성과도 획기적으로 개선하고자 하는 의도가 있다.

원칙: 제품 리스크 관리
제품을 구현할 때에는 언제나 리스크가 존재한다.

- **가치 관련 리스크**: 제품을 고객에게 제공하였는데 고객이 이미 현재 사용 중인 제품보다 낫다고 생각하지 않아서 결과적으로는 제품을 사용하지 않거나 이 제품으로 전환하지 않을 수 있다.

- **사용성 관련 리스크**: 제품을 고객에게 제공했지만 고객이 제품을 어떻게 사용하는지 이해하지 못할 수 있다. 또는 제품이 고객에게 혼란을 주거나 많은 학습을 필요로 하거나 예상대로 작동하지 않아 의도한 바를 바르게 전달하지 못할 수도 있다.

- **실현 가능성 관련 리스크**: 제품을 구현했는데 미처 확인하지 못한 법적, 컴플라이언스, 제휴 또는 윤리적 결함이 발생하여 제품을 출시하지 못하는 경우도 있다. 고객에게 전달하려면 마케팅과 영업 조직과 공감대를 이루어야 하는데, 제품을 구현하고 보니 이들과 전혀 다른

생각을 토대로 제품을 만들었을 수도 있다. 또는 제품을 구현하고 보니 운영 비용이 너무 높거나 사업을 계속 운영할 만큼의 수익을 거둘 수 없다는 것을 뒤늦게 파악할 수도 있다.

- **구현 가능성 관련 리스크**: 제품을 구현하는 데 너무나 큰 비용이 필요해서 구현과 출시를 감당할 수 없는 경우도 있다.

당신이 들여다보고 있는 문제 중에서 몇 개는 사소한 리스크를 내포하는 것도 있으며 몇 개는 아주 큰 리스크를 감수해야 할 수도 있다. 모든 제품 구현에는 리스크를 검토하고 수용하는 노력이 필요하다. 가장 중요한 것은 **무엇을 구현할지 결정하기 전에** 앞서 언급한 리스크를 검토하는 것이다.

윤리적 리스크 다루기

윤리적 리스크는 사업의 실현 가능성 관련 리스크 중 하나인데, 이는 시장 진입 전략과 수익화에 영향을 미친다. 다른 리스크 요소와는 다르게 이 분야만을 다루는 전문가가 기업 내에 존재하지 않는다. 종종 기업 내 윤리경영 담당자가 있을 수 있지만 단순히 어떤 원칙을 준수하는지 아닌지에 따라 이 리스크가 관리되는 것은 아니기 때문에 보다 포괄적인 접근이 필요하다.

제품팀이 왜 스스로 윤리적 리스크에 대해서 고민해야 하는지 의구심이 들 수 있다. 그 이유는 제품팀이 제품 발견 과정에서 환경적, 사회적, 보안 관련 영향을 최초로 검토하기 때문이다. 대다수의 경우 이러한 결과는 의도하지 않은 것이지만, 결과적으로는 큰 파장과 여러 반작용을 불러일으킬 수 있다. 만약 이러한 영향을 미리 포착하고 예측할 수 있다면, 대안을 검토할 수 있다. 이럴 때는 제품팀 조직장이 직접 개입하여 문제 해결을 도와야 하는 경우가 많다. 또한, 제품팀 조직장이 윤리적인 문제를 선별하고 이를 다루는 방법을 팀 구성원에게 코칭하는 것도 흔한 일이다.

원칙: 신속한 실험

제품과 관련된 리스크를 수용하기 위해서는 실제로 시간과 구현 비용을 투자해야만 파악할 수 있는 문제와, 고객과 조직 내 이해관계자가 미리 파악할 수 없는 문제를 구분해야 한다. 프로토타입을 제작하거나, 실험을 직접 해보지 않고서는 고객이 이 제품을 이해할 수 있을지, 정말로 사용할 수 있을지 그리고 이 제품을 구매할지를 알 수 없다. 잠재적인 해결 방안과 기술적 제반사항을 파악하기 전까지는 엔지니어 역시 얼마만큼의 시간이 소요될지도 가늠하기 어렵다. 제품 발견의 핵심은 문제 해결의 실마리가 될 수 있는 아이디어를 신속하게 검증해보는 것이다.

당신은 스스로가 문제를 이해하고 있고 고객의 문제를 해결해줄 수 있는 방안을 제시했다고 생각하겠지만, 동시에 그마저 짐작이고 틀릴 수 있다는 것 역시 인지하고 있을 것이다. 그래서 이 접근의 유효성을 빠르게 확인할 수 있는 실험을 설계한다. 실험 문화는 리스크를 관리하는데 도움이 될 뿐만 아니라 혁신을 가능하게 하는 원동력이기도 하다. 처음에는 가능성이 희박해 보였던 아이디어도 성공적인 결과물을 내기도 한다.

빠르게 실험하는 능력과 문화는 제품팀이 다양한 아이디어를 구상하고 수많은 아이디어를 신속하고 비용 효율적으로 검증할 수 있는 환경을 제공한다. 프로덕트 모델에서는 서로가 서로의 의견에 반대하는 게 일상이다. 제품팀의 구성원과 이해관계자들이 주어진 업무에 최선을 다하고 있다면 의견의 불일치가 도리어 좋은 신호일 수도 있다. 하지만 의견의 불일치가 아주 잦을 수도 있다. 이 때문에 제품팀은 빠르게 테스트를 수행하고 정보를 기반에 둔 결정을 내릴 수 있도록 제품 발견 기술을 통달해야 한다. 또한 하나의 의사결정을 위해 어느 정도의 데이터가 필요한지에 대한 판단 능력도 배양해야 한다.

따라서 정성적인 제품 발견 능력과 정량적인 제품 발견 능력이 모두 필요하다. 정량적인 기술이란 사용자와 고객이 어떻게 제품 아이디어와 상호작용하는지를 파악하는 것으로 무척 귀중한 능력이다. 하지만 데이터는 왜 고객이 제품을 사용하는지 또는 왜 사용하지 않는지에 대해서는 설명해주지 않는다. 그래서 정성적인 기술이 필요하며 이는 사용자나 고객과의 소통을 통해 얻을 수 있다.

따라서 제품을 구현하고 출시하는 모든 과정을 관찰하며 제품이 실제로 어떻게 쓰이는지도 파악해야 한다. 이러한 데이터 없이는 눈을 가리고 하늘을 날고 있는 것과도 같다. 이를 끊임없이 추적하다 보면 제품은 그어느 때보다 빠르게 개선될 것이고 발생할 수 있는 문제를 신속하게 진단할 수 있다.

원칙: 책임감 있는 가설 검증

제품 발견의 기술은 기업의 규모와 무관하게 가장 초기 스타트업에서부터 대기업까지 두루 쓰인다. 다만 차이점이 있다면 일부 기술은 스타트업에서 적용하기 쉬우나 그렇지 않은 것도 있다는 것이다. 스타트업은 아직은 대규모 트래픽을 취급하지 않기 때문에 충분한 양의 데이터를 수집하기가 쉽지 않다. 반면 기틀을 갖춘 규모가 큰 기업은 많은 고객을 보유하고 있다. 제품을 이미 면밀히 계측하고 데이터를 수집하고 있다는 가정하에 이는 이점일 수밖에 없다. 하지만 데이터를 수집하고 있지 않다면 어떻게 제품을 구현하는지에 지대한 영향을 미치고 있을 것이다.

스타트업은 대개 아직 큰 수익을 거두기 전이므로 소위 잃을 게 없는 상태다. 반면 대기업의 경우 매출 규모를 해치지 않도록 유의해야 한다. 대기업이 제품 발견의 원칙을 채택하는 이유는 리스크를 관리하고, 실험을 수행하며, 데이터 수집하기를 반복하면서 다음과 같은 가치를 지킬 수 있기 때문이다.

- 기업의 매출
- 기업의 평판
- 기업의 고객(고객이 당황하거나 실망하지 않도록 지킬 수 있다)
- 동료(영업이나 고객 담당 임직원이 예측하지 못한 상황을 직면하지 않도록 지킬 수 있다)

이를 해치는 아이디어라면 검증 과정을 거치기 이전에 보수적으로 한 번 더 검토할 필요가 있다. 실험은 당연히 계속되어야 하지만 책임감을 갖고 해야만 한다.

제품 구현

프로덕트 모델로 전환하고자 하는 기업이라면 앞서 소개한 기술 기반의 역량을 키울 뿐만 아니라 구현, 테스트와 출시를 위한 기술과 인프라를 개선해야 한다. 뛰어난 디지털 제품 기업에서는 '안정성이야말로 우리에게 가장 중요한 가치다'라는 이야기를 하곤 한다.

오늘날 기술을 중심으로 동작하는 제품과 서비스를 두고 보면 제품의 결함은 사용자와 고객, 매출 그리고 브랜드 평판과 특히 영업 또는 고객 담당 동료에게 즉각적이고도 심각한 피해를 가져올 수 있다. 이와 같은 문제를 초래한다면 제품과 서비스를 믿고 있는 사용자나 고객에게 큰 위험이 아닐 수 없다. 많은 기업이 이와 같은 이유로 클라우드 서비스 비용을 지불하고 있다.

그 어떠한 제품을 만들더라도 고객이 겪는 위급한 문제를 해결하기 위해 즉각적으로 조치해야 할 때가 있다. 당신은 시스템을 안정화시키기 위해 곧바로 출시에 대한 원복을 진행하는 능력, 문제를 진단하는 능력, 이에 대한 해결책을 세우고 의도치 않게 다른 부작용을 불러올 해결책이 아닌지 가늠하고 안전하게 그 해결책을 출시하는 능력을 갖추어야 한다.

고객은 이따금 문제가 발생할 수 있다는 건 이해하지만 이러한 문제에 얼마나 빠르고 능숙하게 대처하는지를 통해 기업을 판단한다. 몇 주 혹은 몇 달간 기다리게 하는 것은 어떤 규모의 기업에게도 더 이상 허락되지 않는다. 뛰어난 제품 기업은 고객과 시장의 높은 평가 기준에 부합하도록 능숙하고도 빠르게 대처하고자 노력한다. 고객에 응하기 위해 제품이 제대로 동작하고 있으며 필요한 가치를 전달하고 있는지를 늘 주시해야 한다. 이러한 환경을 생각할 때 출시, 계측, 모니터링과 분석을 위한 조직적 역량을 신장해야 한다.

이 장에서 다루는 내용이 본질적으로는 기술에 더 가까울 수 있지만, 개념적인 차원에서는 직관적으로 이해할 수 있으며 중요한 개념이므로 짚고 넘어가도록 하겠다.

원칙: 독립적인 출시를 자주 작게

앞서 다룬 것과 같은 상황은 **독립적인 출시를 자주 작게** 해야 하는 이유가 된다. 최소한 각 제품팀은 2주에 한 번씩은 새로운 작업 결과물을 출시해야 한다는 의미다. 뛰어난 제품 기업은 하루에 몇 번씩도 출시한다. 다시 말하자면 CI/CD*를 적용한다는 소리다. 우리가 좋아하는 제품이 이러한 운영 방식을 지향한다는 것을 눈치챌 수 없는 이유는 매우 소규모의 출시를 늘 하고 있기 때문이다. 하지만 안정성을 유지하는 것은 생각보다 어렵다. 구현한 결과물에 대하여 2가지 측면에서 검증을 하게 되는데 전자는 간단하지만 후자는 보다 복잡하다.

---

* 사전적인 의미는 지속적 통합과 지속적 배포다. 네이티브 모바일 애플리케이션을 구현하는 제품팀은 이 개념에 대해서 반대하기도 하는데, 앱 스토어가 한 달에 한 번보다 잦은 주기로 새로운 버전을 제출하는 것을 권장하지 않기 때문이다. 하지만 일부 기기에는 지속적으로 배포할 수 있도록 돕는 기술적인 방안을 제공하므로 지속적인 배포의 이점은 여전히 유효하다.

첫째, 새로운 기능을 구현할 때는 예상대로 동작하는지를 검증해야 한다. 앞으로 몇 달, 몇 년을 새로운 기능을 끊임없이 테스트할 것이므로 보통 일정 수준의 테스트 자동화를 위해 투자하게 마련이다.

둘째, 새로운 기능으로 인해 발생하는 변화로 말미암아 의도치 않게 또는 실수로 다른 기능을 망가뜨리지 않는지를 확인해야 한다. 이를 **회귀 테스트**regression testing라고 부른다. 기술력을 바탕으로 동작하는 많은 제품이나 서비스는 수백 명의 엔지니어가 수년 동안 수만 번의 상호작용을 거쳐 우리에게 도달하기 때문에 새로운 기능 추가 시 이로 인해 제품이 후퇴하지 않도록 하는 것이 얼마나 중요한지 다시금 알 수 있다.

제품 전체가 퇴보하지 않는 상태에서 제품팀이 예상한 대로 기능이 동작하기를 바란다면 매우 작은 변화를 자주 출시하는 것이 하나의 방법이다. 출시의 규모가 작아질수록 새로운 기능의 품질을 담보할 수 있으며 제품을 퇴행시키지 않을 수 있다는 어떤 자신감을 얻게 될 것이다. 그리고 이와 같은 빈번한 소규모 출시를 한다면 설령 문제가 발생한다고 하더라도 몇몇 부분만 수정했기 때문에 그 원인을 빠르게 파악할 수 있다. 그러므로 당신이 고객의 만족도를 가장 우선시한다면 소규모로 자주 출시할 수 있는 역량을 키우는 데 힘쓸 수밖에 없다.

이 의견에 공감하기 어렵고 품질을 위해 천천히 출시해야 한다고 믿는다면, 뛰어난 제품 기반 회사에서 소규모의 잦은 출시가 더 빠르게 뛰어난 품질의 제품을 제공하는 이유에 대한 이론과 근거를 검토한 후 자신과 회사, 특히 고객에게 설명할 수 있어야 한다.[*]

---

[*] 《디지털 트랜스포메이션 엔진》(에이콘출판사, 2020)을 참고할 것을 추천한다.

안타깝게도 많은 기업이 아직은 소규모 출시를 자주 하는 시스템을 도입하지 못했다. 대신에 매월, 매 분기 또는 매해 한 번씩 그간 만들어온 수백 수천 가지의 변화를 모두 한 번에 통합해 출시하려고 한다. 그리고 각 기능이 예상대로 구현되었는지를 테스트하고 새로이 발생한 문제를 모두 파악하고 개선하기 위해서 노력한다. 당신도 눈치를 챘겠지만 소위 **빅뱅 출시**라고 불리는 대규모의 출시 계획은 이전과 같이 안정적으로 고객에게 내놓을 수 있는 상태로 만들기 위해 몇 주 혹은 몇 달간의 지연이 발생하는 것으로 유명하다.

사실 이와 같은 방식으로 구현되는 많은 제품은 절대 일관되면서도 뛰어난 수준을 갖출 수가 없다. 그 결과 고객은 지속적으로 결함과 문제 그리고 잘못된 해결 방안을 떠맡게 된다. 만약 이와 같이 출시하여 의도한 대로 제품이 동작한다고 하더라도 고객은 수백 또는 수천 가지의 제품 변경사항을 한 번에 받아들여야 한다. 제품에 대한 학습을 다시 하거나 인증을 새로 하고 새로이 설치해야 할 수도 있으며, 제품을 만드는 기업이 강요한 모든 변경사항을 수용하기 위해서 자신의 업무에 상당한 지장을 받을 수도 있다.

이와 같은 상황이 펼쳐진다면 고객이 당신의 회사에 자주 출시를 하지 말아달라는 요청을 하게 되는데, 이는 이들이 당장은 엄청난 변화를 소화할 수 없기 때문이다. 고객이 왜 잦은 출시를 지양해달라고 하는지는 이해할 수 있지만, 이는 결과적으로 고객에게도 해롭고 기업에는 오히려 더 해로울 수 있다. 고객의 합당한 요구사항을 무시하기보다는 고객이 너무 많은 변화를 한 번에 처리하지 않도록 설계하고 테스트하고 제품을 출시해야 한다. 새로운 기능을 가능한 빨리 제품에 적용해야 할 이유도 확인했지만 고객이 각기 다른 새로운 기능을 확인하고 접근할 수 있는 시점을 통제할 수 있는 기술도 있다. 이는 다음 원칙을 통해 살펴보자.

꼭 지켜야 하는 약속

프로덕트 모델에서 제품팀의 주된 역할은 고객과 기업을 대신하여 어려운 문제를 해결하되 고객이 만족할 만한 방식으로 기업에 득이 되는 방안을 찾는 것이다. 프로덕트 모델을 채택한다면 특정 기능을 특정 날짜에 출시할 수 있어야 한다. 이는 곧 '꼭 지켜야 하는 약속'이다.

제휴사와의 협업이 필요하다면 제휴사 역시도 이 일정대로 움직일 수 있도록 협조해야 한다. 대규모 마케팅 캠페인이나 업계 이벤트를 준비하고 있다면 이 역시도 맞물려 준비를 해야 한다. 애자일하게 업무를 수행하는 팀이 이와 같은 일정 관리에 매우 취약하다는 것은 공공연한 사실로 자리 잡았다. 하지만 뛰어난 디지털 제품 기업은 이것이 고객, 제휴사 그리고 기업의 다른 구성원과의 신뢰를 형성하는 데 무척 중요하다는 것을 알고 있다.

고객 또는 제휴사가 특정 기능에 대하여 오로지 당신에게 의존하고 있다면 이들에게 약속된 날짜에 정확히 기능을 확인할 수 있고 걸맞은 가치를 제공할 수 있을 것이라는 정보를 알려줘야 한다. 이렇게 일할 수 있다면 문제를 해결함과 동시에 특정 일자에 맞춘 출시를 해낼 수 있다는 자신감을 가지게 된다.

제품팀이 **무결성 약속**(high-integrity commitment)을 운영하려면 제품 관련 리스크에 대응할 수 있도록 충분한 제품 발견 절차를 거쳐야 한다. 그래야 안전하고 책임감 있게 제품을 제공할 수 있다. 엔지니어가 경험이 많거나 유능한 코칭을 받는다면 제품팀이 고객에게 기능을 선보이기 이전에 **실제에 가까운 프로토타입**을 만들게 될 것이다. 이 유명한 기법은 《인스파이어드》에 자세히 담았으니 참고하기 바란다.

출시 일정을 결정하는 사람은 실제로 제품을 출시하는 사람이어야 한다. 출시 일정은 프로젝트 또는 프로그램 매니저, 프로덕트 매니저, 아키텍트 또는 실제로 구현에 참여하지 않는 그 누구도 결정해서는 안 된다. 또한 엔지니어링을 총괄하는 CTO(chief technical officer)가 엔지니어 조직이 하는 결정의 최종적인 책임을 지기 때문에 그녀가 직접 출시 일정을 승인하는 것이 타당하다. 조직의 고위 임원이 적합한 형식을 갖추어 결정*하고 제품팀에 전달한 다음, 구현 절차에 돌입할 때 출시 일정에 대한 조직 전반의 공감대 형성이 쉽게 이뤄질 수 있다.

원칙: 제품의 계측

프로덕트 모델에 따라 당신은 문제를 해결하고 이에 따른 결과에 대한 책임을 지기 때문에 제품이 실제로 어떻게 쓰이고 있는지에 대해서 알고

---

* 어떤 조직에서는 모든 결정에 대하여 이와 같은 무게감을 주려는 경향이 있다. 그러나 이는 프로덕트 모델의 의미를 해치는 것이며 '지켜야 하는 약속'이 필요한 맥락을 이해하지 못한 것이다.

있어야 한다. 이는 제품에 무슨 일이 벌어지고 있는지를 당신이 파악할 수 있도록 제품에 대한 측정이 이뤄지고 있어야 한다는 의미다. 이를 **텔레메트리**telemetry라고 부르는데, 이는 서비스의 성능에 대한 일상적인 계측에서부터 애플리케이션의 사용성과 기업 대시보드에 이르기까지 모든 층위에서 이루어진다. 이와 같은 계측 없이는 눈을 가리고 운전하고 있는 것과 다르지 않다.

어떤 새로운 기능을 출시만 할 뿐 고객이 이를 어떻게 쓰고 있는지, 어떤 점에서 어려워하는지를 모를 수도 있다. 뛰어난 제품 측정과 분석을 한다면 빠르게 문제를 포착하고 개선할 수 있으며 필요한 가치를 전달할 수 있다. 제품 측정을 할 수 있는 다양한 도구와 서비스를 엔지니어에게 제공할 수 있다. 측정의 분야나 층위가 다르기 때문에 다양한 도구를 쓰는 것이 일반적이나 이를 통해 발생한 데이터를 해석할 수 있는 능력이 중요하다.

당신이 제품을 더 깊이 이해하고 앞으로 어떤 개선 방향을 설정할지에 대한 전략을 수립하면 측정하는 데이터 역시 발전하게 마련이다. 계측 데이터는 측정하고 그대로 끝나는 것이 아니라 지속적인 발전을 이루어야 한다.

원칙: 지속적인 모니터링

앞서 다룬 원칙에서 계측의 장점을 언급했는데, 또 다른 제품 구현 원칙을 가능하게 하는 **모니터링** 또한 특장점 중 하나다. 계측이 가능해짐에 따라 모든 컴퓨팅 시스템과 서비스가 제대로 동작하고 있는지부터 시작해서 애플리케이션이 고객의 요구에 맞게 동작할 수 있는 상태를 늘 유지하는지까지 모두 모니터링할 수 있다. 촘촘하게 모니터링을 할 수 있다면 빠르게 문제를 포착하고 고객이 다른 문제를 마주하기 전에 미리 해결할 수 있다.

계측을 지원하는 도구가 많듯이 모니터링을 쉽게 하는 도구도 시장에 다수 존재한다. 계측과 마찬가지로 서로 다른 정보를 다루는 모니터링 역시 결과 공유를 위한 여러 도구가 필요하다. 계측과 모니터링에 쓰이는 도구 모두 민감하거나 개인이 식별 가능한 정보를 다루지 않는 방식으로 동작할 수 있는 기술이 적용되어 있다.

원칙: 출시 인프라

당신은 이제 계측 범위 내에서 데이터 기반으로 관리할 수 있는 소규모 출시를 자주 하고 이를 모니터링하여 출시 상태를 가늠할 수 있는 능력을 갖추었다. 하지만 당신이 정말로 가치로운 제품을 만들려면 하나의 요소가 더 필요한데, 그것은 바로 출시를 진행하기 위해 쓰이는 인프라다.

고객에게 선보일 준비가 된 기능이 있다고 가정하자. 이 기능에 대한 검증을 마치고 바르게 동작하는 것을 확인했는데도 실제 프로덕션 환경에 출시했을 때 문제가 발생하는 경우가 종종 있다. 이런 경우에는 출시 인프라에서 이전 상태로 다시 돌아가는 기능을 지원할 수 있어야 한다. 심지어는 모든 것이 바르게 동작하고 있더라도 고객이 일상적으로 제품이나 서비스를 이용할 때도 문제가 없을지는 아직 알 수 없다. 다음과 같은 3가지의 상황이 발생할 수 있다.

1. 고객은 새 기능에 무척 만족해하며 이를 곧바로 사용하고 의지하게 되었다. 물론 당신이 가장 원하는 상태가 바로 이것일 테다.

2. 프로덕션 환경에 출시된 뒤, 새 기능이 모종의 이유로 고객이 제품을 사용하는 것을 방해하고 있을 수 있다. 모바일 애플리케이션에서 발생하는 대표적인 사유로는 고객의 기기에 용량이 부족하여 새로운 기능을 추가했더라도 이를 고객이 사용할 수 없는 경우다. 이런 문제가 발생한다면 이 새로운 기능은 문제를 해결할 때까지는 출시할 수 없을 것이다.

3. 새로운 기능이 출시된 뒤에 기술적으로는 동작하지만 당신이 예상했던 수준만큼의 고객 반응이 없는 경우도 있다. 이 새로운 기능은 아무런 도움이 되지도, 해를 끼치지도 않는다. 이런 경우는 무척 흔하고 동시에 실망스럽다.

당신이 사업적인 성과를 내고 싶다면 위의 3가지 중 어느 상황에 해당할지를 파악할 수 있게끔 새로운 기능을 구현해야 한다. 가장 대표적인 방법으로는 A/B 테스트가 가능하도록 출시 인프라를 갖추는 것이다. 이는 새로운 기능이 어떤 영향을 미치는지도 명확하게 파악할 수 있으므로 금상첨화일 것이다. 하지만 동시에 빠른 결정을 위해서는 상당한 트래픽이 필요하다.

당신은 인지하지 못할 수 있지만 프로덕트 모델을 채택한 기업은 수백 개 이상의 실험을 **동시에 수행**하고 있다. 각 출시 인프라는 동시에 수많은 테스트와 테스트를 위한 데이터 수집을 수행하며 통계학적으로 유의미한 결과를 도출할 때까지 쉼없이 반복한다.

또 다른 출시 인프라 시스템을 도입하면 새로운 기능을 볼 수 있는 고객을 통제할 수 있다. 어떤 시스템은 프로덕션 환경에 새로운 기능을 출시하고 난 다음에 당신이 준비를 모두 마치는 시점 전까지는 고객에게 그 기능을 숨길 수도 있다. 이런 방법은 시각적으로 동시에 많은 변화를 줘야 하는 경우나 특별한 마케팅 이벤트 일정 전까지 기다려야 할 때 활용할 수 있다.

기업마다 다양한 출시 인프라 요구사항이 존재하며, 구매하여 사용하는 도구와 자체적으로 구현한 도구를 혼합하여 사용하는 경우가 많다.

기술부채 관리

기술부채[*]를 여기서 다루는 이유는 부채 수준이 심각하다면 구현과 출시 방식부터 시작해서 모든 업무에 영향을 미칠 것이기 때문이다. 모든 기업은 제각기 기술부채가 존재하지만 혁신을 시도하고자 하는 기업 중 상당히 많은 기업이 극심한 수준의 기술부채를 안고 있다. 여기에는 2가지 대표적인 이유가 있다.

1 다른 기업을 인수한 기업이라면 인수한 기업의 부채를 승계할 뿐만 아니라 서로 다른 시스템을 통합해야 한다는 점과 기존 제품을 다루는 데 익숙하던 엔지니어를 잃게 되면서 문제가 배가되는 경우가 많다.

2 이전 모델에서 전형적인 IT 프로젝트 기반으로 업무를 진행해왔다면 이 자체가 기술부채를 쌓이게 하는 업무 방식이다. 예산이 특정 프로젝트 단위로만 할당되기 때문에 시스템을 전체적으로 살피고 제품과 시스템이 구동할 수 있는 환경을 개선할 필요가 없기 때문이다.

원인이 무엇이든 간에 기술부채의 축적으로 인한 현상은 쉽게 구분할 수 있다. 며칠이나 몇 주면 될 일이 몇 달씩 걸리기 시작한다. 제품팀은 기존 제품과 시스템에 너무나 얽매여 독립적으로 결정할 수 없다는 것에 불평을 늘어놓는다. 사소한 기능마저 구현 비용이 값비싸지고 무척 중요한 큰 기능을 진행하기가 너무 어려워져 최대한 이와 같은 프로젝트를 피하게 된다. 이 때문에 수많은 기업에서 기술부채를 두려워한다. 기술부채는 기업이 직면하게 되는 사업의 영속성과 관련한 주요 리스크 요소 중 하나다.

프로덕트 모델로의 전환은 제품팀이 주요 업무 영역에 대한 주도권을 가질 수 있게 하고 이와 같은 상황을 개선하는 데 기여할 수 있다. 그럼에도 불구하고 당신은 스스로 그 수렁에서 빠져나와야만 한다.

---

[*] 기술부채라는 용어에 대해 이미 들어보았겠지만 이는 수년간 성장과 편의라는 명목으로 엔지니어링 및 설계 차원에서의 편법이 누적된 결과다. 기술부채는 어느 정도 피할 수 없지만 이를 방치하면 말 그대로 기업을 무너뜨릴 수도 있다. 기술부채가 손쓰기 어려운 수준으로 쌓였다면 며칠이면 끝날 일이 몇 주가 걸리고 이로 인해 고객과 회사 모두가 불만을 쏟아낸다.

플랫폼을 다시 구축하는 것은 이 책에서 다루고자 하는 내용에 벗어난다. 하지만 이를 전문적으로 다루는 기업이 있고 이들은 필요한 경우 기업의 개발 소스를 개선할 수 있는 계획을 세워주기도 한다. 당신이 꼭 알아둬야 할 점은 기술부채를 완화하기 위한 노력은 즉시 시작하되 그 노력을 계속해서 끊임없이 해야 한다는 사실이다.

기술부채를 매일 다루고 10%에서 30% 정도의 업무 역량을 부채 탕감에 쏟을 때 이를 원활하게 관리할 수 있다. 종종 상황이 심각한 경우 40%에서 60%까지 할당해야 한다. 이 수준에 다다른다면 고객에게 제공할 기능에 집중할 여력이 없으므로 조심스럽고도 침착하게 결정을 내려야 한다. 기술부채를 관리 가능한 범위까지 완화시키는 데 보통 1년에서 3년 정도 걸리는데, 탄탄한 계획이 있고 경험이 풍부한 엔지니어가 팀에 있다면 이따금 몇 달 만에도 유의미한 변화를 이끌어내기도 한다.

제품 문화

그간 제품팀, 제품 전략, 제품 발견, 제품 구현에 대한 주요 개념을 다루었다. 각 주요 개념의 기저에 있는 원칙을 생각해보면 뛰어난 디지털 제품 기업에서 강력한 제품 문화를 구축하는 것이 무엇을 의미하는지 유추해볼 수 있다.

제품팀은 어려운 문제에 대하여 뛰어난 해결책을 찾아내는 임무를 부여받았고 크로스펑셔널한 역량을 갖춘 구성원을 보유하고 있다. 또한 고객, 데이터와 이해관계자에게 자유롭게 접근할 수 있는 환경에서 업무를 수행한다.

제품 전략은 조직이 가장 가치로운 기회를 구별하고 가장 위급한 위협에 대응할 수 있도록 통찰력을 바탕으로 구축한다. **제품 발견** 절차에 능숙한 제품팀은 리스크를 미리 평가하고 실험을 수행하며 프로토타이핑을 하고, 사용자인 고객과 빠른 테스트를 진행하면서 구축할 값어치가 있는 가설을 빠르게 분별한다.

제품팀이 무엇을 만들지 결정하고 난 뒤에는 **제품 구현** 기술을 바탕으로 구현하고 검증한 뒤에 안정적인 출시를 소규모로 자주 진행할 수 있다. 그리고 이 출시는 모두 계측되며 모니터링되고 있다.

제품 구현에 적용할 수 있는 몇 가지 포괄적인 원칙이 있다. 이 원칙 모두 뛰어난 제품 문화를 정의하는 데 중요한 역할을 하므로 소개하도록 하겠다.

원칙: 절차보다는 원칙

프로덕트 모델로의 전환을 꾀하는 많은 기업들은 왕년에는 혁신을 이끌어낼 수 있었지만 왜인지 현재는 그 역량을 잃은 상태다. 이런 경우가 원체 잦기 때문에 많은 뛰어난 디지털 제품 기업들이 그러한 상황에 처할까 우려한다.

제프 베이조스는 "뛰어난 절차는 당신이 고객을 도울 수 있도록 당신을 돕는다. 하지만 주의를 기울이지 않으면 절차가 문제가 될 수도 있다. 이는 큰 규모의 조직에서 쉽게 발생하는 상황이다. 절차가 중요한 것이 아니다. 우리가 절차를 운영하는지 절차가 우리를 운영하는지 늘 되새겨볼 필요가 있다"라고 피력했다.

스티브 잡스는 "뛰어난 제품을 만드는 것은 절차가 아니라 내용이다. 시스템이 없다는 것 자체가 시스템이다. 우리가 업무 절차가 없다는 것은 아니지만 그것이 중요한 게 아니라는 의미다"라고 말했다.

리드 헤이스팅스Reed Hastings는 "넷플릭스가 이렇게까지 성공할 수 있었던 이유는 절차보다는 사람을 중요시하고 효율보다는 혁신을 강조하며 통제를 거의 하지 않았기 때문이다"라고 밝혔다.

스티브 블랭크Steve Blank는 "절차는 문제와 해결 방안을 모두 알고 있는 세상에서 유효하다. 절차는 조직의 다른 부분에 영향을 주지 않고도 그 해결 방안을 출시할 수 있을 때 필요하다. 이 절차는 조직 전반의 리스크를 관리하는 데 도움이 되지만, 각 절차가 쌓일 때마다 애자일하거나 린lean할 수 있는 능력을 저하시킨다. 가장 중요하게는 새로운 기회와 위협에 기민하게 반응할 수 있는 능력도 저하시킨다"라고 말했다.

절차가 근본적으로 나쁘다는 것은 아니지만 혁신의 동력을 잃은 조직에서 근무하던 관리자가 다른 조직으로 이직한다면 그들이 의존하던 절차와 문화를 함께 가져올 것이다. 또는 기술 기반의 조직이 아닌 곳에서의 절차를 가져와 혁신을 위해 최적화를 하려는 조직에 이를 적용하려고 할 것이다. 본질적으로 당신은 제품 조직을 절차로 운영할지 사람으로 운영할지 선택할 수 있다.

사람이 실수를 한다면 실수를 방지할 수 있는 절차를 추가하거나 그 사람에게 상황을 진전시킬 수 있는 방법을 알려줄 수도 있다. 주인의식을 고취하고, 제품팀에 결정권을 위임하고, 보다 고객 가까이 다가가게 하고 싶다면, 코칭을 관리자의 책임 중 한 축으로 삼아야 한다. 코칭은 교육 능력과 원칙 그리고 제품의 청사진인 제품 비전과 제품 전략과 같은 전반적인 배경에 대한 공유 등을 포함한다.

지속적인 절차 개선

의도적으로 **업무 절차를 계속 개선**한다면 특정 업무 절차보다는 여기서 다루고 있는 원칙에 더욱 집중할 수 있다. 당신의 경험과 요구사항을 반영하고 보다 나은 방향으로 나아가기 위해 끊임없이 노력하자. 이 과정을 거치면 절차에 대한 맹목적인 믿음을 가지는 것을 경계할 수 있다.

원칙: 통제보다는 신뢰

지시와 통제를 바탕으로 하는 모델에서 프로덕트 모델로 전환하는 것은 역량이나 개념의 변화뿐만 아니라 근본적인 문화의 변화를 의미하기도 한다. 톱다운top-down 또는 지시와 통제 모델에서 커리어를 쌓아온 관리자에게 이는 아주 큰 도전이다. 왜냐하면 이전 모델이 신뢰보다는 통제를 근간으로 하기 때문이다.

전혀 다른 업무 방식대로 일을 진행해나가면 실제로 어떤 일이 벌어지는지 살펴보는 것이 좋다. 이와 같은 업무 방식의 전환은 다양한 사례로 확인할 수 있다. 이해관계자가 제품팀에 우선순위가 정해진 기능이나 프로젝트를 전달하기보다는 해결할 문제를 할당하고 각 문제에 대한 최선의 해결 방안을 찾게 하는 방식에서부터 시작할 수 있다. 매사 참견하는 마이크로매니징보다는 적극적인 코칭을 통한 서번트 리더십servant leadership으로 전환하는 것을 의미한다. 이는 통제보다는 신뢰를 바탕으로 하는 상황에 맞는 리더십을 말한다.

원칙: 예측 가능성보다는 혁신

많은 기업이 혁신에 실패하는 이유는 생각보다 쉽게 파악할 수 있다. 이는 예측 가능성에 집중하여 조직을 구성하고 업무 방식을 결정했기 때문이다. 매 분기마다 많은 기능을 출시하는 데 초점이 맞춰져 있다. 의도적으로 혁신의 가능성을 제거했다기보다는 헨릭 크니버그Henrik Kniberg의 말을 빌리자면 '100% 예측 가능한 것은 0% 혁신'이기 때문이다.

예측 가능성에 집중하는 조직이라면 아마 구현한 제품이 가치로운지 여부를 결정하는 것은 이해관계자의 일이라고 여길 것이다. 하지만 뛰어난 제품 기반 회사라면 이해관계자들이 특출난 게 능사가 아니라는 것을 안다. 기술 기반의 회사가 가지는 본질적인 문제인데 정작 이해관계자들과 고객은 기술적으로 무엇이 가능한지 모른다. 이를 알 수 있는 것은 엔지니어들이다.

오늘날 기업은 그 어느 때보다 지속적인 혁신에 의존하고 있다. 따라서 예측 가능성은 무척 중요하지만 혁신 그 자체보다 필요하거나 중요하지 않다. 특정 기능에 대한 예측 가능성은 무결성 약속에 대한 의사결정만으로도 확보할 수 있다.

프로젝트에서 프로덕트로

제품 문화에 대해서 이야기하는 것은 매우 원론적인 논의처럼 여겨질 수 있으나 모든 구성원의 일상에 영향을 미친다. 이와 같은 원칙을 적용했을 때 어떤 변화가 있었는지를 보여주는 사례를 살펴보자.

이전 모델에서는 **프로젝트**를 수행하고 **납기일**을 관리하는 것이 무척 중요했고 이런 방식으로 일하는 것이 매우 흔했다. 그 이유도 납득이 가는 것이 IT 부서는 특정 요구사항이나 프로젝트에 대한 납기를 가능한 빨리 마쳐달라는 요청사항을 전달받기 때문이다.

이와 같은 방식으로 일하다 보면 기술 기반의 제품이 처한 현실을 외면할 수밖에 없다. 프로젝트는 특정 날짜까지 어떤 결과물을 제공하기 위한 크고 느리며 값비싼 시도라고 할 수 있다. 팀의 규모를 결정하고 프로젝트가 얼마간의 시간이 필요할지 추정해야 한다. 이를 수행하기 위한 예산을 따내야 하며, 예외 없이 늘 예측했던 것보다 시일이 많이 걸려 마지막 단계에서는 무리를 할 수밖에 없다.

진정으로 어떤 가치를 제공하기보다는 무언가를 만든다는 것 자체가 목표가 된다. 실제로 출시를 하고 난 다음에는 지속적으로 제품을 개선할 기회도 없는데, 대부분 프로젝트에 참여했던 사람이 다음 과제를 수행하기 위해 뿔뿔이 흩어지기 때문이다. 결과에 책임지는 사람이 없고 그간의 노력을 통해 배운 점 역시 발굴해낼 수도 없다. 이처럼 일하는 것은 다양한 이유로 지양해야 한다.

1 보통 초기 목표를 달성하려면 몇 번의 출시를 거쳐야 하고 때마다 직전 출시에서 배운 점을 적용해야 하는데, 최초 출시 이후에는 자원을 할당받는 경우가 드물다. 설령 예산을 따낸다고 하더라도 몇 분기 다음에야 겨우 얻어낼 수 있다.

2 구성원이 주인의식을 갖고 결과물에 대한 책임감을 가지기를 바라겠지만 프로젝트의 주기 동안에만 그 업무를 할당받는다면 주인의식을 기대하기 어려울뿐더러 뛰어난 제품을 만들기 위한 동기부여도 쉽지 않다.

3 이런 방식으로 일하는 것은 이해관계자들이 요청하는 기능과 프로젝트를 수행하는 것에 지나지 않는다. 제품팀, 특히 엔지니어가 정말로 해낼 수 있는 게 무엇인지 살펴보기 전에 결정하기 때문이다. 이처럼 일한다면 어떠한 방식으로건 혁신은 쉽지 않다.

4 프로젝트와 관련하여 모두가 해야 하는 일만 처리하므로 이 제품에 대한 장기적 안목을 가지거나 제반 기술을 개선하지 않는다. 그로 인해 기술부채가 빠르게 쌓인다.

5 초기 목표를 달성하기 위한 책임은 누가 지는가? 이해관계자들이 여럿이면 책임감이 희미해지고 프로젝트 팀이 맡은 바를 바르게 수행하지 못했다고 비난받기 일쑤다.

반면 프로덕트 모델에서는 제품과 성과에 집중하게 된다. 제품팀은 사업 목표에 집중해서 이탈률을 줄이거나 제품 성장 속도를 끌어올리거나 상황에 걸맞은 KPI(key performance indicator) 달성을 위해서 노력한다. 이 과정에서 제품을 지속적으로 모니터링하고 결과를 개선하기 위한 작업을 수행한다. 이들은 성과에 몰입하게 된다. 한편 이것은 제품팀이 사업적 성과를 책임지는 것이기도 하지만, 제품팀이 그저 제품을 출시하는 데 그치는 것이 아니라 이를 통해 발생한 결과에 책임을 지는 식으로 조직 전체의 문화가 바뀌는 과정이다.

프로젝트 모델에서는 제품팀에 요구할 수 있는 최선은 시장에 적시에 출시하는 것이다. 프로덕트 모델에서는 투입한 자원에 대비하여 성과를 더욱 개선하도록 요구할 수 있다.

역설적이게도 당신은 아마 타임투마켓 프로젝트가 타임투머니 제품보다 빠르게 성과를 낼 수 있다고 생각할지도 모른다. 그러나 결과는 주로 반대다. 프로젝트 모델에서는 인력을 구성하고 필요한 기술에 대해서 학습하고 업무에 필요한 관계를 형성하며 사업 환경을 포함한 맥락을 학습해야 한다. 반면 제품팀은 이미 제품을 운영해왔으며 이와 유사한 프로젝트나 기능을 구현해본 적이 있을 것이다. 기술적으로 보다 빠르게 작업하는 것 외에도 문제와 해결 방안의 관점에서도 보다 많은 지식을 갖추었을 것이다. 이들은 데이터를 확인했고 팀으로 업무를 진행하여 문제를 해결하는 업무 방식에도 능숙할 것이다. 이 때문에 프로젝트 모델로 회사를 운영하는 것이 자원의 낭비가 심할 수밖에 없다. 물론 타임투마켓이 중요하지 않다는 것은 아니다. 업무 속도는 당연히 중요하다. 어떤 날짜에 출시하는지가 중요하다면 익숙한 방법에 기대게 마련이다.

근본적으로 특정 날짜에 출시하는 게 중요한지 성과를 거두는 게 중요한지 생각해보자. 날짜가 더 우선순위가 높은 경우도 있겠지만, 그와 같은 경우는 예외적일 뿐 모든 상황에 적용하기는 어렵다. 이 때문에 수많은 기업이 결과물보다는 성과에 집중하지만, 실제로 성과보다는 예측 가능성을 더 중요하게 생각하는 조직 문화를 가지고 있다.

원칙: 실패보다는 학습

실패에 대한 뿌리 깊은 공포가 자리 잡고 있는 기업이 많다. 이로 인해 조직 구성원과 업무 절차상으로 리스크를 회피하고 시장의 요구가 변화하는 데 대응하지 못하고 새로운 기술을 채택하는 것도 주저한다.

실패를 미화하려는 의도는 없지만 위험 요소를 빠르게 해결하고 이를 통해 배우는 것이 더 중요하다. 제품 발견 과정에서 실험을 진행한다면 성공과 실패라는 잣대를 들이대지 않는다. 중요한 것은 이를 통해 무엇을 배웠는가 하는 것이다.

제품 발견의 목표는 시간과 비용을 절감하면서 리스크를 줄이기 위해 무엇이 유효하고 무효한지를 파악하는 것이다. 실제로 시간과 비용을 투입해서 제품을 구현하기 시작할 때에는 이 작업이 실패하지 않을 것이라는 증거와 확신을 가지고 있을 것이다. 물론 어떤 작업에 대해서는 당신이 실패할 수도 있다. 하지만 튼튼한 제품 문화에서는 리스크를 이해하고 배울 점을 찾아내며 이런 위험부담을 기꺼이 감당하는 사람을 포용한다.

CHAPTER

20

혁신 사례: 카맥스

마티의 노트 카맥스는 팬데믹이 도래하며 시험대에 올랐지만, 프로덕트 모델로 전환한 덕을 톡톡히 보았다. 제품 전략, 제품 발견, 제품 구현에 이르기까지 조직의 모든 역량을 총동원해야 하는 상황에서 조직의 진정한 실력이 드러났다. 때로는 위기 상황을 맞았을 때 조직의 참된 역량이 발휘되곤 한다.

배경

1993년 버지니아주 리치먼드Richmond를 거점으로 설립된 카맥스CarMax는 미국의 가장 큰 중고차 소매 업체다. 이 회사는 지난 30년간 중고차를 사고파는 과정을 투명하게 운영하여 튼튼한 사업 기반을 갖추었다. 카맥스는 전자제품 소매 업체인 서킷시티CircuitCity에서 분사하여 중고차 업계를 선도하는 회사로 성장하였다.

시간이 흐르면서 기업 임원들은 고객의 시장에 대한 기대와 판도가 바뀌고 있다는 걸 인지했다. 온라인 쇼핑 및 구매 경험에 대한 것이었다. 디지털을 기반으로 하는 경쟁자가 출현하면서 선두주자로서의 위치를 유지하기 위해서는 혁신이 필요하다는 걸 깨달았다. 앤 야거Ann Yauger는 고객의 디지털 경험에 집중하여 기업이 프로덕트 모델로 전환하는 과정을 이끌었다. 앤은 carmax.com 팀과 함께 프로덕트 모델로의 혁신을 주도했다. 이와 같은 변화는 수년에 걸쳐 조직을 성장시키고 제품 역량을 키운 결과 빠르게 그 가치를 증명했다.

2020년 초 카맥스는 200개 이상의 지점을 보유했으며 각 지점에서는 수백 대의 중고차를 판매했다. 기업은 지속적으로 매출을 내고 성장해나갔다. 프로덕트 모델로 전환하면서 가시적인 성과를 낸 카맥스는 개인 고객 대상 중고차 판매 시장에서의 입지를 다졌다. 고객이 온라인으로 판매 중인 차를 검색하고 자신이 구매할 수 있는 가격의 차를 확인한 뒤, 지점에 방문할 약속을 잡아 몇 대의 차량을 시승해보는 시스템을 구축했다. 대부분의 자동차 구매 경험과 달리 카맥스에서는 구매하거나 판매할 차량에 대한 흥정 없이 가격을 책정했는데, 125개 항목의 검사를 통과해야만 소매용으로 판매할 수 있는 자격을 부여했다. 이 기준에 부합하는 높은 품질의 차량만 취급했으며, 7일간 무료 환불과 30일간 품질보증서비스를 제공했다. 이 기준에 미달하는 차량은 경매를 통해 다른 딜러에게 판매했다.

문제 정의

팬데믹이 들이닥쳤을 때 카맥스를 포함한 많은 오프라인 거점 소매업자들은 다양한 규제와 의무사항을 준수해야 했다. 이러한 규제사항을 따르기 위해 몇몇 지점의 영업을 종료하고 동시에 지점을 방문할 수 있는 고객의 수를 제한하거나 차량을 오직 야외에서만 판매하기도 했다. 이와 같은 새로운 제약사항과 팬데믹으로 인한 경제 전반의 악영향으로 카맥스는 2020년 4월 초순에 직전 연도 대비 75%나 실적이 감소했다고 밝혔다. 오프라인 거점 소매업자로서의 어려움 외에도 카맥스는 주차장에 수십억 달러 가치의 차량을 보유하고 있음에도 차량 판매 방식 자체에도 추가적인 규제를 받았다.

다행히도 카맥스는 다양한 채널로 차량을 사고팔 수 있는 시스템을 구축한 덕분에 고객은 온라인, 오프라인 또는 둘을 결합한 방식으로 차를 구매할 수 있었다. 이제는 이와 같은 매매 방식이 성장을 위한 기회가 아닌 사업을 유지하기 위한 필수로 자리 잡았다. 카맥스는 옴니채널 구매 방식으로 전환하는 과정에 더욱 박차를 가하는 동시에 팬데믹의 제한에도 불구하고 주차장에 세워진 수많은 차량을 판매할 방법을 모색했다.

해결 방안 모색

이즈음에 카맥스에는 몇몇 뛰어난 제품팀이 있었다. 그들 대부분은 이미 옴니채널 관련 영역의 경험이 있었으며 이제는 그 능력을 십분 발휘할 시점이었다. 가장 큰 도전은 오프라인 매장과 매장 직원과의 실시간 의사소통에 의존하지 않도록 경험을 바꾸는 것이었다. 카맥스는 우선 온라인 고객센터를 만들고 차를 구매하거나 판매하는 과정의 모든 단계에서 도움을 제공할 수 있는 직원을 배치했다. 이 외에도 추가로 해결해야 하는 과제가 넘쳐 났다. 온라인에서 차량을 탐색하고 선택하고 결제하고 매매거래를 체결하고 탁송을 예약할 수도 있어야 했다. 보유한 차량을 팔고 곧바로 새로운 차를 산다면 그 역시도 온라인으로 모두 가능하도록 해야 했다. 카맥스는 또한 품질 기준에 미달하는 차량을 다른 딜러와 대면하여 경매에 부쳐 판매하는 방식에 의존할 수가 없었다.

새로운 차량 구매 또는 판매 경험을 제공하기 위해 거래의 모든 절차에 변화를 줘야 했다. 이는 결제, 보유한 차량을 곧바로 판매하면서 새로운 차량을 구매할 수 있도록 '즉시 제안'하는 것, 전자서명을 통한 계약서 작성과 결제에 대한 약정, 특정 위치의 차도나 집 앞으로 차량을 인도할 수 있도록 예약하는 것, 그리고 보증기간을 30일에서 90일로, 무료환불기간을 7일에서 30일로 바꾸는 새로운 보증정책(Love Your Car Guarantee)을 아우른다.

이런 변화는 자동차 업계에서 타의 추종을 불허하는 파격적인 서비스였으나 고객의 결제와 직결되기 때문에 기본적으로 위험 요소가 많다. 특히 몇몇 아이디어는 무척 높은 리스크를 내포하고 있었다.

카맥스는 거래 수수료가 수익 모델이기 때문에 차량의 판매 또는 구매 시의 가격이 정확하고 공정해야 했다. 또한 차량의 상태에 대해서 명확하고도 정확하게 고객에게 설명할 수 있어야 했다. 개인 고객과 경매를 통해 구매하는 도매업자 모두 실제로 차를 받아보고 실망한다면 카맥스에 대한 신뢰가 떨어질 것이고 최종적으로는 거래 체결이 이뤄지지 않을 수도 있기 때문이다. 이러한 위험 요소를 다루기 위해 제품팀은 매우 작은 그룹에서 지역적으로, 그다음은 전국적으로 프로토타이핑의 대상을 점차로 넓혀갔다. 검증을 진행할수록 새로운 매매 방식은 점차로 퍼져나갔고 팬데믹이 시작된 지 고작 6개월 만에 카맥스는 전국적으로 이 모든 정책을 정착시켰다.

결과

팬데믹 초기에는 급감하였던 매출이 이윽고 회복세로 돌아서고 심지어는 그 이상을 기록하게 되었다. 카맥스는 자동차 업계 혁신의 성공 사례 중 하나로 자리매김했다. 그로부터 2년이 흐르는 동안 새로운 기술을 적용하여 보다 완성도 높은 고객 경험을 제공하고 팬데믹 이전보다 체계적인 고객 응대가 가능해졌다.

오늘날 제품과 기술 분야 인재가 가장 일하고 싶어 하는 기업 중 하나로 우뚝 선 카맥스의 제품팀과 엔지니어팀은 조직 전반에 걸쳐 그 속도와 능력에 대한 신뢰를 얻고 있다. 앞으로 어떤 미래가 펼쳐질지는 알 수 없으나 카맥스는 고객과 기업을 위해 어렵고도 중요한 문제를 빠르고 효과적으로 해결할 수 있다는 것을 입증해 보였다.

V

전현직자가 들려주는
혁신 사례:
트레인라인 | 존 무어

마티의 노트 트레인라인Trainline은 유럽 지역에서 기술 기반 제품 혁신을 이끌어낸 최고의 사례 중 하나로 꼽힌다. 이 과정에서 트레인라인은 사업 전반을 완전히 바꾸었다. 한 가지 특이한 점은 대형 사모펀드 회사인 KKRKohlberg Kravis Roberts이 트레인라인이 상당히 저평가되어 있으며 프로덕트 모델로 전환한다면 그 진가를 발휘하리란 판단하에 이 회사를 인수하였고, 이것이 변화의 시발점이라는 점이다. KKR은 클레어 길마틴Clare Gilmartin이라는 뛰어난 CEO를 초빙했다. 그는 기술 책임자인 마크 홀트Mark Holt와 제품팀 조직장인 존 무어Jon Moore를 영입했는데, 2명 모두 그 실력이 검증된 사람들이었다. 이들이 뭉쳐 일궈낸 놀라운 변화에 대하여 존이 직접 설명하는 것을 나누고 싶다.

2015년 세계에서 가장 큰 사모펀드 회사이자 레버리지 바이아웃leveraged buyout의 시초인 KKR이 오래된 영국 철도 티켓 판매 업체인 트레인라인을 인수했다고 발표했다. 이 인수 건은 겉보기에는 상식적이지 않았다. 철도 사업은 그야말로 전통적인 산업군이다. 철도 티켓 발권의 변화에는 수십억 파운드의 인프라 투자가 필요하고 이 업계 전체가 정부의 면밀한 감사를 받고 있다. 이와 같은 환경에서는 혁신이 몇 달이나 몇 년이 걸리는 게 아니라 수십 년이 걸린다. 따라서 트레인라인은 KKR의 포트폴리오에서 그렇게 뛰어난 성과를 낼 것 같지는 않았다. 하지만 이베이eBay에서 영입한 젊은 신임 CEO는 기존의 철도 사업에서 벗어나 고객 중심의 기술 기반 사업으로의 전환을 주도하며 뛰어난 성과를 냈다.

동기

신임 CEO인 클레어 길마틴은 나를 첫 CPO로 고용한 뒤에 우리가 기대한 궤도에 오르기 위해서는 조직의 모든 것을 뜯어고쳐야 한다고 강조했다. 회사의 발전은 더딘 상태였다. 트레인라인은 전형적인 IT 모델을 선택했고 사업적 요구사항을 충족시킬 뿐 유의미한 변화는 가져오지 못했다. 소프트웨어 엔지니어링은 초보적인 수준에 머물러 있었고 다양한 분야에 걸쳐 외주 인력에 의존하는 실정이었다. 프로덕트 매니징은 부재했으며 모호하게나마 프로덕트 오너라는 역할이 주어진 몇몇 직원이 있을 뿐이었다. 디자이너 몇 명은 마케팅 자료를 만드는 것이 자신의 주된 업무라고 설명했다. 제품은 놀라울 정도로 구식이었다.

1997년, 트레인라인은 영국의 철도 민영화에 따른 혼란을 해결할 수 있는 제품을 선보였다. 불과 몇 년 전, 혁신과 경쟁을 유도한다는 명분 아래 국영 영국철도청은 해체 수순을 밟았다. 하지만 이는 가히 성급하게 이루어졌고 철도와 관련하여 100개 이상의 기업이 계약에 참여했다.

고객은 수많은 서비스로 인해 혼란을 겪었다. 철도 티켓을 사려면 나의 목적지까지의 노선을 어떤 기업이 운영하는지를 알아야만 했다. 트레인라인은 모든 티켓을 하나로 모아 예매할 수 있는 온라인 플랫폼을 구축했다. 사무실 앞에서 줄을 서야 하는 번거로움을 없애면서 1999년에 처음으로 티켓을 팔기 시작한 뒤로 10년 동안 차츰 입지를 다져나가던 중 회사가 주춤하기 시작했다.

2015년 트레인라인을 인수한 KKR은 이베이의 뛰어난 테크 리더를 그녀의 커리어상 첫 CEO 자리에 임명했다. 그녀는 경험이 많은 CTO인 마크 홀트와 나를 영입하여 제품 운영을 맡겼다. 우리 셋은 하나의 팀으로 협업했으며 각자의 영역에서 맡은 바를 수행했다.

제품 구현 방식의 변화

엔지니어링, 프로덕트 매니징, 디자인이 우선순위가 높은 주제로 다루어졌으며 임원 회의에서 채용과 역량 부족에 대한 논의가 이어졌다. 엔지니어링은 투자가 시급했다. 이는 외주 인력 위주로 운영해왔기 때문인데, 시니어 엔지니어 위치는 대부분 내부 인력이 아닌 외주 인력이 점하고 있었다. 그렇다 보니 플랫폼과 시스템의 복잡도에 대해서는 잘 이해하고 있었으나 기업의 미래에 대한 관심은 별로 없었다. 당시 회사는 8주 단위의 출시를 기반으로 운영되었고 고객의 요구사항을 효과적으로 충족하기에는 출시 횟수가 턱없이 부족했다.

우리는 전형적인 CIO 문화의 영향을 받았다. 기술은 그저 어쩔 수 없는 지출과 같이 여겨졌다. 결과는 뻔했다. 기술부채가 만연했고 시스템은 모놀리식monolithic이며 온프레미스on-premises에만 구축되어 있었다. 기술적인 변화가 시급했다. 모든 직무 기술서를 다시 작성하고, 더 많은 신규엔지니어를 채용하고, 팀 차원에서 새로운 기술 책임자 직책을 만들었다. 실제로 상당수의 직원이 해고되었다.

엔지니어링 과제는 상당했다. 수백 대의 서버로 구성된 트레인라인의 레거시 데이터 센터는 그 목적에 적합하지 않았다. 그러던 중 입주해 있었던 건물이 철거될 예정이라는 통보를 받았다.

18개월 만에 AWS로 시스템을 이전한 트레인라인은 모든 데이터를 클라우드에 맡길 수 있도록 빠르게 속도를 내고 있었다. 시간이 흐르면서 2만 개 이상의 시스템 구성 요소가 일주일에 100개의 속도로 클라우드로 이전되었다. 마크는 '5월의 어느 날 오후에 누군가가 그나저나 출시가 끊임없이 이루어지고 있다고 했고 그것은 아주 멋진 순간이었다'라고 회고했다.

엔지니어링은 빠르게 궤도에 올랐으며 구조적 기능은 물론 문화적으로도 변화했다. 비단 기술적인 능력이 뛰어날 뿐만 아니라 (영국에서 뛰어난 클라우드 전문가 중 하나가 AWS 마이그레이션을 담당했다) 고객을 이해하고자 하는 열의를 갖춘 이들을 신규 채용했다. 엔지니어들은 제품을 모두 사용해봐야 했으며 고객과 사업의 맥락에서 접근해 들어갔다.

문제 해결 방식의 변화

뛰어난 엔지니어들이 빠르게 합류하면서 이에 걸맞은 뛰어난 프로덕트 매니징의 필요성도 더욱 두드러졌다. 나는 이해관계자로부터 요구사항을 받아 출시하던 팀을 이어받게 되었다. 이 팀의 구성원들은 제품 발견에 대한 이해가 부족했으며 고객이 직면한 문제를 고객이 만족하면서도 사업에 득이 되는 방식으로 해결할 줄을 몰랐다.

새로운 목표는 명확했다. 사업의 중심에는 확고한 프로덕트 매니징 원칙이 필요했다. 우리의 의도는 최고의 가치를 발견하고 이를 달성하는 체계를 빠르게 갖추는 것이었다. 나는 팀 인원을 전면적으로 교체하는 사태가 발생할까 두려웠다. 하지만 몇몇 구성원은 입사하자마자 최고의 인재처럼 일하는 방식을 배우고 싶다고 밝혔다. 그리고 나는 가장 최근에 입사한 한 신입사원의 역량이 무척 뛰어나다는 것을 알아차렸다. 이 팀은 그간 최신의 프로덕트 매니징 방식에 노출된 적은 없었지만 똑똑하고 야망이 있었으며 배우고자 하는 의지가 강했다. 그래서 나는 이들에게 능력을 발휘할 수 있는 기회를 주기로 결정했다.

코칭이 업무 중 우선순위가 가장 높은 부분을 차지했다. 팀 구성원들과 개별적으로 작업하는 데 매일 시간을 쏟았다. 우리는 제품 발견, 핵심 기술에 대해 논의했고 빠르게 테스트하고 학습할 수 있도록 노력했다. 이와 같은 변화를 꾀하기 위해 매주 금요일 오후에 '주간 성취'라는 이름의 비공식적인 모임을 마련했다. 나의 의도는 모든 팀이 모여서 어떤 진행 절차를 거치고 있는지 편하게 이야기를 나누는 것이었다. 이 모임은 빠르게 조직 내에 정착했다. 제품 발견 과정 중의 인사이트, 테스트 데이터, 프로토타입 등을 주기적으로 공유했다. 질문이 오가고 아이디어에 대해 논의하기도 했다. 그런 과정을 거치면서 커뮤니케이션과 협력이 크게 개선되었다. 자유롭게 의견을 주고받는 주간 성취 모임은 모두가 참여하고 싶어 하는 모임으로 자리 잡았다.

해결해야 할 문제는 도처에 산재했다. 여행은 영감을 주어야 하지만 우리의 제품은 아직 거래에 초점이 맞춰져 있었고 영감을 주지는 못했다. 수많은 아이디어 가운데 우리는 제품 전략이 2가지 문제에 집중해야 한다는 결론을 내렸다. 이는 모바일 애플리케이션 사용성과 웹사이트의 전환율이다. 이는 모두 즉각적이면서도 극적인 결과를 가져올 수 있다는 장점이 있었다.

트레인라인은 전적으로 데스크톱에 집중하고 있었는데, 이는 10년간 이어진 잘못된 결정이었다. 전환율에 집중하는 것은 확실히 성장을 견인할 수 있는 지점이었지만, 그간 테스트가 거의 이루어지지 않은 데다가 참고할 데이터도 전무하다시피 했다.

트레인라인은 외부 컨설팅 업체를 통해서만 최적화를 진행해왔고, 이 작업에 수만 파운드의 비용을 지출했다. 테스트 한 건당 거의 4만 파운드에 달하는 비용이 들었지만, 지난 12개월 동안 고작 8개의 실험만이 진행되었다는 것을 밝혀냈다. 더욱이 이 테스트들이 뚜렷한 성과를 내지 못했기 때문에 계약을 파기해야 한다는 데에는 이견이 없었다. 이 분야에 대해서 우리는 스스로의 역량을 키워야 했고, 빠른 시간 내에 성과를 내야 했다.

새로이 구성된 모바일 앱 팀이 이를 주도하여 빠르게 자주 출시를 해준 덕분에 애플 앱스토어 카테고리 랭킹을 장악하며 주목받는 제품을 만들었다. 모든 면에서 높은 기준을 유지하기로 한 결정에 따라 팀원을 채용할 때도 신중을 기한 결과, 새로운 구성원들은 우리를 실망시키지 않았다.

뛰어난 신규 프로덕트 매니저와 기술팀 관리자가 야심 차게 조직을 이끌어나가는 동시에 빠른 속도를 도입하면서 지지부진했던 과거와 빠르게 단절할 수 있었다. 모바일 사용량은 빠르게 증가했고 경영진으로서 우리는 성과를 만끽하고 팀을 축하했다. 이러한 변화가 회사 내 다른 직원들에게 실망감을 줄 수 있다는 것을 알고 있었다. 하지만 새로운 문화적 기대치에 대한 구체적인 예를 제시함으로써 다른 사람들이 비즈니스 성과에 집중하는 것이 무엇을 의미하는지 이해하도록 유도하고자 했다. 그리고 그것은 효과가 있었다.

채용과 코칭을 강조한 덕분에 우리는 빠르게 추진력을 얻을 수 있었다. 다른 팀도 점차로 우리를 따라 하기에 이르렀다.

디자인 슈퍼파워

디자인팀은 채용을 통해 빠르게 정성적인 검증을 할 수 있는 환경을 구축하고자 했다. 프로토타이핑이 주요 역량으로 자리 잡았다. 빠르게 사용자 프로토타이핑을 진행하면서 수많은 잠재적 문제 해결 방안에 대한 피드백을 얻을 수 있었다. 팀은 빠르게 성장했지만 초반에는 저항에 부딪히기도 했다. 한때 재무팀에서 프로덕트 디자인 분야의 추가 채용을 거부하고 나선 것이다. 사모펀드의 자본으로 운영되는 사업이니만큼 비용 통제가 중요하다는 것을 상기할 필요가 있었다. 하지만 프로덕트 매니징과 엔지니어링에 대한 투자를 최대한 활용하려면 프로덕트 디자이너가 반드시 필요했다.

해결책을 찾던 나는 사업 성과를 공유하지 않았기 때문에 초반에 설득력 있게 의견을 전달하지 못했다는 것을 깨달았다. 뛰어난 프로덕트 디자인 인재를 보유한 팀이 도출해내는 탁월한 결과를 공유하자 빠르게 채용 승인이 났다. 병렬적으로 진행되는 업무가 많은지라 인지 부하를 줄이고 구성원에 대한 의존도를 줄이는 방식으로 팀을 설계했다. 이러한 결정은 클라우드 기반의 마이크로서비스 플랫폼으로의 전환에 투자를 하면 할수록 힘을 발휘하여 종속성을 제거하지는 못하지만 최소화하는 데 기여했다.

사용자 경험을 설계하는 다양한 팀이 데스크톱과 모바일과 같은 주요 영역을 담당하였고, 시간이 흐름에 따라 B2B와 추가적인 성장 기회를 목표로 하는 팀도 새로이 생겼지만, 플랫폼의 어떤 분야에 더 투자할지에 대해서는 결정을 미루었다.

데이터 분석에 투자

당시의 데이터는 다양한 시스템에 중복적으로 각기 다른 형식으로 저장되어 있었고 전략을 설계하는 토대가 될 데이터는 찾기가 어려웠다. 나는 클레어에게 "우리의 데이터는 금괴가 담긴 상자인데 지금은 10인치 두께의 먼지가 쌓여 있다"라며, "엑세스 수단만 구축하면 된다"고 말했다. 다시금 투자를 이끌어내기 위한 논거를 제시하려고 했지만 클레어는 이미 그 가치를 알아보았다. 이만큼 중요한 일도 많았지만 마크는 데이터 엔지니어 채용을 적극적으로 추진했다. 동시에 나는 최초의 데이터 분석팀을 구축하는 것에 도전했다.

우리는 사업의 성장 단계 대비 다소 이른 투자라는 것을 알고 있었다. 데이터를 체계적으로 관리하고 사이트의 최적화를 위한 업무 단계를 정한다는 것 이외에 이 새로운 팀이 궁극적으로 어떤 역할을 해야 할지에 대해 우리도 구체적인 상이 없었다. 하지만 이 팀이 없다면 우리가 제시할 수 있는 문제 해결 방안이 제한적일 수밖에 없다는 것은 잘 알고 있었다.

동기부여된 엔지니어

새로운 제품 문화로의 전환을 이어가기 위해서 우리는 해커톤^{hackathon}*을 할 수 있는 행사를 마련했다. 각 팀은 원하는 고객 또는 사업 문제에 집중할 수 있었다. 사실 주된 목적은 엔지니어가 더 많은 아이디어를 제시하도록 독려하고 새로이 구축하고 있는 문화를 강화하기 위함이었다. 즉

---

* [옮긴이] 해커톤은 해킹(hacking)과 마라톤(marathon)의 합성어로 행사 참가자가 팀을 이루어 정해진 시간 내에 제품 결과물을 내는 행사를 가리킨다. 핵데이(hack day)라고도 한다.

각적인 결과는 내놓기 어려울 것이라 예상했지만, 이 예상은 보기 좋게 빗나갔다. 엔지니어 1명이 고객이 혼잡도가 낮은 열차를 고르고 싶어 하는, 오랫동안 해결하지 못한 문제의 해결 방안을 놀랍도록 단순한 방법을 제시하여 해결하고자 했다.

기존의 철도 운영사는 이전에 수백만 파운드에 달하는 복잡한 바닥 압력 센서 업그레이드를 통해 이 문제를 해결하려고 했었다. 한데 엔지니어가 '그냥 고객한테 물어보면 안 되나요?'라고 제안한 것이다. 이미 아주 큰 규모의 서비스를 운영하고 있었던 우리는 모바일 애플리케이션에 조금의 수정만 한다면 고객이 우리에게 알려줄 수도 있다고 생각했다. 실제로 고객은 그렇게 행동했다. 몇 주 만에 초기 서비스는 운영 환경 데이터 프로토타입으로 검증되었고 수십만 개의 데이터를 수집했다.

새로이 출범한 데이터 분석팀이 작업에 착수하여 이 결과를 고객에게 제공했다. 이는 데이터 활용 능력이 성장하고 있다는 중요한 사례 중 하나였다. 또한 전국을 아우르는 매체뿐만 아니라 영향력 있는 기업 행사에서도 엄청난 무료 기업 홍보 효과를 가져왔다. 구글 맵팀에서 연락이 왔고 아마존 AWS 팀의 주목을 받았다.

AWS 기반의 플랫폼으로 옮겨가고자 했던 노력 덕분에 새로운 파트너를 얻게 되었다. 우리의 전문성에 큰 감명을 받은 AWS는 그해 AWS 콘퍼런스인 리인벤트re:Invent에 우리를 초대를 했다. 트레인라인은 그해 행사의 헤드라인을 장식했고 AWS CTO인 버너 보겔스Werner Vogels가 직접 우리를 소개했다. 해커톤 행사에서 찾아낸 바로 그 문제 해결 방안이 우리가 준비한 발표의 핵심이 되었다.

우리는 AWS 기반으로 설계한 서비스가 고객이 생산하는 실시간 데이터를 바탕으로 수백만 가지 철도 여정 중에 고객이 덜 혼잡한 열차를 선택할 수 있도록 도왔다는 걸 알렸다. 이 행사를 지켜보고 있었던 수천의 엔지니어 중 유명한 사람들이 트레인라인에 합류하고자 지원했다. 이 또한 진정한 의미의 혁신이 기업이 예상치 못한 방향으로 더 발전하게 하는 예시 중 하나였다.

우선순위 결정 방식의 변화

트레인라인의 미션은 모두가 더 쉽게 철도 여행을 할 수 있게 하자는 것이었다. 이것은 영국이 저탄소 교통수단 선택지를 늘려가는 과정에 기여할 수 있기 때문에 지지를 받아왔다. 실제로 나뿐만 아니라 많은 직원이 이 회사에 입사한 이유로 이를 꼽았다. 공통의 동기는 물론 도움이 되기도 하지만 이것만으로 모두의 공감대를 도출해내기에는 역부족이다.

유능한 직원이 계속해서 새로이 입사하고 있는 상황에 우리는 모두가 공감할 수 있는 미래를 제시할 필요가 있었다. 모두가 합심해서 새롭고도 높은 기대치에 부응한다면 그 결과는 어떤 모습일까? 우리는 최신의 강력한 제품 비전이 필요했고 이 비전은 주주, 경영진, 이해관계자와 제품팀 모두를 하나로 묶어줄 수 있는 것이어야 했다. 이 목표를 달성하려면 고객이 마주하는 고질적인 문제가 무엇인지부터 파악하는 것이 우선이었다. 해외 확장, 수익 다각화처럼 이미 중요한 전략적 사업 목표를 세운 상태에서 제품 비전은 고객이 직면하는 수많은 문제를 파악하고 이를 해결하기 위한 방안을 모색하는 과정에서 수립할 수 있다.

심층적인 고객 분석 역량을 갖춘 새로운 제품 연구 관리자가 회사에 합류했다. 그녀가 맡은 조직의 목표는 기존 그리고 잠재 고객에 대한 포괄적이면서도 최신인 정보를 만들고 이들을 대신하여 최고의 가치를 끌어낼 방법을 찾는 것이었다. 처음에는 다양한 지역에서 적은 인원이지만 지역의 특색을 담을 수 있는 고객층을 추려냈고 수차례의 인터뷰를 진행하며 수백 가지의 문제를 발굴해냈다. 그 과정에서 몇 가지 문제가 계속해서 반복적으로 언급되는 것을 발견한 우리는 이 문제들을 '슈퍼 세븐'이라고 명명했다.

이 7가지 문제는 모든 고객층이 공감하면서도 공통적으로 발생하는 중요한 사안이었다. 조금 더 많은 고객에게도 확인한 결과 이 7가지 문제 중 일부만 해결하더라도 회사를 새로운 성장 국면으로 이끌 수 있다는 결론을 내렸다. 하지만 또 다른 문제가 있었다. 고객은 트레인라인을 티켓 회사로 생각하고 있었는데, 대다수의 문제는 티켓을 구매한 이후 단계에서 발생하고 있다는 것이었다. 우리는 철도 중심의 전자상거래 사이트로 고객이 티켓을 거래하고 구매할 수 있도록 여러 철도 API를 관리하고 있었다. 하지만 새로이 찾아낸 문제 대부분은 거래와는 무관하게 연결 차편의 누락, 지연, 혼잡한 차량과 같은 것이었다.

이런 문제는 오랫동안 철도 업계의 골칫거리였지만 만족스러운 답을 찾아낸 사람이 없었다. 그럴 만한 이유가 있었다. 이 문제들은 복잡했고 그걸 해결할 수 있을 거라는 확신이 없었기 때문이다. 하지만 우리가 이 문제들을 해결할 수 있다면 고객의 인생과 출퇴근 시간을 획기적으로 개선할 수 있다는 것을 깨달았다.

모바일을 중심으로 한 우리의 비전은 멋진 미래를 보여주었다. 초기 모바일 애플리케이션 테스트에서 고객에게 종이 티켓에서 디지털 티켓으로 바꿀 수 있다는 것을 보여 주었다. 이 과정에서 모바일로 결제할 수 있는 노선에 대해서는 고객의 여행 빈도와 판매금액이 괄목할 만하게 성장한다는 사실을 알 수 있었다.

이 검증을 진행하는 것은 쉬운 일이 아니었다. 규제가 심한 환경에서 성공적으로 제품을 혁신하려면 파트너, 노동조합, 규제당국과 정부부처와의 엄청난 협업이 필요했다. 작지만 전문성을 갖춘 운영팀이 철도 관련 파트너에게 우리가 하고자 하는 일을 설득했다. 이들이 없었다면 큰 진전을 이루지 못했을 것이다. 디지털 철도 티켓으로 전환하려면 노후한 인프라 업데이트를 위해 수백만 파운드를 투자하고 파트너들이 현장의 업무 방식을 변화시켜야만 했다. 이를 달성하기 위해서는 전폭적인 정부 지원과 영국 교통정책의 대대적인 변화가 필요했다.

많은 어려움에도 불구하고 데이터가 보여주는 결과는 명확했다. 고객이 매표기 앞에서 기다리는 번거로움을 없애고 결제한 티켓의 변경이나 환불을 더 쉽게 할 수 있게 바꾼 뒤로 철도는 보다 편하게 선택할 수 있는 여행 옵션으로 자리매김했다.

극적인 성공을 끌어낸 대다수의 테스트가 그러하듯이 이제 와 살펴보면 데이터가 분명해 보이지만 당시에는 아주 새로운 정보였다. 즉, 모바일 티켓 판매가 철도 여행의 빈도를 높여주고 이로 인해 고객의 생애 가치도 끌어올렸다. 고객의 요구사항을 충족시킬 수 있는 방법에 몰두하면서 새로운 정보와 거기에서 도출한 통찰을 통해 새로운 제품 전략을 수립하고 우리가 앞으로 나아가야 할 길을 제시할 수 있었다. 이즈음 우리는 분기 단위의 제품 계획을 세웠고 매 분기마다 경영진 앞에서 두 차례의 프레젠테이션을 진행했다.

성과가 대대적으로 부각되면서 경영진과 팀 구성원의 접촉이 늘었다. 그저 기능을 출시하는 것보다 성과를 달성하는 것이 어렵기 때문에 부담이 될 수도 있지만, 많은 조직에서 이와 같은 커뮤니케이션 방식을 채택하고 있다. 다시 되돌릴 수도 없었다. 성과를 내는 팀의 능력에 승패가 달렸기 때문이다.

우리의 기술 기반은 완전히 새로이 태어났고 클라우드 기반 플랫폼의 성공 사례로 인용되었다. 제품팀은 임파워드되었으며 뛰어난 성과를 내는 데 집중할 수 있었다. 협업 체계를 갖춘 여러 제품팀 덕분에 우리는 매해 수백 가지의 제품 아이디어를 테스트해볼 수 있었다. 통일성 있고 일관되며 쓸모 있도록 데이터를 관리했다. 고객의 위치 정보는 철도의 지연 또는 혼잡을 완화시킬 수 있는 단초로 쓰였다. 우리는 사용자가 생성하는 새롭고도 고유한 데이터를 수집할 수 있었다. 이는 기존의 철도 여정과 가격 정보와 맞물려 큰 자산이 되었다. 동시에 우리는 머신 생성 데이터도 활용하게 되었는데, 이를 통해 오랜 기간 동안 고착화된 다양한 문제를 해결할 수 있는 독창적인 방법을 창안해냈다.

결과

트레인라인은 철도 업계에서 그 누구도 할 수 없다고 생각했던 것들을 해낼 수 있는 회사로 거듭났다. 어떤 분석가는 우리를 철도계의 우버Uber라고 했는데, 이는 당시에 우버가 성공 궤도를 달리고 있는 상황에서 업계에서는 후발주자였던 트레인라인의 입장을 생각하면 큰 호평이었다. 트레인라인이 앱스토어에서 주중에 우버를 제치고 1위 여행 앱이라는 점을 감안할 때 재밌는 비유였다. 시장이 트레인라인의 사업 가치에 대해서 점쳐볼 즈음에 맞추어 시기적절한 인식의 변화라고 볼 수 있다. KKR이 5억 파운드를 밑도는 가치에 트레인라인을 인수한 지 4년이 채 지나지 않아 런던 증권거래소의 종이 울리는 날에 트레인라인의 기업가치는 20억 파운드를 넘어서며 당시 유럽 지역 기업공개initial public offering, IPO 중 가장 큰 규모로 자리매김했다.

혁신은 성공적이었다. 뛰어난 역량을 가진 프로덕트 매니저, 디자이너, 엔지니어와 데이터 분석가가 운영팀과 법무팀과 협력하여 우리의 저변을 획기적으로 확장해나갔다. 해결해야 하는 문제는 곧 구현해야 할 기능으로 변모했고 단순한 가정을 강력한 지표 기반의 가설로 바꾸었다. 기술은 전면에 등장했다. 한 주, 한 달이 흐를 때마다 우리의 가시적인 성과는 보다 뛰어난 인재가 합류하도록 하는 동기로 작용했고 보다 빠르게 성취할 수 있는 동력이 되었다. 우리는 한 걸음 더 나아가 철도를 넘어 훨씬 광범위하고 수익성이 높은 여행 업계로 사업을 확장했다. 그뿐 아니라 여러 새로운 지역에 진출하여 철도 이외에도 버스 티켓도 구매할 수 있도록 옵션을 다양하게 늘렸다.

탁월한 조직장들은 뛰어난 기술 인력이 가진 잠재력에 대해서 이해하고 협력적인 문화의 가치를 공감했다. 무엇보다 성과에 집중한 결과 이 작은 팀은 수백만 고객의 인생을 보다 나은 것으로 업그레이드하고 주주에게 두둑한 수익을 돌려줄 수 있었다.

PART

VI

프로덕트 모델의 실천

지금까지 우리는 프로덕트 오퍼레이팅의 기반이 되는 이론을 주로 다루었다. 6부에서는 이 이론을 실제로 가져오려고 한다. 앞서 혁신 사례를 통해 제품팀이 실제로 어떻게 운영되는지 살펴보았다.

여기서는 제품팀이 고객과 영업, 마케팅, 재무, 이해관계자가 경영진과 같은 조직의 다른 구성원과 어떻게 협업하는지를 알아보고자 한다. 여기서 상기할 점은 각 장에서 다루는 협업 방식은 이상향이라는 사실이다. 사람과의 협업에 대해 논의할 것이기 때문에 현업에서는 당신의 의도와 다른 결과가 펼쳐질 수도 있다.

6부에서는 각기 이상적일 때의 모습이 어떠할지를 다룬다. 하지만 최고의 회사에서 최고의 동료와 최선의 의도로 함께해도 일이 모두 당신이 원하는 것처럼 풀리지는 않을 것이다.

고객과의 협업

이전 모델을 따르는 많은 기업 중에서 특히 B2B 제품을 운영하는 회사라면 더더욱 고객과의 관계 형성을 꺼리는 경우가 많다. 고객의 관점에서 볼 때 그 기업은 의지할 수 없고 믿을 수 없으며 약속한 바를 이행할 수 없다고 생각할 수 있다. 이와 같은 상황에는 여러 가지 이유가 있어서 프로덕트 모델에서는 새롭고도 직접적이며 그 전과는 사뭇 다른, 고객과 제품팀 간의 관계 형성이 필요하다고 제안한다. 기업이 프로덕트 모델로 전환함에 따라 제품팀이 고객*과 상호작용하는 방식에 많은 변화가 필요하다. 고객과의 관계 형성이 변화하면 대개 제품팀이 매일의 업무를 어떻게 수행하고 문제 해결 방안을 어떻게 찾아내고 구현하는지에 영향을 미치기 때문에 고객은 이와 같은 변화를 체감할 수 없을 수도 있다.

하지만 당신도 알다시피 프로덕트 모델은 제품팀과 실제 사용자와 고객 간의 직접적이고도 빈번한 상호작용에 의지한다. 이 상호작용의 일부는

---

* 　우리는 '고객'이라는 단어를 다양한 형태의 고객을 아우르기 위해 사용한다. 각기 다른 종류의 사용자(유저), 구매자, 승인자, 인플루언서, 내부 직원, 다른 고객을 위해 제품을 사용하는 사람 등이 이에 해당한다.

고객의 문제와 성공적인 해결 방안이 작동해야 하는 환경 및 맥락을 더 깊이 이해하기 위한 것이며, 또 다른 일부는 잠재적인 문제 해결 방안을 테스트하여 그 해결 방안이 고객에게 가치가 있는지, 그리고 다양한 유형의 고객이 사용할 수 있는지 확인하기 위한 것이다.

우리는 제품팀이 사용자나 고객과 직접적으로 의사소통하기 시작할 때 의도를 설명하도록 권장하는데, 그 이유는 이러한 변화가 고객 입장에서도 낯설게 다가올 수 있기 때문이다. 대부분의 고객은 영업 담당자에게 자신이 필요하다고 여기는 기능을 구체적으로 설명하는 데 익숙하며, 언젠가는 자신이 제시한 기능이 제품의 로드맵에 반영되길 기대하고 조만간 이를 구현하기 위한 착수 일정이 정해지길 바란다. 한편으론 회사가 자신과 약속한 대로 정해진 일자에 그 기능을 제공할 수 있으리라는 믿음을 이미 잃기 시작할 수도 있다. 이렇게 좌절한 고객은 다른 회사의 제품을 찾을 수도 있다. 하지만 이미 어떤 회사의 제품에 의존하기 시작했다면 좋든 나쁘든 가능하다면 오래 버티기 위해서 노력할 것이다. 그러므로 고객과 회사의 관계를 바꾸는 데 대부분의 고객이 열려 있긴 하지만, 그것은 바뀐 관계로 인해 자신의 요구사항이 이전보다 보다 잘 반영될 것이라는 기대가 전제되었을 때만 변화를 수용한다.

이어서 다룰 의사소통 사례를 통해 고객이 프로덕트 모델을 따르는 임파워드 제품팀에게 기대할 수 있는 것이 무엇인지와 그것이 이전 모델의 제품팀과 다른 점에 대하여 설명하고자 한다. 이와 같은 고객과의 상호작용이 유의미하다고 생각한다면 이를 그대로 채택하거나 당신의 상황에 맞게 고쳐 적용할 수도 있다.

약속

제품팀은 더 이상 날짜나 특정한 결과물을 약속하지 않는데, 그 약속대로 진행하려면 무엇이 필요할지 충분히 이해하기 전까지는 확답을 할 수 없기 때문이다. 이는 아마 당신이 이전까지 일해온 방식과 차이가 있을 것이며 여러 가지 사유로 중요한 의미를 가진다.

제품팀이 이러한 약속을 할 수 있으려면 직접 관련 사용자나 고객과 접촉을 하고 성공적으로 기능을 출시하기 위해 무엇이 필요한지 알아야 한다. 고객과의 원만한 관계를 형성하기 위해 성의 있는 직원을 배치하듯이 기업도 공급 업체와의 관계 관리를 위해 그런 사람을 배치하는 경우가 많다. 고객의 입장에서도 기업의 입장에서도 이와 같은 임시방편은 충분하지 않다. 제품팀과 실사용자 간의 상호작용은 필수적이고 그 어떠한 약속의 전제일 수밖에 없다.

제품을 언제 출시할지에 대한 약속을 할 수 있는 것은 제품팀뿐이다. 경영진, 영업, 마케팅, 고객, 프로그램 또는 출시 관리자도 프로덕트 매니저도 아니고 오직 제품팀뿐이다. 이 약속은 반드시 **제품팀**으로부터 나와야 하고, 특히 그 약속을 직접 이행해야 하는 팀 내의 **엔지니어**들로부터 시작되어야 한다. 제품팀은 제품 발견 작업을 충분히 수행하여 정말로 필요한 것이 무엇인지 이해하고 해결 방안이 고객에게 정말로 유용한지 확인한 후에야 비로소 약속을 할 수 있다. 이런 확신을 가지기 위해 최소한 수차례의 프로토타이핑을 통해 리스크에 대한 검증을 거쳐야 한다. 요구사항을 충분히 이해한 뒤에는 내부적인 협의를 거쳐 최종적으로 약속을 잡는다. 우리는 이를 '지켜야 하는 약속'이라고 하며 이와 같은 선언을 한 제품팀은 이 약속을 지키기 위해 할 수 있는 모든 것을 한다.

뛰어난 제품팀이라면 단지 각각의 약속을 수행하는 것뿐 아니라 보안과 같은 기존의 다른 약속도 중요하다는 것을 기억할 것이다. 이 약속을 반드시 지켜야 하는 것이라고 인식하는 것은 본질을 자세히 살펴본 뒤에 약속이 필요한 사람들로부터 그 요구사항을 건져 올렸기 때문이다.

제품팀은 고객에게 하나의 고객이 아닌 제품을 사용하는 모든 고객을 위한 기능을 만들어야 한다는 것을 상기시켜야 할 수도 있다. 제품팀은 특정 고객뿐만 아니라 다른 고객에게도 효과적인 문제 해결 방안을 찾아야 한다. 현업에서 이를 적용해보자면 고객이 원하는 특정 해결 방안이 다른 고객에게는 적용할 수 없는 특수한 성격을 가질 수도 있으므로 제품팀에서 다른 접근 방식을 모색해야 하는 경우가 생긴다. 대부분의 경우 이와 같은 문제는 해결할 수 있으며 모두를 위한 보다 나은 방안을 모색할 수 있다. 하지만 특정 고객의 환경에서만 유효한 해결 방안임이 밝혀지고 고객이 제품의 혁신에 기여할 수 없는 기능이라는 걸 공감한다면 보통 제품팀에서는 이 고객이 고객 맞춤형 솔루션을 안내받을 수 있도록 유도한다.

제품 발견

제품 발견 절차의 목적은 고객의 문제에 대한 효과적인 해결 방안을 강구하는 것이다. 당신의 제품팀은 고객이 만족하면서도 사업에 도움이 되는 방향으로 해결 방안을 찾기 위해 노력한다. 제품팀은 이를 위해 크로스펑셔널한 역량을 갖춘 프로덕트 매니저, 프로덕트 디자이너와 엔지니어를 채용한다. 제품팀은 직접적으로 사용자와 고객과 상호작용하면서 해결해야 할 문제를 심도 깊게 이해하고 잠재적인 해결 방안을 검증한다. 직접 고객과 대면하여 의사소통하는 동안 제품팀은 고객의 문제를 이해하는 동시에 팀이 가치로우면서도 사용성과 실현 가능성이 있는 해결 방안을 찾아냈는지를 고객을 통해 확인한다. 따라서 대부분 제품팀이 주도하는 사용자와의 의사소통은 인터뷰를 하거나 문제 해결 방안에 해당하는 프로토타입의 시연으로 이루어진다.

제품 구현

제품팀이 적절한 해결 방안을 찾아내고 발전시켰다면 고객에게 선보이기 전에 거쳐야 하는 단계가 있다.

첫째, 다음 2가지 활동을 통해서 효과적으로 해결 방안에 대한 검증을 거쳐야 한다.

1. 새로운 기능이 예상대로 동작하는지 확인하기 위해 검증한다.
2. 새로운 기능이 의도치 않게 다른 영역에서 문제를 발생시키지 않는지 검증한다. 이를 리그레션regression이라고 부르는데, 이것을 방지하는 건 쉽지 않기 때문에 최선의 노력을 다하더라도 발생할 수 있다. 하지만 이를 미연에 방지해야 하는 책임을 지고 있다는 것을 잊지 말아야 한다.

둘째, 고객이 당신이 지금 구현하고 있는 해결 방안을 빠르게 필요로 한다는 걸 이해하되 고객의 몫도 있다는 것을 인정해야 한다. 제품 인증을 다시 진행하고 새로운 기능을 학습하거나 학습시키는 것은 모두가 꺼리는 동시에 모두에게 강요할 수 없기 때문이다. 새로운 기능을 일상의 업무에 반영하기 위한 비용에 대해서 이해하고 있어야 하며, 가능한 최신의 디자인과 출시 기술을 탑재하여 쉽게 적용할 수 있게 도와야 한다.

마지막으로 현실적으로 절대 실수하지 않겠다는 약속이 불가능하다는 걸 인정해야 한다. 하지만 앞서 확인한 선례와 최선의 노력으로 이와 같은 실수를 최소화하겠다는 약속은 할 수 있다. 그리고 가장 중요한 것은 실수가 발생한다면 이를 재빨리 효과적으로 수정하고 그와 같은 문제가 다시 발생하지 않도록 분석하는 것이다.

만족도가 높은 고객과 그 사업적 영향력

제품팀의 최우선 목표는 고객이 매일 중요하고 의미로운 일을 하기 위해서 당신의 제품을 사용하고, 고객이 제품을 무척 사랑하고 아껴서 그 경험을 다른 사용자들과 나누는 것이다. 이와 같은 고객 경험이 결국 사업적 성공에도 영향을 미칠 것이다. 고객이 제품에 가장 만족할 때 이런 감정을 느낀다. 이것이 바로 당신이 매일 일하는 이유이자 보람이라 할 수 있다.

CHAPTER
22

영업팀과의 협업

이 장은 모든 기업과 제품에 해당하지는 않을 수 있다고 미리 짚어둔다. 하지만 기업이 직접 또는 채널 영업팀이 있고 제품을 시장에 선보여야 하는 경우라면 제품팀과 영업팀의 관계가 어떤지에 따라 기업의 성패가 결정되기도 한다. 기업에서 제품팀과 영업팀만큼 상호의존적인 팀도 없을 것이다. 제품팀은 제품을 고객에게 전달하기 위해 영업팀에 의존한다. 영업팀이 고객의 요구사항에 정말로 충족하는 제품을 제공할 수 있는지는 제품팀의 손에 달렸다. 어느 한쪽이라도 흔들리면 큰 문제가 발생한다.

같은 목표를 바라보고 있는 것이 자연스러울 듯하지만 실제로는 두 조직이 각기 서로 상이한 목표를 두고 일하는 경우가 잦다. 이전 모델을 채택한 기업의 경우, 제품팀도 영업팀도 불만족스러운 경우가 허다하다. 제품팀의 불만은 영업팀이 고객의 문제를 진정으로 해결할 수 없을 게 뻔한 기능을 구현해달라고 요청하는 경우가 많다는 것이다. 영업팀은 단순히 고객의 요구사항을 전달할 뿐인데 제품팀이 고객의 요구사항을 충족시키는 기능을 구현하지 못하거나 아예 제공할 수조차 없는 해결 방안을 제시하기 때문에 불만이 생긴다.

영업 담당자의 수입은 대개 영업 수수료에 달려 있다는 점을 생각해보자. 이는 새로운 영업 건의 체결, 갱신, 업셀링 그리고 기업에의 고객 지출 증가 등으로 얻을 수 있다. 이 때문에 영업 담당자는 고객의 요구사항에 매우 즉각적으로 반응한다. 제품팀이 같은 목표를 가진 동료라고 생각하지 않는다면 이들은 생존하기 위해서 맞서 싸워야 한다고 생각할 수밖에 없다.

좋은 소식은 프로덕트 모델이 이 문제를 해결할 수 있도록 설계되었고 실제로 이와 같은 문제를 여러 번 해결했다는 점이다. 21장에서 다룬 것과 같이 제품팀과 고객이 형성해야만 하는 관계에 대해서 이해하는 것이 중요하다. 영업 담당자가 제품팀이 만들어야 하는 기능의 요구사항을 수집하는 것은 프로덕트 모델이 추구하는 상황은 아니다. 그러나 프로덕트 모델에서 가장 중요하게 생각하는 것은 고객의 만족도를 끌어올리고 이들이 직접 다른 사람에게 제품을 추천하게 하는 것이다. 제품팀은 영업팀과 협업해야만 어떤 고객이 이와 같은 이상적인 고객인지 알 수 있으며 잠재적으로 이상적인 고객이 될 법한 사람을 개발할 수 있다. 제품팀이 이런 이상적인 고객층을 확보할 수 없으면 영업팀의 업무는 더더욱 어려워질 것이다. 이는 영업팀의 제품팀에 대한 불신을 가중시킬 뿐이다. 이러한 상황이 계속되면 영업이 무엇이든 판매할 수 있도록 고객 맞춤형 제품을 제공하는 상황으로 이어진다.

변화를 일으키려면 제품팀과 영업팀 사이의 신뢰를 구축해야 하는데, 이를 실현하는 방법은 기존 고객과 잠재 고객을 함께 만나 유의미한 시간을 보내는 것이다. 이는 제품팀 조직장과 영업팀 관리자에서부터 시작되는데, 최종 목표는 프로덕트 매니저와 영업 담당자들에게도 이러한 관계를 확산시키는 것이다.

영업 담당자는 제품팀이 어떻게 고객의 문제에 대한 성공적인 해결 방안을 찾아내는지 그리고 이따금 고객 입장에서는 전혀 해결 방안을 떠올릴 수 없었던 문제마저 해결해내는 과정을 볼 수 있다. 제품팀은 영업팀이 어떻게 효과적으로 시장 진입 전략을 활용하여 구매자, 여러 종류의 사용자, 인플루언서, 승인자를 이해하는지를 지켜보면서 구매와 제품을 효과적으로 사용하기 위해 영향을 미치는 다양한 요소를 확인할 수 있다.

제품팀과 영업팀이 긴밀하게 협력할 수 있다면 제품은 더더욱 시장이 원하는 모습을 갖출 수 있을 것이다. 여러 잠재 고객을 대상으로 업무를 진행하는 것은 제품팀이 다양한 고객층 간 공유하는 공통의 특성과 각기 개별 특성을 파악하는 데 도움이 된다. 이러한 작업은 결과적으로 많은 고객에게 부합하는 하나의 기능이나 제품을 만들어 출시하는 것까지 이어질 수 있다.

앞서 이야기한 것 중에서 쉬운 것은 하나도 없다. 리스크가 있거나 복잡해서라기보다는 제품팀과 영업팀 모두 노력을 해야 하기 때문이다. 하지만 기꺼이 시간을 투자해서 노력할 의지가 있다면 돌아오는 보상은 작지 않다.

제품팀은 마케팅팀의 도움을 받아 제품에 대한 고객 만족도를 끌어올리고 이들이 직접 제품을 홍보하게까지 하는 다양한 기법을 터득했다. 같은 맥락에서 영업팀에 프로덕트 모델을 적용했을 때 또 다른 변화를 예상할 수 있다. 대부분의 이전 모델에서는 영업팀이 유일하게 고객을 중심에 두는 조직으로 성과나 포상이 모두 매출 중심으로 이루어져 있었다. 프로덕트 모델에서는 영업팀에게 진정한 의미의 동료가 생기는데 제품팀 역시 고객 중심으로 일하고 성과 중심의 평가를 받기 때문이다. 프로덕트 모델이 무사히 안착된다면 제품팀과 영업팀은 최고의 파트너십을 구축할 수 있다.

CHAPTER

23

프로덕트 마케팅팀과의 협업

제품팀과 가까운 파트너 중 하나는 **프로덕트 마케팅 매니저**product marketing manager, PMM다. 프로덕트 모델에 효과적으로 동작하기 위해 프로덕트팀과 프로덕트 마케팅팀의 협력은 필수적이다. 몇몇 회사에서는 제품팀이 운이 좋아서 오로지 그 제품팀과만 협력하는 PMM과 짝지어 일하기도 하지만, 대부분의 경우에는 여러 제품팀이 PMM 여러 명과 함께 일하는 구조를 띤다. 이런 방식으로 협업하는 이유는 팀 구성과 동일하게 프로덕트 마케팅팀을 구성하는 것은 효율적이지 않기 때문이다. 제품팀을 전담으로 하는 PMM이 있든지 1명 이상의 PMM을 공유하든지 프로덕트 매니저는 연락을 취하고 필요한 관계를 형성하길 바랄 것이다.

현시점에 무슨 일을 하고 있느냐에 따라서 PMM과의 상호작용의 내용이나 빈도가 바뀌겠지만, 기본적으로는 서로 다른 다양한 종류의 상호작용을 한다. 프로덕트 마케팅과의 협업이 어떤 내용일지에 대하여 직관적으로 상상해볼 수는 있겠지만, 튼튼하고 효율적인 협업관계가 가지는 깊이와 효용에 대해서 알게 되면 놀랄지도 모른다. 프로덕트 모델에서 추구하는 것은 다음과 같다.

시장 파악과 경쟁사 분석

제품팀이 다양한 시장을 이해하는 과정에서 PMM은 업계 분석가, 시장에 대한 통찰, 경쟁사 조사를 포함한 다양한 분야에 대하여 도움을 제공한다. 또한 새로운 경쟁사, 기술을 학습한다면 이 정보를 제품팀과 프로덕트 마케팅팀이 공유할 수 있다. 시장 현황을 파악하는 과정에서 뛰어난 협업의 예로는 경쟁사의 새로운 제품을 살펴보고 이에 대응하는 방안을 영업팀에 제안하는 것이 있다.

제품의 시장 진입

제품 출시는 제품팀과 PMM의 협업에서 가장 중요한 영역이다. 기존 시장을 목표로 하는 기능이나 제품을 새로이 구현하거나 새로운 시장에 기존 제품을 소개할 때, 특히 새로운 시장에 새로운 제품을 선보일 때는 뛰어난 제품을 만드는 것만으로는 성공할 수 없다. 제품을 어떻게 고객에게 효과적으로 전달할 것인지, 즉 **제품의 시장 진입** 역시 중요하다. 당신의 PMM 파트너는 시장 진입 기법에 대한 전문가이고, 제품이 시장의 요구사항에 부합하도록 제품을 발전시키는 과정에서 제품팀과 프로덕트 마케팅팀은 협업하여 수많은 제약을 함께 헤쳐나간다. 제품의 시장 진입 전략을 수립하면 PMM은 각 제품팀이 세세한 전략과 그 맥락을 이해하도록 노력한다. 점차 제품에 변화가 있을 때에도 프로덕트 매니저는 PMM과 상의하여 제품 시장 진입 전략을 기반으로 하는 메시징과 포지셔닝에 대하여 상의할 것이다.

제품 주요 결정사항

제품 발견 과정 전반을 통해 제품에 대한 결정을 하게 되는데 그중 많은 부분을 PMM 파트너와 상의할 것이다. PMM은 타깃 시장에 대한 깊은 이해를 바탕으로 제품의 시장 진입 전략에도 해박하기 때문에 제품팀이 중요한 결정을 할 때 PMM의 견해도 반영한다면 좋을 것이다. 제품의 시장 진입 전략은 성공적인 제품 결정을 하기 위해 반드시 고려해야 하는 사항이다.

고객 발견 프로그램

고객 발견 프로그램은 새로운 제품을 구현하거나 기존 제품을 새로운 시장에 소개할 때 효과적인 방법이다. 이 기술은 제품팀과 프로덕트 마케팅팀의 협업을 바탕에 둔다. 이 기법에 대해서는 《인스파이어드》에서 확인할 수 있는데, 타깃 시장의 잠재 고객을 구분해내고 몇 명을 선정하여 긴밀하게 협업하는 과정을 포함한다. 프로덕트 마케팅팀, 영업팀과 함께 고객을 선정하여 인터뷰하고 이들의 요구사항을 충족하기 위한 해결 방안을 모색하고 구현하여 시연하기도 한다. 프로덕트 매니저와 프로덕트 마케팅 매니저는 이 프로그램 전반에 걸쳐 함께 업무를 진행한다. 프로덕트 매니저는 새로이 확인한 사실을 제품에 적용하고 프로덕트 마케터는 이를 시장 진입 전략, 영업용 대외 자료나 영업 절차에 반영한다.

메시징과 포지셔닝

제품이 매일매일 변화함에 따라 그 변화가 메시징과 포지셔닝에 담기는 경우도 있다. 메시징과 포지셔닝에 대한 변화는 때로는 의도적이기도 하고 그 변화가 제품에 반대로 영향을 미치는 경우도 있다. 프로덕트 매니저나 프로덕트 디자이너는 PMM과 상의하여 새로운 기능이 고객에게 알려지고 전달되어 결과적으로는 채택될 수 있도록 해야 한다.

고객 영향 측정

끊임없는 소규모의 출시와 같은 제품 구현 기술을 사용하면 하루에도 몇 번씩 변화가 생기지만, 고객, 영업팀 또는 고객지원팀에 중대한 영향을 미치는 변화가 있다. PMM과 협업하여 이러한 변화가 다가와도 놀라지 않고 대응할 수 있는 준비를 마친 상태여야 한다. PMM 파트너가 이제 막 변경사항을 파악하여 준비가 되어 있지 않다면 변경을 보류하거나 적절한 출시 인프라를 갖추었다면 고객이 그 변화를 인지하지 못하게 출시를 하고 PMM이 준비가 되었을 때 출시를 할 수도 있다.

가격 책정과 패키징

프로덕트 모델을 따르는 대부분의 기업에서 제품팀은 가격 책정과 패키징에 대한 결정을 프로덕트 마케팅팀에 일임하곤 한다. 이는 많은 프로덕트 마케팅팀이 가격 책정 전문 기업과 긴밀하게 협업하기 때문이기도 하고, 가격 책정이 제품팀보다 더 세밀한 수준에서 이루어져 프로덕트 마케팅 업무와 더 잘 부합하기 때문이기도 하다. 제품팀은 가격 결정에 필요한 적절한 정보를 제공하지만 이상적인 가격을 최종적으로 결정하기까지는 보다 다양한 요소가 반영된다.

영업 활성화

많은 제품팀이 각기 PMM에게 정보를 공유하지만 PMM은 제품에 대한 설명 자료와 영업 담당자가 필요한 다양한 영업용 대외 자료에 대한 책임을 진다. 프로덕트 매니저가 PMM과의 관계를 공고히 하는 데 시간을 할애한다면 제품팀은 PMM이 가지는 제품 기능과 맥락에 대한 이해 수준에 만족할 것이다. 이와 같이 협업할 수 없다면 수많은 업무가 프로덕트 매니저의 몫으로 돌아온다. 이 때문에 숙련된 프로덕트 매니저는 PMM에게 맥락을 설명하는 데 시간을 할애하고 이것이 결과적으로 효율적으로 업무시간을 쓰는 것이라는 걸 알고 있다. 프로덕트 마케팅의 정보에 대하여 더 알고 싶다면 마르티나 라우쳉코Martina Lauchengco가 쓴 SVPG 책인 《러브드LOVED》(제이펍, 2023)를 참고해도 좋다.

재무팀과의 협업

재무나 투자자와의 관계는 제품팀의 업무 중 매우 중요한 부분인데, 그 이유는 그 분야의 협업을 이들 이외에 함께할 수 있는 사람이 없기 때문이다. 기업은 판매하는 제품에 의존하고, 제품팀은 재무팀에 의존한다. 다른 분야와 마찬가지로 효과적인 협업의 핵심은 공감대 형성, 상대방의 요구사항과 제약사항에 대해서 이해, 의견보다는 데이터를 제공하는 것에 있다.

재무팀 관리자와 제품팀의 관리자는 프로덕트 모델로 전환해야 하는 이유를 이해하고 공감해야 한다. 데이터를 보고 현재의 모델이 재무 계획의 예측력을 높이는 데 기여하지 않는다는 것을 짚어내는 것이 시작이다. 이에 대해서 의문이 드는 지점이 있다면 이전 분기의 결과를 바탕으로 사업이 어떻게 다르게 운영되고 있는지를 예시로 살펴본다. 이전 모델은 기회비용은 말할 것도 없이 너무나 불필요한 비용과 시간을 쓰는데 반해 내는 성과는 미미하다는 것을 인정하는 것도 중요하다. 보통 이런 사실은 명확하다. 중요한 것은 그래서 뭘 해야 더 나아질 수 있느냐하는 것이다.

프로덕트 모델 검증

프로덕트 모델을 적용해보고 이를 도입한 다른 회사와 같이 개선된 결과를 가져올 수 있을지 확인해보자. 이전 모델에 대한 조직 내 불만도와 새로운 모델을 도입해야 하는 시급도에 따라 새로운 모델을 적은 수의 제품팀에 적용하여 보수적으로 시작하거나 보다 적극적으로 시도해볼 수 있다. 프로덕트 모델로 전환하는 데 성공한다면 고객도 기뻐하고 사업적 성과도 개선될 뿐만 아니라 기술 기반 기업이라면 업계 내 평판도 올라서 다른 투자자의 관심을 끌 수 있다는 점도 짚으면 좋다.

제품팀과 재무팀의 협업

프로덕트 모델로 전환하면 제품팀과 재무팀이 상호작용하는 방식도 일부 바뀌게 된다. 제품팀은 기능과 로드맵을 핑계 삼지 않고 다음 기능을 통해서 보다 나은 결과를 내고자 노력한다. 제품팀은 사업 성과를 만들어내지도 않고 결과 측정이 불가능할 때 이에 대한 변동도 하지 않을 것이다. 대신에 제품팀은 기업이 평가받는 것과 같은 방식으로 사업 성과를 기준으로 평가받고자 한다. 기업이 새로운 제품을 출시하면 사업 성과를 토대로 평가받는다. 기업이 새로운 기능을 출시하면 그 가치와 사업적 효과로 평가받을 것이다. 제품팀이 고객이나 기업의 문제를 해결하기로 결정했다면, 목표를 달성하기 위해 새로운 기능 하나, 여러 기능, 또는 완전히 다른 해결 방안을 시도하며 도전할 것이다. 최종적인 성과는 사업 결과로 평가될 것이다.

제품팀은 모르는 것은 모른다고 인정할 것이고 알 수 없는 것 또한 곧이곧대로 밝힐 것이다. 확실한 답변이 필요할 때에는 데이터를 바탕으로 필요한 테스트를 진행하여 정보를 토대로 하는 사업적 결정을 가능하게 할 것이다. 예산에 대한 증액과 관련된 요청이 있다면 그 요청에 대한 근거가 담긴 투명한 분석 자료를 제공한다. 큰 규모의 예산 증액 요청을 하기보다는 제품팀은 필요한 데이터를 수집하기 위해서 낮은 비용의 테스트부터 시작할 것이다. 이후 보다 큰 규모의 예산을 요청할 때에 이런 투자의 근거가 되는 수치를 함께 제시할 것이다. 회사가 결과물이 반드시 필요한 일정이 있다면 제품팀은 무결성 약속을 보장하는 업무 절차를 거칠 것이다. 시간은 조금 더 걸릴 수 있지만 각 팀이 책임질 수 있는 날짜이므로 이 일정은 반드시 지킬 수 있을 것이다. 프로덕트 모델의 유의미하고도 끊임없는 혁신을 통해 제품팀은 재무팀과 투자자들에게 투자가 실제 성과로 나타나고 있다는 것을 증명할 수 있을 것이다.

재무팀에게 제안

튼튼한 협력관계가 힘을 발휘하기 위해 제품팀이 재무팀에 몇 가지 제안을 할 수 있다.

- 프로젝트 단위로 예산을 편성하기보다는 한 분기 혹은 그 이상의 기간 동안 특정 분야 또는 사업 성과에 집중할 수 있도록 인원을 제품팀에 배치하기를 요청한다. 제품팀은 실시간 사업 성과를 제공하여 분기마다 결과를 확인할 수 있게 할 것이다.

- 프로덕트 모델로 전환하려면 새로운 직무 능력이 필요하다. 대부분의 경우에는 기존 임직원이 코칭을 받고 훈련할 수 있으나 이것이 불가한 경우에는 기존 인원을 신규 인원으로 대체하는 방안을 제안할 것이다. 이 과정에서 상기할 것은 프로덕트 모델로의 전환은 설령 외

주 인력을 내부 인원으로 새로이 채용한다고 하더라도 결과적으로는 비용 효율적이라는 것이다.

- 기능과 프로젝트를 출시하는 것으로 평가받기보다는 제품팀은 사업 성과를 통해 평가받기를 원한다. 이런 평가 척도의 전환을 이루려면 제품팀은 테스트를 해보기 위한 예산과 목표에 가장 부합하는 기능과 프로젝트를 선별하는 과정을 필요로 한다. 이와 같은 세부적인 내용은 제품팀에 맡겨주기를 제안한다.

- 마지막으로 제품팀은 재무팀이 출시 일정에 대한 요청을 가능한 최소화하기를 원한다. 일정 중심으로 결정하는 것은 그 업무가 본질적이지 않고 시간만이 중요하다는 의미이므로 조직에 해가 될 수 있다.

제품팀과 재무팀이 함께 효과적으로 협업한다면 투자한 한 푼 한 푼의 최대의 가치를 이끌어내는 동시에 재무적인 위험을 그 어느 때보다 책임감 있고 효과적으로 관리할 수 있을 것이다.

CHAPTER 25

이해관계자와의 협업

여기서 이해관계자라는 표현은 명시적으로 제품팀 구성원은 아니지만 사업 또는 고유 영역에 대한 전문성을 대표하는 동료를 지칭한다. 프로 덕트 모델로의 전환 그 자체가 사업 이해관계자의 역할에 큰 변화를 의 미한다는 것은 부정할 수 없다. 일부 이해관계자는 과거의 업무 진행 방 식에 크게 실망해서 새로운 방식을 시도하는 데 너무도 적극적이다. 반 면 어떤 이해관계자는 사업을 진척시키기 위해 본인이 기능이나 제품 납 기를 책임져야 한다고 느끼지만, 예전에 가졌었던 기술 인력에 대한 통 제권은 잃었다고 생각한다. 그리고 일부는 관망하는 태도를 취하기도 한다. 하지만 모든 경우에 대하여 이전 모델의 기술 인력은 자신의 요구 사항을 충족시키는 역할을 수행했지만, 이제는 직접적으로 고객의 요구 사항을 처리하는 방식으로 근본적 변화가 이루어졌다는 것을 깨닫게 된 다. 프로덕트 모델은 제품팀이 이해관계자와 협력관계를 구축하는 것을 지향한다. 제품팀은 더 이상 이해관계자의 하위 조직이 아니지만 여전히 의존해야 할 부분이 있다. 현업에서는 이해관계자와 프로덕트 매니저가 서로 신뢰관계를 형성해야 한다는 의미다.

임파워드 제품팀은 고객을 만족시키면서도 사업에 득이 되는 방식으로 문제를 해결한다. 고객이 만족할 법한 해결 방안을 찾는 것은 제품팀이 사용자나 고객 그리고 제품 데이터에 대한 직접적인 접근 권한이 있다는 가정하에 그렇게 어려운 일이 아닐 수 있다. 하지만 고객이 만족하는 동시에 사업의 서로 다르면서도 도전적인 목표를 달성하는 것은 그리 쉽지 않다. 모든 해결 방안이 적절한 마케팅을 통해 판매되고 효과적인 서비스가 이루어지고 있는지 확인해야 한다. 제품에 자금을 조달할 수 있어야 하고, 해당 제품을 효과적으로 수익화할 수 있어야 한다. 다시 말해 제품을 운영할 수 있어야 한다. 또한, 당신은 제품이 관련 규제사항, 개인정보보호 관련 법령과 제휴사와의 계약 등을 준수하며 사람과 환경에 의도치 않은 부정적 영향을 끼치지 않도록 주의를 기울여야 한다. 물론 이 모든 것을 당신 혼자 하는 것은 불가능하다.

하지만 그 어떠한 제품을 만들든지 말 그대로 수백 또는 수천 가지의 결정이 필요하다는 걸 우리는 알고 있다. 모든 결정사항마다 모든 관련 이해관계자를 불러 모으는 것은 시간과 비용의 낭비일 뿐만 아니라 이런 유의 회의가 효과적이지 않다는 것도 이미 다들 알고 있다. 혁신을 하기 위해서는 고객과 직접적인 상호작용이 필요하고 구현 기술에 직접 닿을 수 있어야 한다. 이해관계자가 제품팀과 상호존중을 바탕으로 하는 신뢰관계를 구축하려면 모든 제품팀에 유능한 프로덕트 매니저를 배치하여 사업의 다양한 제약사항을 이해하고 이해관계자의 협업 파트너 역할을 수행할 수 있도록 제품팀 조직장이 채용을 하는 것이 가장 중요하다. 이해관계자에게 이와 같은 기반이 없는 프로덕트 매니저를 믿으라고 하는 것은 현실적이지 않을뿐더러 효과적이지도 않다.

많은 프로덕트 매니저가 제품팀에 소속되어 사업적 제약사항을 다루긴 하지만, 사업 영역에 대해서 심도 깊게 이해하는 프로덕트 매니저는 많지 않다. 따라서 각 프로덕트 매니저는 직접 관련 이해관계자와 협업하며 다양한 시장 제약사항과 요구사항을 숙지하겠다는 약속을 할 수 있어야 한다.

나아가 제품팀은 지식을 습득하고 신뢰를 쌓기 위해 시간이 걸린다는 것을 알고 있다. 특정 이해관계자에 영향을 미칠 수도 있는 해결 방안을 구상할 때에는 프로덕트 매니저는 그 잠정적인 해결 방안을 이해관계자에게 선보여 이 변화가 내포하고 있을 추가적인 의미를 따져본 뒤에야 비로소 팀이 구현할 수 있도록 하는 것이 좋다. 만약 프로덕트 매니저가 다양한 제약에 대하여 이해하고 있다면 이해관계자는 몇 분만 시간을 투자해 살펴본 뒤에 그 방안에 동의할 수도 있다. 하지만 문제가 있다고 하더라도 제품팀은 다시 프로토타입을 만들어 이해관계자가 그들의 우려를 해소하고 사업에 득이 되는 방향이라고 공감할 때까지 테스트해볼 수 있다.

때때로 이와 같은 작업은 쉬울 수도 있다. 그러나 고객이 만족하면서도 각기 다른 요구사항을 가진 여러 이해관계자를 위한 해결 방안을 도출하기 위해 수많은 수정 작업을 거쳐야 할 수도 있다. 모두의 요구사항을 반영한 해결 방안은 이해관계자 모두가 불가능하다고 생각했던 방안일 수도 있다.

보통 프로덕트 매니저는 달성하고자 하는 사업 목표를 위해 정진한다. 제품팀은 고객이나 회사가 마주한 문제를 해결하는 것이 단순히 기능 출시로만 가능하다고 생각하지 않는다. 제품팀은 성취하고자 하는 목표를 달성하는 데 헌신한다. 다만 사업의 필수적인 요구사항을 충족시키지 않는 기능은 구현하지도 당연히 출시하지도 않는 것을 전제로 한다. 만약 사업적인 관점에서 무의미한 기능을 구현했거나 고객에게 이미 선보인 최악의 상황이 벌어졌다면 제품팀은 이 해결 방안을 가능한 빨리 수정하고 왜 그러한 오류가 발생했는지 파악함으로써 다시 반복되지 않도록 하고자 노력한다.

프로덕트 매니저는 이해관계자의 노력을 존중하고 신뢰를 얻고자 한다. 그리고 투명하게 정보를 공유하기 위해 노력한다. 이해관계자들이 프로토타입을 함께 확인하고 사용자나 고객을 대상으로 하는 테스트에 참여하고자 한다면 이는 환영받을 것이다. 함께 일할 때 제품팀도 이해관계자도 고객이나 기업이 직면한 문제를 고객이 상상도 못 한 방법으로 해결할 수 있을 것이다.

CHAPTER 26

경영진과의 협업

현재의 조직 문화에 따라 프로덕트 모델로 전환하는 과정이 경영진이 제품팀이나 제품팀 조직장들과 어떤 방식으로 상호작용하는지에도 영향을 줄 수 있다. 프로덕트 모델로 전환하는 과정에서 근본적인 조직 문화의 변화가 필요한 경우가 자주 있는데 대표적으로 톱다운, 지시와 통제를 토대로 하는 리더십 스타일 경우 더욱 그러하다. 어떤 변화가 필요한지에 대해서 이야기할 때 주로 제품팀이나 기술 조직 내의 변화를 이야기하게 되는데, 혁신의 일면은 경영진이 제품팀과 어떤 관계를 형성하는지와 어떻게 상호작용하는지에 달렸다.

제품팀 조직장과 제품팀이 경영진에게 '제발 한 발짝 물러나서 제품팀이 할 일을 좀 하게 내버려둬요'라고 말만 하면 되는 쉬운 일이라고 믿고 싶어 하지만, 이는 경영진이 회사를 책임감 있고 효율적으로 운영해야 하는 현실을 무시하는 판단이다. 결정권을 제품팀에 이양하려면 제품팀 역시 전략적인 맥락을 정확히 이해하고 있어야 하고 이 맥락의 대부분은 경영진으로부터 시작된다.

따라서 상호작용 자체를 줄인다는 접근보다는 프로덕트 모델에서는 제품팀과 경영진 간의 빈번하고도 질적으로 우수한 상호작용이 필요하다. 이 과정에서 경영진과 제품팀 간의 상호작용의 본질이 무엇인지에 대해서 생각하게 된다. 당신은 경영진에게 회사를 운영하는 데 필요한 정보를 제공하고, 경영진 쪽에서는 제품팀 조직장과 제품팀이 할 수 있는 일을 하도록 권한을 위임하는 방식의 상호작용을 원할 것이다. 우리는 이와 같은 건설적이고도 효과적인 의사소통 구조가 가능해질 수 있는 기법 몇 가지를 발견했다.

의사결정

프로덕트 모델의 근간 중 하나는 의사결정권을 제품팀 조직장이나 제품팀에 위임하는 것인데 이들이 최선의 답을 줄 수 있기 때문이다. 보통 이들은 기능이나 제품을 구현하는 기술을 다루거나 사용자나 고객과 직접 대면하는 사람들이다. 하지만 이들이 좋은 의사결정을 하기 위해서는 이에 걸맞은 전략적 배경을 공유하고 있어야 한다. 경영진이 보다 광의의 전략인 사업 전략, 재무지표 현황, 규제 상황의 변화, 업계 트렌드와 전략적 파트너십 등에 대하여 설명해줄 수 있어야 한다. 제품팀은 경영진에 의존하여 이와 같은 관련 전략 맥락을 가능한 많이 파악하고 좋은 의사결정을 하기 위한 정보를 수집한다. 경영진은 제품팀 조직장과 제품팀이 투명하게 정보를 공유하고 각 의사결정 과정에 쓰인 논거를 전달받기를 원한다.

성과

제품팀은 성과가 중요하다는 것을 알고 있다. 제품팀은 언제나 결과보다는 성과에 대하여 설명할 수 있기를 기대받는다. 하지만 이는 제품팀이 이미 결정된 잠재적 해결 방안을 구현하라고 지시받을 때가 아니라 해결할 문제를 할당받을 때에 가능하고 바르게 동작할 만한 해결 방안을 모색하는 동기부여가 된다. 최선의 해결 방안을 찾는 과정에서 제품팀은 경영진이 가능한 폭넓은 선택의 자유를 제공하기를 기대한다. 제품팀은 문제에 대한 해결 방안을 찾아낼 책임감에 의거해 고객을 만족시키고 사업에 득이 되는 동시에 기술적으로 구현 가능한 방법을 찾고자 노력한다.

반대 의견

제품팀은 경영진이 데이터에 대한 가장 광범위한 접근 권한을 가지고 있으며 사업 맥락에 대한 이해가 가장 뛰어나다는 것을 알고 있다. 그러나 제품팀은 기술과 제품을 매일매일 사용하는 실제 사용자와 고객과의 거리가 가깝다. 제품팀은 의견에 차이가 있을 수 있다는 관점을 수긍한다. 이전 모델에서는 반대 의견과 직관적이지 않은 아이디어를 더 탐구해보지 않았고 혁신이 이어지지 않았다.

반면 프로덕트 모델에서는 직관에 반하는 통찰이 이따금 혁신으로 이어지기도 한다. 중요한 과제가 있다면, 제품팀이 이를 더 빠르게 테스트하고 필요한 증거를 책임감 있게 수집할 수 있도록 돕는 것이 중요하다. 제품팀은 경영진이 성공에 필요하다고 판단하는 경우, 다른 접근 방식을 탐색하고 정교화하는 데 주도적인 역할을 한다. 만약 제품팀이 리스크를 내포한 제안을 한다면, 책임감 있게 제품 발견 과정을 통해 이를 검증하고, 그 과정에서 얻은 배움을 기반으로 증명해 나갈 것이다.

약속

어떤 기능에 대해서는 경영진이 구체적인 출시 일자를 알아야만 하는 경우가 있다는 걸 제품팀도 이해하고 있다. 제품팀은 출시 일정에 대해 무결성 약속으로 지켜야 한다. 제품팀은 지키겠다고 선언한 약속이 이행되지 않았을 때 조직이 피해를 입는다는 걸 잘 알고 있다. 제품팀은 제품팀 스스로가 그 일정을 도출할 수 있도록 환경을 구성하며 그 일이 어떤 맥락에서 진행되는지와 성공하기 위해서의 필수적인 요소가 무엇인지를 알 때만 이와 같은 약속을 할 수 있다는 전제를 바탕으로 한다. 제품팀은 이와 같은 과정을 거쳐 결정되는 출시 일정은 예외적인 상황으로 여기는데 이와 같은 방식으로 업무를 진행하면 비용이 무척 커질 수 있기 때문이다. 하지만 일단 제품팀이 이 선언을 한 이후에는 이 일정을 무척 진지하게 받아들이고 반드시 약속을 지킬 수 있도록 최선을 다할 것이다.

놀라움

제품팀은 이따금 예측 불가한 돌발 상황이 생길 수밖에 없다는 것을 알고 있지만 이를 최소화하기 위해서 최선을 다한다. 만약 잠재적으로 문제가 될 만한 요소가 있다면 프로덕트 매니저는 이를 인지하고 영향을 받는 이해관계자나 경영진과 해결 방안을 도출하기 이전에 상의할 수 있도록 해야 한다. 제품팀이 확장성 있는 뛰어난 제품을 만들었는데, 구현하고서야 비로소 그것을 적용할 수 없는 사정이 있다는 것을 알게 되는 것이 조직 내 가장 큰 낭비 중 하나다. 제품팀은 구현 이전 단계에 잠재적인 리스크 요소를 확인하고 이를 경영진과 협의해야 한다. 마찬가지로 제품 발견 단계에서 경영진이 프로토타입을 확인하였을 때 이의를 제기하지 않았지만, 제품 구현 후 고객에게 출시했을 때 심각한 사안이라고 판단하는 건이 있다면 이 또한 자원을 낭비하는 요인일 뿐 아니라 조직에도 실망감을 안겨줄 수밖에 없다. 원인이 무엇이든 간에 제품 구현 후 심각한 문제가 있다고 판단했다면 향후 같은 실수를 피할 수 있는 방법을 찾기 위해 꼭 회고를 해야 한다.

신뢰

제품팀은 권한을 위임받고자 한다면 신뢰받아야 하고 이 신뢰를 얻기 위해 최선을 다해야 한다는 것을 알고 있다. 마찬가지로 제품팀 조직장과 제품팀은 경영진이 회사를 더 발전시켜나가는 방향으로 이끌고 있다고 믿어야 한다. 그 누구도 서로가 완벽하다고 여길 수는 없지만, 제품팀 조직장과 제품팀 그리고 경영진은 서로에게 의지하고 함께 성공할 수 있도록 각자의 위치에서 최선을 다해야 한다.

CHAPTER
27

혁신 사례: 짐패스

마티의 노트 프로덕트 모델로의 획기적인 전환을 통해 혁신을 이룬 사례는 전 세계에 많다. 이 장에서 소개할 브라질 기업의 사례는, 팬데믹이라는 시험대에 올랐음에도 불구하고 사업을 확장하며 놀라운 성과를 거둔 이야기다.

배경

짐패스Gympass는 2012년에 설립된 브라질 기업으로, 고객사의 직원들이 신체활동을 통해 더 건강한 삶을 살 수 있도록 돕는 것을 사명으로 한다. 짐패스는 11개국 5만 개 이상의 체육관과 헬스장에 대한 접근을 기업 직원들에게 제공하는 플랫폼을 운영 중이다. 설립 후 5년 동안, 짐패스는 초기 스타트업에서 800명 이상의 규모로 성장했지만, IT 조직은 매우 작았다. 회사는 주로 엑셀을 사용해 사업을 운영하는 대규모 사업운영팀에 의존하고 있었다.

2018년 짐패스는 효과적으로 기술을 활용하기 위해 혁신이 필요하다고 판단했다. 경영진은 경험이 풍부한 제품 관리자인 호카 토레스Joca Torres를 CPO(최고 제품 책임자)로 임명했다. CTO 그리고 CMO까지 3명의 관리자는 빠르게 기술 조직과 제품 조직을 갖추기 시작했다. 이들은 사업 운영팀의 업무를 자동화하는 것부터 시작했다. 그리고 체육관 관리자와 제품을 사용하는 각 기업의 임직원의 경험을 새롭게 구성했다. 그뿐 아니라 직원이 어떤 효과를 누리는지 인사팀 직원이 확인할 수 있도록 이 경험 역시 새로이 설계했다. 이와 같은 노력은 빠르게 빛을 발해 성과를 거두었으며 2020년까지 탄탄한 궤도를 달리고 있었다.

그리고 그 시기에 팬데믹이 들이닥쳤다. 이로 인해 가장 극심한 피해를 입은 업계 중 하나가 직접 방문해서 이용하는 체육관과 헬스장이었다. 직원들은 사무실에 출근하지도 못했고 체육관에도 갈 수가 없었다. 수많은 체육관과 피트니스 관련 기업이 문을 닫아야만 했다. 이 당시 다른 기업들과 마찬가지로 짐패스의 경영진도 큰 위기를 맞았다. 이들은 기업의 미션인 신체활동의 증진이 그 어느 때보다 중요하다는 것을 알았지만, 접근 방식 자체의 변화를 유의미한 동시에 빠르게 바꾸어야 한다는 것을 알아차렸다.

문제 정의

다행히도 짐패스의 제품팀은 피트니스와 관련된 제품 아이디어를 사용자와 함께 검증해왔고 이를 통해 많은 것을 배웠다. 그래서 적지 않은 수의 고객이 체육관에서의 활동 이외에도 명상, 마음챙김, 건강한 식단, 홈트레이닝과 같은 다양한 형태의 활동에 관심이 있다는 것을 알고 있었다. 제품팀이 해결해야 했던 문제는 짐패스 사용자에게 다양한 실내 신체활동 대안을 제시해서 체육관이나 헬스장에 가지 않더라도 건강함을 유지할 수 있게 하는 것이었다. 제품팀은 전략적으로 이 해결 방안의 일부는 구현하였지만 특정 분야의 서비스 제공 업체와 제휴를 맺었다.

해결 방안 모색

제품팀은 주된 위험 요소라고 판단한 2가지를 다루기 위해서 재빠르게 많은 프로토타입을 제작하고 제품 발견 과정에 심혈을 기울였다.

첫 번째 위험 요소는 사용자에게 새로이 제공하는 해결 방안이 실제로 의미로운지 확인하는 것이었다. 짐패스는 기업 고객의 임직원이 새로운 해결책을 선택하지 않으면, 기업들이 이 혜택에 대한 비용을 지불하지 않게 되는 것은 시간문제라는 것을 잘 알고 있었다. 두 번째 위험 요소는 새로운 제품과 그에 따른 사업 모델이 제휴사와 짐패스 모두에게 실질적인 수익을 창출하면서도 기업 고객의 기대를 만족시킬 수 있어야 한다는 점이었다.

제품 발견 과정의 주된 도구는 다양한 서비스에서 발생하는 사용자 경험을 보여주는 프로토타입이었다. 제휴 서비스와의 결합이 효과적인지를 검증하기 위해서 다양한 프로토타입을 진행했다. 제품팀이 각 위험 요소에 대한 확인을 마쳤다고 판단했을 때 프로토타입이 아니라 제품의 구현으로 빠르게 옮겨갔다. 제품 구현과 출시 외에도 짐패스는 2개월 만에 100명에 달하는 피트니스 전문가를 채용하여 다양한 언어를 구사하는 사용자 모두를 만족시키고자 했다.

결과

짐패스는 4주 만에 10개국에 새로운 제품을 출시하였고 수십만의 사용자를 겨우 수개월 만에 확보하는 성과를 거두었다. 이 일을 해낸 제품팀에는 프로덕트 매니저 1명, 프로덕트 디자이너 1명, 엔지니어 4명이 소속되어 있었으며, 사업 운영 담당자와 프로덕트 마케팅 매니저가 각기 1명씩 이 팀을 전담했다. 영업 조직도 현지 전문가를 채용할 수 있도록 도왔다. 짐패스가 혁신에 이처럼 투자하지 않았다면 사업을 피벗pivot할 역량을 갖추지 못했을 것이고 팬데믹 당시 많은 피트니스 기업과 다르지 않은 결말을 맞았을 수도 있다. 위기를 기회로 삼은 짐패스는 기업 고객수와 이익을 2배 이상 성장시키고 기업가치를 22억 달러 수준으로 끌어올리며 라틴아메리카 지역 기술 중심 기업의 성공 사례 중 하나로 자리매김했다.

PART

VII

전현직자가 들려주는
혁신 사례:
데이터사이트 |
크리스천 이디오디

마티의 노트 크리스천 이디오디Christian Idiodi가 데이터사이트Datasite 의 제품 총

괄로 합류한다는 소식을 들었을 즈음, 나는 이미 그를 몇 년 전부터 알고 지

내왔으며 그가 업계 최고의 제품팀 리더 인재 중 하나라고 생각했다. 나는

크리스천에게 유명 회사의 제품 총괄로 입사할 수 있도록 추천해줄 수 있

다고 이야기해왔지만 그는 오래된, 영업 중심의, 금융 서비스 회사를 최고

의 제품 기반 회사로 바꿀 수 있을지 확인하고 싶어 했다. 나는 그가 뛰어나

다는 것을 알면서도 유독 더 어려운 길을 가려 한다고 이야기했다. 하지만

당신이 크리스천을 안다면 그가 어려운 도전에 주눅 들지 않는 사람이라는

것도 알고 있을 것이다. 그리고 그 외에도 토마스 프레델Thomas Fredell과 제

러마이아 이반Jeremiah Ivan도 그와 함께 회사에 합류하였다. 그리고 이 3명

은 얼마나 큰 변화가 가능한지 다시금 보여주었다.

1968년 로저 메릴Roger Merrill과 그의 아내가 설립한 메릴 코퍼레이션Merrill

Corporation은 미니애폴리스Minneapolis의 산업지구 내에 위치했다. 내가 합류

할 즈음 메릴은 조직 전반적으로 정체성 위기를 겪는 중이었고 절실하게

변화를 필요로 하는 상태였다. 메릴은 가족 운영 기업으로 보수적인 성

향을 띠는 오프라인 사업체였다. 주로 알려진 사업은 재무 문서의 인쇄,

서식 작성 및 출시로 연례 보고서, 투자 설명서, 대리인 진술서와 SEC

구비 서류 등을 다루었다. 메릴은 고객이 문서를 정리하고 보관하며 공

유할 수 있도록 문서 관리 서비스를 제공했다. 문서 캡처, 색인 작성, 보

관, 저장, 관리와 출시를 전반적으로 포괄하는 서비스였다. 이 외에도 기

밀을 포함하는 문서를 안전하게 보관하거나 권한을 가진 사용자와만 공

유하고 관리할 수 있도록 가상 데이터를 안전하게 지키는 서비스도 제공

하였다. 물론 세상이 바뀌었다. 메릴은 변화가 필요하다는 것을 깨달았

다. 이미 외주 인력을 통해 혁신에 도전한 적이 있었지만 처참하게 실패했다. 앞으로 더 나아가기 위해서는 메릴이 이 혁신을 스스로 해내야 한다고 판단한 CEO인 러스티 와일리Rusty Wiley는 토마스 프레넬, 제러마이아 이반과 나를 채용해서 그 일을 맡겼다.

동기

여러 외부 요인이 급변하는 시장 환경에서 메릴이 경쟁 우위를 점하는 것을 막았다.

- **사양산업에의 깊은 의존도:** 메릴 코퍼레이션은 금융산업에 인쇄와 이와 관련된 통신 서비스를 제공하는 데 주력했다. 하지만 디지털 기술의 도입이 빠르게 증가하고 전통적인 인쇄매체 시장이 축소되면서 메릴의 사업구조는 급속도로 쇠퇴해갔다.

- **기술 혁신의 부족:** 메릴은 보유하고 있는 기술의 고도화가 미진하고 새로운 제품을 시장에 선보이지 못하면서 경쟁사에 밀리고 있었다. 이는 근본적으로 회사가 변화하는 고객의 요구사항을 빠르게 알아내지 못한 데에서 비롯되었다.

- **레거시 모델:** 프로젝트 중심의 모델을 채택해서 업무를 수행한 메릴은 혁신의 기회를 놓치고 동기부여를 해칠 수밖에 없는 지휘와 통제 중심의 접근을 고수해왔다.

- **높은 부채:** 메릴은 상당한 규모의 부채를 떠안고 있었는데 이는 재무적인 성과에 부담을 줄 뿐 아니라 새로운 성장 기회에 투자할 수 있는 기회도 막았다.

- **심각한 평판 악영향:** 메릴 코퍼레이션은 데이터 유출과 정보보안 관련 여러 건의 소송과 규제당국의 조사를 받았다. 이와 같은 사건들이 겹쳐 기업의 평판을 해쳤고 고객의 신뢰를 훼손했다.

우리가 입사했을 때 메릴이 겪고 있었던 가장 시급한 문제들이 위와 같다. 우리는 이것이 증상이라고 여겼고 근본적인 원인을 파악하는 데 집중했다.

천천히 움직이는 열차

회사의 구성원들이 생각하기에 메릴 코퍼레이션이 뒤처진 이유는 간단했다. 경쟁사는 더 빠르고 비용이 덜 들며 기술을 활용하는 방법을 알았다. 이는 타당했지만 또 다른 이유도 있었다. 근본적인 문제를 확인하기 위해서 나는 영업 총괄인 더그 컬런_{Doug Cullen}과 많은 시간을 보냈는데, 이내 그는 신뢰할 수 있는 동료가 되었다. 그는 "크리스천, 당신이 메릴에 대해서 가장 먼저 이해해야 하는 것은 이 회사가 영업 중심의 회사라는 거예요. 그리고 우리의 조직 문화도 그것에 뿌리를 두고 있어요. 영업 담당자가 각 고객을 관리하기 때문에 이들이 모든 것을 총괄합니다. 고객 문제를 해결하기로 결정했다면 그건 오직 영업 담당자가 그리 판단했기 때문이에요. 우리가 새로운 기술을 도입하기로 했다면 그것 역시 영업 담당자가 원하기 때문이죠. 영업 조직이 모든 것을 주도하고 다른 사람들은 그저 따를 뿐이에요"라고 말했다. 이것을 강조하기 위해서 더그는 회사가 개발 중인 일곱 번째 버전의 플랫폼과 새로운 경쟁사와 맞서기 위해 구매한 소프트웨어에 대해서 설명했다.

플랫폼 프로젝트를 이끄는 것은 영업이사 중 하나였는데, 이 프로젝트를 인도에 있는 기업과 계약해서 외주로 진행하고 있었다. 플랫폼을 완성하기까지 6년 가까운 시간이 걸렸고 600만 달러 이상의 예산을 쏟아부었다. 마침내 완성이 되었을 때 이 제품은 3만 달러의 매출을 기록했다. 이 예만으로도 한 가지 원인은 명확했다. 영업 조직 내에서 전반적인 결정이 이루어졌고 기술 조직은 그 아래 종속적인 위치에 있었다. 이 구도만으로도 경쟁 상황에서 불리할 수밖에 없었다.

예를 들어 영업 담당자는 주로 개인의 할당량을 중심으로 업무를 진행하고 조직 전체의 전략적인 목표보다는 다른 기회를 우선시할 확률이 높았다. 서로 다른 고객은 마주하고 있는 영업 담당자가 누구인지에 따라서 회사의 각기 다른 관점과 다른 수준의 서비스를 제공받았다. 이는 결과적으로는 회사의 평판에 부정적인 영향을 미치고 고객의 서비스에 대한 충성도에도 마찬가지 현상이 나타났다.

또 다른 문제는 영업 담당자가 각자의 기회와 계약 체결에 집중을 하다 보니 고객층을 아울러 새로운 시장이나 제품 기회를 포착하기에는 부적절한 위치에 놓여 있었다는 점이다. 이는 혁신의 동력을 퇴색시키고 경쟁사가 고객의 요구사항을 파악하고 다루는 동안 회사가 또 한 번 뒤처지게 만들었다.

무력한 용병 문화

메릴의 영업 중심의 문화는 내가 또 다른 기업의 핵심적인 문제를 빠르게 확인할 수 있게 도왔는데 그것은 바로 무력함이었다. 영업과 서비스 조직이 주도적인 역할을 하는 데 반해서 다른 구성원은 용병 취급을 받기 일쑤였다. 엔지니어링은 외주화에 의존했고 의사결정은 톱다운으로 전달되었으며 팀에는 구현해야 할 기능과 프로젝트가 로드맵 형태로 주어졌다.

메릴의 사무실 공간은 채광이 좋지 않았으며 높은 파티션이 설치되어 있어서 팀 구성원들이 고립되고 서로 단절된 분위기를 풍겼다. 이는 구성원 간에 서로 협업하거나 의사소통이 원활하지 못하게 만들었고 결과적으로는 업무에 적극적으로 임하는 동기부여를 방해했다. 위계적인 자리 배치와 함께 사용할 수 있는 공간의 부족으로 사기가 저하되고 활발한 협업은 찾아보기 어려웠다. 메릴의 구성원은 스스로 결정을 내릴 수 있는 권한을 부여받았다는 소속감을 느끼지 못했다. 또한 업무에 대한 주인의식을 느낄 수 없었으므로 위험을 감당하거나 새로운 아이디어를 제시하지 못하고 오히려 거절에 대한 두려움이 더 컸다. 혁신과 창의성은 조직 내에서 솟아나게 마련인데, 이 회사가 급변하는 시장 환경에 적응할 수 있는 능력은 전무했다.

선택과 집중의 결여

23개국에 걸쳐 4000명 이상의 직원을 보유한 메릴 코퍼레이션은 스스로의 힘으로 성장했다기보다는 수년간의 인수를 통해 몸집을 불려왔다. 메릴이 보유한 자산의 포트폴리오는 전반적으로 수익을 내는 중이었지만, 서로 결합하여 긍정적인 효과를 일으키거나 어떤 지향을 가진 편성은 아니었다.

영업 조직은 고객에게 판매할 보다 먼 미래에 대한 구상보다는 개인적인 인간관계와 서비스에 크게 의존했다. 메릴에는 명확한 비전이나 전략이 없었고, 어디로 향할지에 대한 명확한 방향성이 부재했으며, 그 목표까지 어떻게 다다를 것인가에 대한 계획도 명확하지 않았다. 구성원이 무엇을 해야 하는지 이해하지 못했고, 개인의 노력이 어떻게 기업 전체의 성공에 기여하는지도 알지 못했다.

메릴이 어떤 제품과 서비스에 투자해야 할지, 어떤 시장을 타깃으로 삼을지 그리고 어떤 과업이 우선순위가 높아야 할지에 대해서도 결정하지 못했다. 핵심 사업에 대한 집중을 하지 못해 메릴의 시장점유율은 감소하기 시작했다.

이때 새로운 경쟁자인 워키바Workiva가 등장하여 고객에게 현대적인 클라우드 기반의 해결책을 제시했다. 이는 메릴에게는 경각심을 불러일으키는 사건이었다. 고객들이 잇따라서 분기 보고서를 관리하기 위해 워키바를 사용하기 시작하면서 메릴은 시장에서의 입지를 유지하고 싶다면 변화해야만 한다는 것을 깨달았다. 하지만 변화라는 게 구체적으로 무엇을 의미하는가?

프로덕트 모델로의 전환

우리는 우리가 어떻게 제품을 구현하는지, 제품 발견 과정의 진행 방식과 어떻게 집중하는지와 같이 모든 수준에서의 근본적인 변화가 필요하다는 걸 알았다. 오랫동안 영업 중심의 문화로 운영해온 메릴 코퍼레이션에게 이는 근본적이고도 심층적인 변화를 의미했다. 디지털 시대에 문을 연 회사에게 기술은 사업과 분리할 수 없는 분야이자 기술이 곧 사업 그 자체였다. 하지만 메릴 코퍼레이션은 정확하게 그 반대였다. 메릴은 영업 중심의 기업이고 수익의 창출을 좌지우지하는 것도 영업팀이었으며 기술의 역할은 영업 조직의 요구사항에 부응하는 것이었다. 새로운 모델이 성공하려면 기술은 더 이상 영업에 종속되어서는 안 된다. 대신 고객을 만족시키기 위한 중요한 역할로 나서는 동시에 문제를 해결하고 또 해결 방안을 구현해낼 수 있어야 한다.

제품 구현 방식의 변화

장기간 투자 부족과 외주 인력의 과도한 활용으로 인해 기존 레거시 플랫폼은 불안정하고 낡은 데다가 시장의 요구를 충족하지 못하는 상태였다. 회사는 문제 해결뿐만 아니라 새로운 기회를 잡고 경쟁사의 압박을 이겨내기 위해서도 빠르게 대응할 수 있는 현대적 플랫폼에 재투자가 필요하다는 것을 인식했다.

메릴에게 적합한 해결 방안은 레거시 시스템으로부터 마이크로서비스 기반의 현대적인 설계로 옮겨가는 것이었다. 많은 오래된 기업이 이와 같은 문제를 가지고 있는데, 이러한 상황을 타개할 수 있는 능력을 가진 기업이 드문 것도 사실이다. 다행히 토마스는 제품 조직을 운영하도록 나를 채용했을 때 탁월한 엔지니어 총괄인 제러마이아 이반도 채용했는데, 제러마이아와는 우리 둘 모두 함께 협업을 한 적이 있었다. 우리는 당장 고객의 요구사항을 만족시킬 수 있을 뿐만 아니라 우리가 앞으로 나아갈 수 있도록 새로운 기능을 빠르게 실험하고 출시할 수 있는 플랫폼을 필요로 했다.

속도의 필요성

메릴의 관점에서 현대적인 플랫폼으로 변화하는 것은 단순히 빠른 출시를 목표로 할 뿐만 아니라 문제를 빠르게 포착하고 신속하게 해결할 수 있는 것을 의미했다. 이것이 얼마나 중요했는지를 강조하기 위해서 파국을 맞을 수도 있었지만 혁신의 변곡점이 된 순간에 대해 이야기해보려고 한다.

이른 아침 우리의 가장 중요한 고객 중 하나로부터 전화가 왔다. 이 고객은 우리 시스템에서 보안상의 오류를 발견했고 이로 인해서 격분한 상태였다. 이 오류는 무척 심각했기 때문에 고객이 우리와의 계약을 취소하겠다고 으름장을 놓는 지경에 이르렀다. 비상사태를 야기한 이 통화는 나에게까지 전달되었다. 나는 곧바로 영업 총괄과 CEO에게 이 같은 사실을 공유하고 이들에게 고객사의 CEO로부터 전화를 받을 준비를 해달라고 요청했다. 동시에 엔지니어링 부사장vice-president에게 연락해서 이 문제에 대해서 공유했다. 한 시간도 채 지나지 않아 엔지니어팀은 문제를 파악하고 수정했으며 검증하고 수정사항을 출시했다.

10시에 다시 전화를 걸어온 고객은 불평이 아닌 사과를 했다. "우리는 시스템에 문제가 있다고 생각했습니다"라고 말문을 연 그는 "하지만 저희가 착각한 것으로 보이네요. 귀사의 CEO와의 통화는 필요 없습니다. 아무런 문제가 없으니까요"라는 말로 마무리를 지었다.

나는 러스티에게 두 번째 통화 내용을 공유했다. 그는 안도하는 동시에 흥분했다. 그는 기술과 인력에 대한 투자를 하고 있었지만 그의 관점에서는 아직 실질적인 효과를 확인하지 못하는 상태였는데 변화를 실감한 것이다. 내 이름을 부른 그는 "조직이 새로운 능력을 갖추게 되어서 문제를 파악하고 진단할 수 있다는 게 무척 인상적이에요. 우리가 문제를 해결할 수 있다는 점도 놀랍습니다. 하지만 나에게 더 놀라운 것은 엔지니어팀이 고객의 요구사항에 대하여 그들이 할 수 있는 한 빠르게 대응할 수 있었다는 점이에요"라고 차분히 심경을 밝혔다. 러스티가 옳았다. 이와 같은 문제 해결의 중요성은 비단 고객의 문제를 해결했다는 점뿐만 아니라 이 회사가 새로이 심으려고 시도한 기술과 업무 절차의 변화를 상징하는 순간이라는 점에서 확인할 수 있다.

- 온프레미스에서 클라우드 기반 플랫폼으로의 변화
- 워터폴에서 애자일로의 개발 방식 변화
- 단일 플랫폼에서 독립적인 마이크로서비스로의 변화
- 소규모의 잦은 출시(CI/CD)로의 변화

이 새롭고도 최적화된 환경을 구축한 덕분에 서비스의 안정성을 향상시키는 동시에 믿을 수 있는 수준의 서비스를 출시할 수 있는 기반을 갖추었다. 이를 통해 회사의 운영 비용을 30% 절감했다. 새로운 플랫폼은 대시보드에의 접근, 운영 현황의 가시화와 회사 내 주요 서비스의 인프라나 데이터베이스에 대한 모니터링을 지원했다. 또한 보다 뛰어난 성능, 더 많은 저장용량, 인프라 증설의 필요성까지 빠르게 파악해냈다.

문제 해결 방안의 변화

성공은 계획이 아니라 불확실성과 돌발 상황에 대응할 수 있는 인력과 프로세스에 의해 결정되는 경우가 많다. 단순히 6개월 계획을 승인하고 자금을 지원한 다음 그 기간 동안 배운 모든 것을 무시하고 무작정 계획을 실행하는 대신, 문제를 해결하고 매일 고객과 기술로부터 적응하고 배울 수 있는 역량을 갖춘 제품팀에 자금을 지원한다.

협력을 통한 문제 해결

문제 해결은 협업을 필요로 하는 절차다. 고객이나 영업 담당자, 모든 걸 알고 있는 CEO가 직접 구현을 하지 않기 때문이다. 이 사람들 모두 무엇이 가능한지에 대해서는 알지 못한다. 그러므로 가장 혁신적인 해결 방안은 기술과 가장 가까이 일하는 구성원으로부터 나오게 마련이다. 그러기 위해서는 모든 팀에 적절한 정보가 주어지고 결정을 내릴 수 있도록 권한을 위임해야 한다. 이들은 뛰어난 능력과 기술을 기반으로 구현할 만한 값어치가 있는 문제를 포착하고 구현할 때 마주할 수밖에 없는 위험 요소를 다룰 수 있어야 한다. 톱다운 의사결정은 느리고 번거로울 뿐만 아니라 고객이나 기술로부터 너무 먼 곳에서 이루어지는 단점이 있다.

고객의 요구사항에 응답

임파워드 제품팀은 기술적인 질문에 대해서만 고민하는 것은 아니다. 이들은 사용자, 고객, 시장에 무엇이 필요한지 그리고 무엇이 이들이 제품을 쓰게 만드는지에 대해서 계속해서 질문한다. 시장 진입 전략, 컴플라이언스, 보안, 개인정보보호, 비용과 수익화에 대한 사업 관련 질문도 계속해서 떠올린다. 만약 제품팀이 새로운 해결 방안을 만들고 있다면 구성원들은 단 한 줄의 코드라도 이를 작성하기 이전에 정말로 사람들이 새로운 해결 방안을 구매하고 쓰고 싶어 할지를 궁금해한다. 또한 제품팀이 만드는 모든 제품이 위험 요소를 내포하고 있지 않기를 원하는데, 고객과 영업 및 서비스팀의 동료 그리고 회사의 평판과 수익을 해치고 싶지 않기 때문이다. 우리가 어떻게 제품팀에 힘을 실어주었는지를 설명해보겠다.

우선 프로젝트 단위의 예산 편성에서 구성원과 팀 단위의 예산 편성으로 전환했다. 이를 통해 구현해야 할 기능을 할당하는 게 아니라 해결해야 할 문제를 할당했다. 그런 다음 팀 구성원이 조직장으로부터 비난을 받거나 마이크로매니징을 당하지 않으면서도 결정을 할 수 있는 권한이 있다는 걸 알려주고 이를 토대로 안전한 환경을 조성했다. 이것이 메릴의 혁신 과정에서 가장 중요한 부분이었다.

이 회사는 프로젝트 기반의 예산 편성이 아니라 문제를 해결하는 팀 단위로 예산 편성이 되도록 변화해야 했다. 이는 프로덕트 매니저, 프로덕트 디자이너와 같은 새로운 직무의 사람을 채용해야 한다는 의미였다. 동시에 엔지니어를 외주화하는 것이 아니라 내재화하고 그 역량을 강화해야 했다. 협업에 능한 이 조직들은 고객이 만족하면서도 사업에 득이 될 수 있는 방향으로 고객이 당면한 문제를 해결해냈다.

공동의 지식과 경험을 연결

프로덕트 모델로 전환하기로 결심했다고 해서 곧장 당신이 뛰어난 문제 해결사가 되는 것은 아니다. 그래서 임파워드 제품팀이 필요한데 서로 다른 능력을 가진 훌륭한 사람이 모여서 문제를 해결하기 위해 협업하면 보다 압도적인 성과를 도출할 수 있다. 마지막으로 임파워드 제품팀을 구성하는 것은 어떤 조직으로부터의 권한을 빼앗아 다른 팀으로 넘겨주는 것이 아니다. 대신에 다양한 분야의 구성원을 모아 이들의 지식과 경험을 한데 통합해 그 효과를 극대화하는 것이다. 메릴에서는 제품과 기술 조직 구성원이 고객과 이야기하게 함으로써 이와 같은 결과를 가져올 수 있었다. 그리고 우리가 문제 해결 방식을 바꾸었다는 건 다음과 같은 작업을 거쳤다는 의미다.

* 비즈니스 애널리스트와 프로덕트 오너와 같이 불필요해진 역할의 제거
* 전문성을 갖춘 프로덕트 매니저를 채용하고 코칭
* 프로덕트 디자인을 이해하는 전문성을 갖춘 프로덕트 디자이너 채용

- 엔지니어의 외주화로부터 내재화 및 조직 구성으로 이행
- 프로덕트 매니저, 프로덕트 디자인 그리고 엔지니어가 함께 영업, 마케팅과 협업하여 이들에게 할당된 문제를 해결할 수 있는 협업 구도 형성
- 제품 발견 과정을 진행할 수 있는 역량 배양

제품 발견과 주요 제품 역량을 갖추기 위해서는 구성원이 새로운 기술과 능력을 터득해야 했다. 물론 이것이 가능하려면 조직장 수준에서의 동의와 지원이 필요했다.

문제 정의 방식의 변화

어떤 기업이 **모든 것이 중요하다**고 할 때에는 너무 많은 우선순위를 동시에 관리하고 있거나 그 무엇도 해내지 못했을 때의 책임을 회피하기 위한 변명을 하고 있는 것이다. 간혹 인력이 부족하다거나 기술적인 문제가 있다고 하기도 하는데, 이는 사실 **선택과 집중**을 하지 않는 데 근본적인 문제가 있다. 선택과 집중이 이뤄진 문제 해결 과정은 뛰어난 제품 비전과 통찰 기반의 제품 전략이 수립되었을 때에나 가능해진다. 제품 비전은 수년간 운영할 수 있을 만큼 큰 이상을 담아야 하지만, 제품 전략은 가령 분기 단위로 때마다 배운 내용을 반영하여 바꿀 수 있다.

맥락과 통찰력

어떤 기회를 좇을 것인지와 어떤 문제를 해결할 것인지에 대하여 최선의 결정을 하려면 맥락과 통찰력을 기반으로 검토해보아야 한다. 통찰력은 지금 **무슨 일**이 벌어지고 있는지를 알려주고 맥락은 **왜** 이런 일이 벌어지고 있는지를 알려준다. 통찰력은 고객과 경쟁사, 시장과 업계 그리고 가

장 중요하게는 회사에서 보유한 데이터로 얻을 수 있다. 맥락은 지식과 경험에서 얻을 수 있다. 이는 데이터에 관점을 부여한다. 통찰력과 맥락을 결합하면 당신은 무슨 일이 벌어지고 왜 벌어지고 있으며 무엇을 해야 하는지 알 수 있다. 이것이 바로 프로덕트 모델이 의미하는 것 그 자체다. 어떤 기회를 좇을지에 대한 결정은 맥락과 통찰력을 기반으로 해야 하고, 즉각적인 시장 반응이나 기회주의적인 사업 요구사항을 기반으로 할 수 없다. 메릴 코퍼레이션에게 이것은 하나의 통일된 제품 비전 아래 정교하게 설계한 제품 전략을 가지는 것을 의미한다.

어떤 고객에게 서비스를 제공하고, 그 고객을 위해 어떤 문제를 해결하고 싶은지 명확히 해야 했다. 이는 우리가 하지 않을 일들을 의미했다. 그 결과 몇몇 사업은 매각하고 다른 사업은 폐쇄하여 최고의 기회에 집중할 수 있었다.

결과

2020년 메릴 코퍼레이션은 데이터사이트로 브랜딩을 다시 했다. 기존의 금융계 출력 산업에서부터 빠르게 성장하는 SaaS 기반 기술 플랫폼으로서 기업인수 시장을 대상으로 주력 사업을 바꾸고자 하였던 혁신이 성공했음을 의미한다. 프로덕트 모델로의 전환 이전의 메릴 코퍼레이션은 몇 달 또는 몇 년 걸려 새로운 기능을 출시했다. 그러나 새로운 기업으로 거듭난 데이터사이트는 매일 새로운 가치를 고객에게 제공하기에 이르렀다. 이 속도와 혁신 모두 성과로 이어졌다. 2019년 연간 1만 건 이상의 인수합병 계약 체결을 도운 결과 기업 매출이 30% 이상 증가했다. 데이터사이트는 현재 업계 선두 기업일 뿐만 아니라 그 혁신적인 문화로 널리 알려져 있다.

PART

VIII

혁신의 기술

지금까지 프로덕트 모델로의 전환이 무엇을 의미하는지, 프로덕트 모델에서 요구하는 역량이 무엇인지 그리고 프로덕트 모델의 핵심 개념을 살펴보았다. 성공적으로 혁신을 이룬 사례를 살펴보았으니 이제 조직 운영을 바꾸기 위한 일반론에 대하여 다룰 준비가 되었다. 다시 말해 현재 당신이 서 있는 지점에서부터 우리가 원하는 수준까지 다다르기 위해서 최선의 방안이 무엇일지 살펴볼 것이다.

프로덕트 모델로 전환하는 데는 혁신하고자 하는 조직의 규모에 따라서 6개월에서 2년까지의 시간이 걸린다. 이는 이 혁신에 대하여 회사 단위에서 그저 구경거리가 아닌 진지한 과제로 임할 때의 속도다.

향후 7개 장에서는 혁신의 과정에서 유의미하다고 느낀 기술을 다루고자 한다.

- **혁신의 성과**: 우선 목표부터에서부터 시작한다. 언제야 비로소 혁신을 완수했다고 판단할 것인가?
- **혁신의 평가**: 현재 기업이 어떤 위치에 있는지 명확하게 파악하고 시작하는 것은 무척 중요하다. 프로덕트 모델로의 전환을 완성할 수 있도록 우리가 코칭해온 기업의 현재 상황을 파악하기 위해 사용하는 도구를 공유해보겠다.
- **혁신의 기술**: 혁신의 과정에서 다양한 기술이 당신의 여정에 도움이 될 것이다. 우리는 프로덕트 모델에서 요구하는 역량을 갖추기 위한 기술, 프로덕트 모델 개념을 정립하기 위한 기술과 프로덕트 모델에 대해서 조직이 배울 수 있도록 돕는 기술을 묶어 설명하고자 한다.

- **혁신의 전파:** 자주 그리고 끊임없이 프로덕트 모델에 대해서 전파하고 그 진척을 조직 전반에 알리는 것이 얼마나 중요한지 살펴볼 것이다.

- **혁신에 필요한 도움:** 마지막으로 제품팀의 구성원에게 어떻게 프로덕트 모델에 대해서 가르칠지 고민해보자. 회사에 이미 프로덕트 모델에서의 리더 역할을 수행해본 구성원이 있을 때와 그렇지 않은 경우 모두를 다룬다.

CHAPTER

28

혁신의 성과

혁신은 언제 완성되는가? 어떤 면에서 뛰어난 디지털 제품 기업은 끊임 없이 나아가고 있으므로 혁신을 완수했다는 말은 성립이 불가능할 것이 다. 하지만 아주 중요한 기점이 한 번 발생하게 된다. 프로덕트 모델의 주요 개념 중 하나로 제품팀이 성과에 대한 책임을 진다는 것이다. 새로 운 기능을 출시하는 것만으로는 충분하지 않고 제품팀은 성과를 내야 만 한다. 그것이 프로덕트 모델로의 전환을 이야기할 때 정말로 유의미 한 성과를 내는 것을 무척이나 강조하는 이유이기도 하다. 뿐만 아니라 이 책에서 프로덕트 모델로의 전환에 성공한 기업의 사례를 가능한 많 이 다루고자 한 이유이기도 하다. 모든 기업이 새로운 역량을 길러내지 않고서는 그와 같은 결과를 낼 수가 없다. 프로덕트 모델로 전환하는 가 치는 이 지점에 있다.

혁신의 결과에 대해서 논할 때 성과를 중심으로 끌어가려는 경향이 있 다. 지금으로서는 효율적으로 할 수 없지만 혁신을 이루고 난 다음에 효 과적으로 수행하고 싶은 업무가 무엇이 있는가? 당신이 미래를 예측할 수 없다면 구성원에게 구체적인 목표와 미래의 기회 그리고 위협으로부터 효과적으로 제품과 기업을 지켜낼 수 있다는 것을 전달할 수가 없다.

프로덕트 모델로 전환한 많은 기업은 팬데믹의 위기에 적응하고 그 어느 때보다 더욱 강해졌다. 그뿐 아니라 빠르게 새로운 기술을 터득했다. 그 중에 생성형 AI 기술이 있는데, 이는 그전에는 해결할 수 없었던 고객 문제를 처리할 수 있게 도왔다. 이들은 그 어느 때보다 강력하다. 그 누구도 언제 새로운 기술이 출현할지는 알 수 없다. 당신이 할 수 있는 일은 스스로와 조직을 새로이 닥칠 위협에 맞설 수 있도록 준비하고 기회를 포착하는 것이다.

혁신의 평가

시작하기 전에

성공적인 혁신을 계획하기 위해서 현시점 조직의 상황에 대한 솔직하고
도 정확한 평가는 꼭 필요하다. 일정에 대한 기대 수준을 설정하기 위해
공유하자면 능숙한 제품 코치는 보통 하나의 조직 또는 단일 사업 단위
의 상태를 평가하는 데 최소한 하루가 걸린다. 이전에 이미 경험을 해본
터라 이들은 누구에게 무엇을 물어보고 어떤 점을 확인해야 하는지를 알
고 있다. 이 장의 목표는 이전에 이와 같은 경험이 없더라도 스스로 평가
를 할 수 있도록 돕는 것이다. 이 경우라면 평가에 수일이 소요될 것이다.
평가 자체에 대하여 이야기하기 전에 중요한 주의사항을 짚고 넘어가자.

현실감각을 잊지 말자

그 어떠한 기업도 완벽하지 않다. 가장 탁월한 디지털 제품 기업에서도
다른 팀과는 다르게 일하는 제품팀도 있기 마련이고, 스트레스를 받으
면 톱다운으로 지시받아 일하는 방식으로 회귀하고 싶어 하는 관리자도
존재한다. 보통 이 상황에 대해서 이들은 스스로 자각하고 있으며 이를
개선하기 위해 노력한다. 물론 이러한 현상이 회사 전체가 프로덕트 모

델로 일을 하지 않는다는 의미는 아니다. 제품을 만드는 사람들이 종종 이 현실에 대해서 무지하거나 현실적이지 못한 기대치를 세운 탓에 상위 조직장으로부터 빠르게 신뢰를 잃곤 한다. 그러므로 역량이나 능력을 평가할 때 당신은 완벽함을 기대하기보다는 대부분의 경우를 포괄할 수 있는 수준을 찾아야 한다. 다른 한편으로는 모든 면에서 최악인 기업을 찾기도 어렵다. 어떤 구석이라도 잘하고 있는 부분이 있고, 이를 인정하고 찾아내는 것이 중요하다.

모든 직급의 구성원과 대화하기

정확한 맥락을 파악하기 위해서는 CEO나 임원에서부터 현업 엔지니어까지 모든 직급의 구성원과 대화할 필요가 있다. 이러한 시간을 통해 각 개인의 이해와 생각이 얼마나 다른지를 관찰할 수 있으며 심지어는 중간 관리자들이 고위 관리직으로부터 효과적으로 정보를 은폐한다는 사실도 알게 된다. 이 때문에 무언가를 듣자마자 결론을 성급하게 내릴 필요가 없다.

증거 찾기

그럴싸한 말을 하는 것은 어렵지 않다. 사람들이 정말로 무슨 말을 하려고 하는지 그리고 하루하루 어떻게 보내는지를 관찰하자. 대부분의 평가 항목은 목표를 확인하거나 당신이 행동을 관찰하면 알 수 있는 내용이다. 예를 들어 프로토타입 몇 개를 보여달라고 해도 좋다. 통상 목표와 핵심 결과인 **OKR**objective and key results을 보여달라고 해도 좋고 제품 비전 문서나 제품 전략 문서를 보여달라고 하거나 제품 로드맵의 예시를 요청할 수도 있다.

숨겨진 의미 찾기

제품을 만드는 데 정답은 따로 없다(9장을 다시 읽어봐도 좋다). 정답이 있다고 당신에게 이야기하는 사람이 있다면 그 사람은 특정 프레임워크나 서비스를 당신에게 판매하고 싶은 사람에 지나지 않는다. 뛰어난 제품 기반 회사를 직접 방문해서 물어보면 제품을 구현하는 데 효율적인 다양한 방법이 있다는 것을 알 수 있다. 반대로 그렇지 못한 회사를 만나면 효율적인 방법 그 이상으로 비효율적인 방법이 많다는 것 역시 알 수 있다. 평가에 있어서 주로 집중하는 부분은 한 조직이 프로덕트 모델의 원칙을 지키느냐 아니느냐에 가깝다. 수많은 업무 담당자와 각자의 업무 범위를 어떻게 구획하는지, 제품 콘셉트를 지칭하기 위해 어떤 표현을 사용하는지, 출시 절차가 어떻게 되는지, 제품 발견 과정에서 주로 사용하는 기법이 무엇인지 등은 부차적인 문제다.

언제나 상냥하자

당신과 대면하게 될 사람들 그리고 특히 교체될 확률이 높은 영역의 업무를 담당하고 있는 사람이라면 당신을 마주하고 평가받는 것을 걱정할 것이다. 그때 이 평가 절차가 개인을 평가하는 것이 아니고 **제품을 구현하기 위해서 쓰이는 모델에 대한 평가**라는 사실을 강조하는 게 중요하다. 이 과정을 적절히 수행한다면 평가 절차 자체만으로도 구성원들이 앞으로의 변화에 본인이 크게 기여할 수 있다고 생각하게 된다. 반대로 부적절한 수행이 이루어지면 구성원이 조직을 이탈하거나 최악의 경우에는 떠나지 않고 남아서 혁신을 방해하기로 결정할 수도 있다.

개괄적인 평가

조직에 대한 평가는 어떻게 매일 제품을 만드는지부터 시작해서 각 구성원이 프로덕트 모델의 주요 역량을 갖추었는지와 각 구성원이 그 역량을 발휘하고 있는지를 확인하기 위해 프로덕트 콘셉트를 따르고 있는지 살펴본다. 이 책의 초반부에서 프로덕트 모델을 채택한 조직을 살펴볼 수 있는 거시적인 관점을 제시했다. 이 장에서는 현재 조직이 어떻게 일하고 있는지에 대해 집중할 것이다.

어떻게 제품을 구현하고 출시하는가

대부분의 팀이 출시하는 주기는 어떻게 되는가? 독립적으로 출시하는가 아니면 통합 패키지로 출시하는가? 고객이 심각한 문제를 마주하면 이를 탐지하고 수정할 수 있는 방법이 존재하는가? 엔지니어가 자신감을 가지고 출시하기 위해서 어떤 자질을 갖추어야 하는가?* 새로이 출시한 기능이 바르게 동작하는지를 책임지는 것은 누구인가? 각 팀의 의사결정권은 어디까지인가? 제품팀이 제아무리 사소한 일을 하려고 하더라도 너무 많은 팀과의 조율이 필요하다고 불만을 토로하지는 않는가? 각 제품팀이 가진 권한이 너무 적다는 불평은 하지 않는가? 보다 많은 권한과 책임을 원하는 팀이 있는가?

새로운 기능을 출시하면 주기적으로 계측하고 데이터를 집계하고 있는가? 누가 그 데이터를 조회하는가? 엔지니어링팀의 업무 속도와 품질 그리고 신뢰도에 대한 전반적인 여론은 어떠한가? 기술부채의 수준은 어

---

* 엔지니어가 자신감을 가지고 출시한다는 말은 새로운 기능이 고객에게 안내한 대로 동작하고 기존 제품과 의도하지 않은 반작용을 일으키지 않는다고 확신했을 때에야 비로소 출시할 수 있다는 것을 의미한다.

떠한가? 물론 모든 조직에 기술부채가 존재한다는 것은 잊지 말자. 하지만 혹시 그 수준이 임계치를 넘지는 않았는가? 어떤 징후를 보이고 있거나 이를 다룰 계획이 있는가? 팀 간의 업무적 거리감은 어떠한가?

문제를 어떻게 해결할 것인가

제품팀에게 업무는 어떻게 할당되는가? 혹시 기능이나 프로젝트의 로드맵 형태로 제공되지는 않는가? 이 기능과 프로젝트를 만들어내는 사람은 누구인가? 팀에게 할당된 업무를 시작할 때 어떤 절차에 따라 업무에 착수하는가? 무엇이 각 담당자의 주된 역할과 책임인가? 누가 세부적인 요구사항을 정의하고 그 절차는 어떻게 되는가? 요구사항을 정의하는 과정에서 구체적인 근거가 있는가 아니면 그저 의견에 지나지 않는가? 언제 그리고 어떻게 엔지니어들이 작업에 합류하는가? 프로덕트 디자이너도 협업을 하고 있는가? 언제 그리고 어떻게 엔지니어와 디자이너들이 참여하게 되는가?

해결 방안의 세부사항을 결정하는 데 있어서 이해관계자의 역할은 무엇인가? 해결 방안이 이해관계자의 요구사항에 부합하는지 팀은 어떻게 확인하는가? 고객과의 상호작용은 어느 정도 진행되는가? 잠재적인 해결 방안이 구현에 착수하기 이전에 고객을 대상으로 하는 검증 절차를 거치는가? 그렇다면 그 절차를 얼마나 자주 수행하는가?

아이디어를 폐기하거나 크게 변경되는 주기는 어떠한가? 그런 일이 벌어진다면 어떤 절차를 거치는가? 관리자나 이해관계자가 이와 같은 결정에 대하여 승인을 하는 절차가 있는가? 성공의 정의는 무엇인가? 혹시 제품을 출시하는 그 자체를 의미하는가? 또는 제품을 제때 출시하는 것을 의미하는가? 각 기능에 대하여 정량적인 성과가 정의되었는가? 기능을 출시했는데 기대와 다른 결과를 낸다면 이후 절차는 어떻게 되는가? 기능을 정의하고 설계하는 팀에 대한 조직 내 평가는 어떠한가? 고객과 사업에 대해서 깊은 이해를 가졌다는 평가를 받고 있는가? 이들은 신뢰를 받고 있는가?

어떤 문제를 해결할 것인가

누가 무슨 일을 할지 결정하는가? 회사에 연 단위 혹은 분기 단위 계획을 수립하는 절차가 있는가? 예산 할당 절차는 어떠한가? 프로젝트를 제안하는 사람은 누구인가? 회사는 프로젝트에 대한 예산을 할당하는가 또는 개인이나 팀에 대한 예산을 할당하는가? 제품 비전이 존재하는가? 제품 전략이 존재하는가? 그렇다면 조직 단위에서 이를 작성하는가 혹은 개별 제품팀이나 이와 동등한 수준에서 작성하는가? 제품팀이 제품 로드맵과 동떨어져서 일하고 있다면 로드맵에 포함되는 업무를 결정하는 것은 누구인가? 혹시 그것이 영업 조직은 아닌가? 또는 이해관계자들이나 CEO인가?

로드맵에 포함되어 있는 과업의 공통적인 속성이 있는가? 그 과업은 기능이거나 프로젝트인가? 혹은 해결해야 할 문제들과 수반할 성과인가? 무엇을 채택하고 채택하지 않을지 결정하는 것은 누구인가? 업무의 우선순위를 결정하는 사람은 누구인가? 작업할 대상과 연결된 기대치가 있는가? 누가 이 기대치를 설정하는가? 기대치를 정의하는 과정은 어떠한가? 실제로 구현되는 작업과 성과를 내는 작업 간의 비율을 조직에서 관리하는 사람이 있는가?

구체적인 평가

기업이 어떻게 제품을 구현하는지에 대한 전반적인 설명은 끝났다. 그렇다면 이제는 구체적인 제품 관련 역량과 콘셉트를 살펴보고 어떤 부분을 보완해야 하는지와 이상과의 격차가 발생하는 영역은 어디인지 파악할 차례다. 참고로 프로덕트 모델 역량과 콘셉트에 대해서는 이 책의 초반에서 다루었으므로 여기서는 어떻게 그 역량과 콘셉트를 확인할 것인지만 짚고자 한다.

프로덕트 모델 역량

각 개별적인 역할에 대해서 살펴보기 이전에 제품을 만드는 조직의 전반적인 규모를 먼저 파악하는 것이 좋다. 각 역할을 수행하는 인원이 몇 명인지에 대해서 대략의 숫자는 파악하자. 이것은 얼핏 수월한 작업처럼 보인다. 그러나 많은 조직에서는 각 역할에 대한 명칭이 통일되어 있지 않기 때문에 각 직무가 담당하는 역할이 무엇인지 살펴봐야 하고, 조직마다 각자 하는 역할이 무엇인지를 일일이 파악해야 한다. 예를 들어 프로덕트 매니저라는 직무를 수행하는 사람이 많지만 프로덕트 오너, 비즈니스 애널리스트, 프로그램 매니저, 설루션 아키텍트와 같은 직무도 동시에 존재하기도 한다. 그러나 각 직무가 무슨 의미인지를 묻는다면 이들은 프로덕트 매니징의 일부 역할을 수행하는 방식으로 업무를 하고 있을 수 있다.

프로덕트 매니지먼트

이 직무에 대해서 살펴보기 위해서는 조직이 임파워드 제품팀의 프로덕트 매니저, 기능개발팀의 프로덕트 매니저, 제품 출시를 위한 팀의 프로덕트 오너 간의 차이점을 이해하고 있는지에서부터 시작해야 한다. 당신은 각 프로덕트 매니저와 업무적으로 프로덕트 매니저에게 의존할 수밖에 없는 이해관계자나 엔지니어와 이야기하면서 이를 파악해볼 수 있다.

프로덕트 매니저는 업무시간 동안 무슨 일을 하는가? 하루 종일 회의를 하고 있는가? 그렇다면 어떤 종류의 회의인가? 이들은 제품 발견을 위해 시간을 얼마나 할애하고 있는가? 프로덕트 매니저가 고객에 대해서 정말로 잘 알고 있는가? 이들은 데이터를 얼마나 이해하고 있는가? 제품의 시장 진입 전략에 대해서 공감하고 있는가? 사업의 다른 영역에 대한 이해도는 어떠한가? 업계와 경쟁사 현황 그리고 관련 기술의 동향을 잘 알고 있는가? 프로덕트 매니저가 어떤 훈련 과정을 거쳤는가? 프로덕트 매니저 역할 전반을 익혔는가 혹은 애자일 프로덕트 오너 코칭처럼 일부 제품 출시 과정에 대한 학습만 이루어졌는가?

프로덕트 매니저는 조직 내에서 존중받고 있는가? 디자이너와 엔지니어들과 원만한 협업을 이루어냈는가? 이해관계자와의 협업 온도감은 어떠한가? 경영진은 이들을 어떻게 평가하고 있는가? 프로덕트 매니저들이 매주 코칭을 받고 있는가?

프로덕트 디자인

3가지를 확인하자. 첫째, 프로덕트 디자이너가 무슨 역할을 하는지 조직이 이해하고 있는가? 마케팅 조직 내에 디자이너들과 그 역할이 명확하게 구분되는가? 조직이 서비스 디자인, 인터랙션 디자인, 비주얼 디자인과 경우에 따라서는 산업 디자인과 같은 영역과 프로덕트 디자인을 구분할 수 있는가? 둘째, 조직에 진정한 의미의 프로덕트 디자이너가 충분히 존재하는가? 또는 디자이너가 제품팀 몇 개를 오가면서 최선을 다하는 식으로 업무를 하는가? 셋째, 디자인 조직이 각 팀에서 디자이너 할당을 요청하는 인하우스 디자인 조직처럼 구성되어 있는가? 또는 프로덕트 디자이너가 각 팀의 구성원 중 하나로 배정되어 있는가?

프로덕트 매니저가 **와이어프레임**wireframe을 작성하고 이를 예쁘게 다듬는 과정을 프로덕트 디자이너에게 요청하는가? 프로덕트 디자이너가 해결방안을 발견하고 설계하는 과정 중 언제 처음으로 참여하게 되는가? 프로덕트 매니저가 그녀가 원하는 것을 어느 정도 정한 뒤는 아닌가? 디자이너가 얼마나 자주 프로토타이핑을 수행하는가? 어떤 종류의 프로토타입인가? 어떤 툴을 사용하고 이를 어떻게 검증하는가? 프로덕트 디자이너에게 필요한 자질이 무엇인지 알고 주 단위로 프로덕트 디자이너들에게 코칭을 제공하는 뛰어난 디자인 관리자가 있는가?

엔지니어링

엔지니어링 조직은 보통 프로덕트 매니저나 프로덕트 디자이너 조직에 비해 규모가 크며 우리가 하려는 평가는 엔지니어링 조직 전체를 대상으로 하지 않는다. 제품팀에서 테크 리드 역할을 맡고 있는 선임 엔지니어에 초점을 맞춰보자. 당신은 이 사람들이 선임 엔지니어와 테크 리드 역할의 차이를 이해하고 있는지 살펴봐야 한다. 다시 말해 이 사람은 어떻게 구현을 할 것인가만큼 무엇을 구현하는지에 관심을 기울이고 있어야 한다. 보통 많은 엔지니어가 구현 그 자체에 집중하길 원한다. 하지만 최소한 각 제품팀에 최소 1명의 선임 엔지니어는 제품 발견 활동에 참여할 수 있고 참여하고 싶어 하도록 구성해야 한다. 이상적인 모습이라면 테크 리드가 이미 고객을 실제로 만나고 있을 것이다. 초기 단계의 엔지니어 매니저들과 이야기하면서 많은 정보를 파악할 수 있다. 어떤 엔지니어가 조직에 걸맞다고 생각하는지, 엔지니어 관리자들이 제품 발견 과정의 중요성을 인지하고 있는지 그리고 주 단위로 테크 리드가 코칭을 제공하는지 확인할 수 있다.

조직이 선임 엔지니어와 테크 리드 간의 구분을 명확하게 하고 있는가? 어떻게 구현할지가 아니라 무엇을 만들지에 대해서 설명해줄 수 있는 역할을 수행하는 사람이 있는가? 테크 리드는 개인 기여자인가 관리자인가? 관리자라면 몇 명의 엔지니어를 관리하는가? 엔지니어가 얼마나 자주 사용자나 고객과 직접적으로 대면하는가? 테크 리드와 프로덕트 매니저는 얼마나 자주 상호작용하고, 업무적으로 얼마나 가까운가? 출시 계획을 세울 때에야 비로소 엔지니어가 제품에 대한 내용을 처음으로 접하는가? 실제로 무엇을 구현할지 아닐지 결정할 때 엔지니어의 역할은 무엇인가? 엔지니어는 통상의 업무를 진행하고 결정을 내리고 특정 유형의 문제를 해결하는 데 정해진 기준이 있는가 또는 각자의 역량에 의지하는가? 기술적인 혁신에 대한 개선 의견을 프로덕트 매니저가 충분히 숙고한 뒤에 엔지니어에게 전달하는가? 엔지니어가 작업한 결과물에 책임을 지는가 아니면 QA에게 이 일을 넘기는가? 엔지니어가 자신이 발생시킨 오류를 직접 수정하는가? 엔지니어를 외주화하는 경우가 있는가? 그렇다면 얼마나 비중을 차지하는가? 구체적으로 외주 엔지니어의 역할은 무엇인가? 이 역할을 조직 내부로 가져올 계획은 있는가? 엔지니어는 조직에서 어떤 평가를 받고 있는가? 그저 구성원이 요청하는 것을 만들어주는 사람들인가?

프로덕트 리더십

프로덕트 리더십 또는 제품 관리자라는 말은 프로덕트 매니저, 프로덕트 디자이너와 엔지니어팀의 관리자를 지칭한다. 대부분의 회사에 이런 역할이 존재하지만 이들이 정확하게 무슨 역할을 하는지 알고 있는가? 그저 조직을 운영하는 관리자인지 전략적인 맥락을 쌓고 구성원을 코칭하는 데 열성적인자를 확인해야 한다.

이들은 각기 자신의 역할을 무엇이라고 생각하는가? 이들이 방향을 결정하고 제품의 성공에 대한 책임을 지는가? 제품 비전, 제품 전략, 팀 구성과 각기 팀의 목표와 같은 전략적인 맥락을 구성원들에게 전달하는가? 이를 자신의 역할 중 일부라고 생각하고 적극적으로 전파하는가 혹은 그저 관리자로서 자신의 역할을 생각하는가? 자신의 역할 중에서 코칭을 가장 중요하게 여기고 있는가? 주 단위로 얼마간의 시간을 할애하는가? 이 관리자는 제품팀을 마이크로매니징하지 않고도 무슨 일이 벌어지고 있는지 알고 있는가? 각 개인 기여자들은 매니저를 어떻게 생각하는가? 코칭의 관점에서 피드백을 많이 받고 있다고 생각하는가? 전략의 맥락에 대하여 명확하게 알고 있다고 여겨지는가?

프로덕트 모델 콘셉트

이제 프로덕트 모델 콘셉트에 대해서 살펴볼 차례다. 모든 기업이 각 콘셉트를 어떠한 형태로건 조직에 반영하고 있다는 점을 상기하자. 예를 들어 혁신을 이루지 못한 기업이라면 대개 임파워드 제품팀이 존재하지 않는데, 이를 대신하여 기능구현팀이나 기능출시팀을 보유하기 마련이다. 당신의 목표는 조직 또는 사업 단위에서 가장 흔한 조직 구성을 포착하는 것이다.

제품팀

가장 근본적으로 확인할 점은 지속적으로 운영되는 제품팀이 있는지 혹은 일시적인 프로젝트팀이 존재하는지다. 달리 말해 각기 개별 프로젝트를 위해 팀을 구성하는지 그리고 프로젝트를 완수한 다음에는 각기 다른 팀으로 돌아가는지를 확인해야 한다. 조직 내에 지속적으로 유지되는 제품팀이 없다고 가정할 때 해야 할 일을 만들어내는 기능출시팀이 있는지 아니면 이해관계자로부터 요청받은 기능이나 프로젝트를 로드맵에 따라 구현하는 기능구현팀이 있는지 또는 효과적인 해결 방안을 찾아내기 위해 권한을 받아 탐색과 구현의 과정을 거치는 임파워드 제품팀이 있는지를 확인해야 한다.

또한 당신은 팀 내에 필요한 모든 크로스펑셔널한 역할이 고루 배치되었는지 확인해야 한다. 이는 앞서 다룬 프로덕트 모델 역량과 관련이 있는데, 이제는 그 역량을 갖춘 사람이 충분히 배치되었는지를 확인한다. 그다음 제품팀 구성원이 느끼는 주인의식의 수준을 확인해본다. 이는 주관적일 수밖에 없지만 구성원과 이야기하면서 이들이 진정으로 주인의식을 느끼고 있는지, 자신이 구현하는 제품에 대한 자부심이 있는지 그리고 그 성과에 관심이 있는지를 확인할 수 있다. 마지막으로 이들이 문제가 발생했을 때 어떻게 대응하는지, 팀이 고객과 데이터와 이해관계자에게 접근할 수 있는 권한을 얼마나 보유하였는지 확인해야 한다.

이들이 자주 고객과 대면하는가? 이때 엔지니어도 함께하는지도 확인해보아야 한다. 프로덕트 매니저가 다양한 데이터 분석 도구에 대한 뛰어난 접근성을 가지고 있는가? 그리고 최신의 사용성 데이터와 트렌드에 해박한지를 확인하자.

제품 전략

제품 전략은 평가하기 어려운 점이 있는데, 전략이라는 단어가 많은 것을 지칭하기 위해 쓰이기 때문이다. 본질적으로 당신은 회사가 제품팀이 해야 하는 업무를 어떻게 결정하는지를 파악할 수 있어야 한다. 몇 년을 아우르는 제품 비전이 존재하는가? 분기 또는 연 단위의 계획 수립 절차를 거쳐 각 팀에 로드맵을 제시하는가? 또는 각 제품팀이 할당된 이해관계자와 작업하여 직접 로드맵을 만들어내는가? 또는 제품팀 조직장이 해결해야 할 문제를 모아 제품 전략을 수립하는가? 모든 회사와 제품팀마다 항상 빠르게 해내야 하는 일이 있다는 걸 잊지 말자. 제품 전략에 대해서 이야기할 때 이것에 집중하지 않도록 한다. 우리는 수많은 제품팀을 아우르고 데이터를 활용하여 가장 중요하고도 파급력이 큰 문제를 지정하는 제품팀 조직장을 찾아내려고 하는 것이다.

제품 발견

프로덕트 모델로 옮겨가지 못한 기업이라면 대부분 제품 발견 과정을 진행하지 않는다. 그런 작업을 한다면 발견이라기보다는 디자인에 가깝다. 여기서는 구현할 만한 가치가 있는 해결 방안을 찾아내기까지 제품팀이 얼마나 많은 아이디어를 거치는지를 확인한다. 실제로 구현되는 아이템의 개수와 검증을 거쳤던 아이템의 개수가 같다면 이는 제품 발견이기보다는 제품 디자인에 가깝다. 이상적으로 제품팀이 검증하는 수많은 아이디어 중에서 그 절반에 채 미치지 못하는 수의 아이디어를 실제로 구현하게 된다. 이런 경우에나 팀이 정말로 아이디어를 검증하고 더 이상 진척시키는 것이 의미 없는 아이디어를 폐기하는 것이다.

제품 발견 과정을 거치면서 제품팀이 어떤 제품 관련 리스크를 검토하는지도 살펴보는 것이 좋다. 그리고 제품팀이 제품이 가치로운지와 그 실현 가능성을 진지하게 고민하는지도 살펴보자. 제품팀이 빠르게 정량적 실험과 정성적 실험을 수행할 수 있는가? 그리고 제품의 아이디어를 책임감 있게 검증하는 방법을 팀이 알고 있는가?

제품 구현

제품 구현에 대하여 평가할 때에는 제품팀이 얼마나 자주 출시를 하고 있는지에서부터 시작한다. 격주로 최소 한 번은 출시하는 것이 기준이다. 이상적으로는 출시를 끊임없이 계속해서 하고 있어야 한다. 그리고 출시된 기능이라면 모두 계측 중이어야 한다. 그래야만 기능이 원하는 대로 동작하는지를 알 수 있다. 덧붙여 오류가 발생하는 경우에 회사가 이를 감지할 수 있는 시스템을 갖추었는지도 확인하자. 마지막으로 새로운 기능이 출시된 뒤에 A/B 테스트를 통해 새로이 구현한 기능이 기대한 대로 동작하는지 확인할 수 있는 출시 시스템을 갖추었는지 확인해야 한다.

제품 문화

제품 문화를 확인하는 것은 주관적이겠지만 그럼에도 불구하고 중요한 절차다. 첫째, 약속된 업무 절차를 각 구성원이 얼마나 잘 따르고 있는지를 확인하자. 무엇이 우선순위인가? 절차를 따르는 것인가 원칙을 따르는 것인가? 이상적으로는 원칙을 이해하고 각 과업을 수행함에 있어서 이를 반영한 결정을 내릴 수 있어야 한다. 둘째, 조직 내 신뢰 수준은 어떠한가? 업무 진행 방식이 주로 톱다운이거나 지휘와 통제를 바탕으로 하지는 않는가? 관리자가 모든 결정을 내려 제품팀에 전달하지는 않는가? 셋째, 조직이 예측 가능성을 높이기 위한 최적화에 집중하기보다 혁신할 수 있는 기회를 찾기 위해 최적화하는가? 엔지니어에게 어떻게 제품을 구현하는지만큼 무엇을 만들어야 할지 집중할 수 있도록 안내하는가? 넷째, 조직이 혁신을 이루어내기 위해서 실패가 필수적이라는 것에 공감하는가? 구성원이 실패할까 봐 두려워하지는 않는가? 그리고 회사에 빠르고 쉽게 실패해서 실제 구현에서는 실패하지 않기 위한 방법을 이해하는 구성원이 있는가?

어디서 들어본 실패 사례

많은 기업이 과거에 혁신을 위한 동력을 잃었다. 이들은 진지하게 혁신의 필요성을 느끼기 전에 성장이나 변화를 가져오기 위한 한두 가지 시도를 해본 적이 있다. 첫 번째 시도는 아마 다른 기업을 인수하여 혁신을 해보려는 것이었을 테다. 그리고 두 번째 시도는 기업 내에 혁신을 위한 연구소를 별도로 꾸리는 것일 터였다.

기업 인수는 크고도 중요한 주제인데 이 책에서 다루고자 하는 범위를 넘어선다. 그러나 기술 기반의 제품에 대해 국한하자면 많은 인수 건이 값비싼 실수로 끝나는 경우가 많은데, 여기서 비용이라고 함은 비단 인수 비용만 가리키는 건 아니다. 기존 시스템과의 결합, 기술부채와 실망한 고객도 모두 비용에 해당한다.

이 섹션에서 다루고자 하는 내용은 기업 내 혁신을 위한 연구소다. 프로덕트 모델의 중요한 원칙 중 하나는 제품팀이 제품 발견과 제품 구현 모두에 대하여 책임을 져야 한다는 점이다. 이 원칙을 해치는 최악의 결정은 각 과업을 담당하는 팀을 2개로 나누는 것이다. 대표적으로 연구소에서 제품 발견의 역할을 담당하고 제품팀이 오로지 구현만을 담당하는 경우가 여기에 해당한다.

각 제품팀이 제품 발견과 제품 구현 모두에 대한 책임을 져야 하는 가장 중요한 이유는 이들이 그 해결 방안을 직접 시장에 선보일 것이기 때문이다. 그러지 않고서는 제품팀이 고객과 직접 대면하는 과정에서 느끼는 열정과 기쁨도 문제를 해결하기 위한 새로운 기술을 도입하는 것의 희열도 모두 사라지고 만다. 제품 발견을 담당하는 팀에서 해결 방안을 결정해서 그저 넘겨줄 뿐이기 때문이다. 이러한 조직 운영은 자연스럽게 혁신을 담당하는 팀과 그렇지 않은 팀을 나누기 때문에 이 역시도 악영향이 크다. 결과적으로 왜 수많은 기업이 혁신을 담당하는 조직을 갖추고 원하는 결과를 얻지 못하는지 알 수 있다.

CHAPTER 30

혁신의 기술 - 역량

프로덕트 모델 역량을 갖추는 것은 프로덕트 모델로의 전환에서 가장 힘든 부분이다. 그뿐 아니라 구성원이 새로운 기술을 배우고 추가적인 책임을 지우는 과정이기 때문에 가장 예민해질 수 있는 영역이기도 하다. 하지만 새로운 능력을 갖추도록 교육하는 것은 가장 먼저 하는 일 중 하나이기도 한데, 기술 없이는 구성원이 어떠한 프로덕트 모델 콘셉트도 수행할 수 없기 때문이다. 이 책에서 다루는 다양한 기술은 《임파워드》에서 보다 상세하게 다루었다.

프로덕트 모델 역량

직무 재정의

직무 자체는 동일할 수 있지만, 프로덕트 모델은 각 직무에 새로운 정의와 책임을 부여한다. 혁신이 실패하는 이유 중 하나는 현실을 간과하고 각 역할의 구성원에 대한 기대치를 새로이 세우는 작업 없이도 빠른 성공을 기대하는 것이다. 성공은 무슨 일을 해야 하는지 명확하게 하는 데에서 출발한다. 각각의 역할을 성공적으로 수행할 수 있는 사람을 찾아내고 평가하는 것에서부터 시작할 수 있다. 각각의 관리자나 다른 프로덕트 코치로부터의 도움을 받으면 많은 구성원이 결과적으로는 성공할 수 있다. 하지만 직무에 대한 기대치를 새로이 구성하지 않는 이상 행동양식이나 결과를 바꿀 수는 없다. 제품이나 엔지니어팀 밖에서도 직무에 대한 기대치가 존재할 수 있고 이는 조직의 구성에 따라 다를 수 있다. 프로덕트 모델의 주요 역할이 여타의 사내 조직에도 영향을 준다면 그 범위 역시도 따져 평가해볼 필요가 있다.

직무 재설정

흔히 프로덕트 모델 역량 중 몇 개는 조직 내의 큰 변화를 필요로 한다. 이는 가령 프로덕트 매니저나 프로덕트 디자이너와 같이 조직 내에 이미 동일한 이름의 직무가 존재하는 경우로, 이 이름이 이전의 프로덕트 오너나 그래픽 디자이너를 단순히 대체했기 때문에 새로운 관점이 필요하다. 이런 상황에서는 높은 기준을 세우는 것도 중요하지만, 조직 전반에 이 직무의 역할이 어떻게 바뀌었는지 널리 알려야 한다. 이 역할을 다시 정의하고자 한다면 끊임없이 이를 알리는 것이 중요하다. 예를 들어 현재의 모든 프로덕트 매니저를 프로덕트 분석가나 프로덕트 전문가라는 이름으로 바꿔 부를 수도 있다. 그렇다면 프로덕트 매니저 역할에 새로이 지원할 때 혹은 새로운 역할에 맞도록 훈련받을 때 상대가 새로운 프로덕트 매니저로서의 역할을 수행할 수 있을 때에만 그 호명을 쓰도록 신경을 써야 한다.

역할 간의 균형

구성원으로부터 최고의 결과물을 끌어내려면 프로덕트 매니저, 프로덕트 디자이너와 엔지니어 간의 균형을 찾아야 한다. 프로덕트 모델로 진입할 때 초기에는 이 균형이 깨지는 것이 자연스럽다. 역할 간의 균형은 31장에서 다룬 팀 구성과도 연결된다. 프로덕트 모델로의 이행 중에는 더 적은 수이지만 더 뛰어난 프로덕트 매니저가 필요한 경우가 많고, 보다 많은 수의 뛰어나면서도 광범위한 역량을 갖춘 프로덕트 디자이너가 필요하며, 압도적인 테크 리드가 필요하다.

제품팀 조직장들은 프로덕트 모델에서 새로이 수행하는 역할이 많기 때문에 학습에 긴 시간이 필요할 수 있다. 오래된 제품팀은 대개 1명의 프로덕트 매니저, 1명의 프로덕트 디자이너, 2명에서 10명 사이의 엔지니어가 있다. 반면 플랫폼 제품을 다루는 경우에는 조금 더 기술 기반을 갖춘 프로덕트 매니저와 4명에서 20명 사이의 엔지니어로 구성되어 있다. 다양한 지점에서 차이점이 발생할 수 있기 때문에 엔지니어의 수는 때마다 다르다. 하지만 큰 규모의 팀을 적은 숫자로 운영하는 것이 소규모의 팀을 여럿 운영하는 것보다 낫다는 것을 기억하자.

디자이너가 너무 적다면

평가의 결과로 이따금 프로덕트 디자이너가 모자라다는 결과를 확인할 수 있다. 더 많은 프로덕트 디자이너를 채용하기 위한 과정 중에 프로덕트 디자이너가 적은 상태를 해결할 수 있는 몇 가지 선택지가 있다. 첫째, 제품팀을 분류하여 디자이너의 도움이 가장 필요한 팀에만 프로덕트 디자이너를 할당하는 것이다. 둘째, 정직원 채용 이전까지 일시적으로 함께 일할 프로덕트 디자이너를 고용하는 것이다. 이와 같은 프리랜서 고용은 프로젝트 단위가 아니라 기간 단위로 이루어진다는 점을 기억하자. 셋째, 프로덕트 디자이너에게 여러 제품팀의 업무를 동시에 해결해달라고 요청하는 것이다. 하지만 2개 이상의 팀에 할당되는 순간부터 프로덕트 디자이너의 기여도는 극적으로 하락한다는 점을 기억하자. 이 선택지는 모두 이상적이지도 않고 지속 가능하지도 않다. 하지만 몇 달간의 시간을 벌 수 있다는 장점이 있다.

외주 엔지니어와의 협업

프로덕트 모델로 전환하기 위해서는 더 많은 인하우스 엔지니어가 필요하다. CEO를 외주화하지 않는 게 당연하듯이 주요 엔지니어를 외주화하지 않는 것 또한 당연하다. 엔지니어 인력을 내재화하는 데에는 시간이 필요하다. 각 제품팀에서 가장 먼저 내재화해야 할 사람은 테크 리드다. 이 작업은 즉시 진행되어야 한다. 사실상 테크 리드가 없다면 제품팀이 없다고 해도 과언이 아니다. 테크 리드를 발탁했다면 이 사람은 다른 엔지니어가 모두 외주 인력이라고 하더라도 이들을 조율하고 소통할 수 있다. 하지만 적은 수의 인하우스 엔지니어가 보다 많은 외주 엔지니어보다 뛰어난 성과를 보여줄 것이다. 이 때문에 엔지니어 인력의 내재화가 비용을 절감하고 혁신의 수준을 끌어올린다. 만약 조직이 엔지니어 조직을 내재화하는 데 관심이 없다면 결론적으로 프로덕트 모델로의 전환에 큰 의지가 없다는 것을 의미하는 걸지도 모른다.

엔지니어의 참여도 끌어올리기

프로덕트 모델로 전환할 때 이따금 너무나 오랫동안 용병 취급을 받아온 엔지니어가 현재 상태에 익숙하고 제품 발견 과정에 참여하고자 하는 의지가 없다고 밝히는 경우가 있다. 당신은 적어도 테크 리드가 무엇을 구현하는지에 관심을 가지게 해야 한다. 테크 리드의 직무 기술서에 제품 발견과 관련된 책임을 명시적으로 기재해야 한다. 엔지니어의 참여 도를 끌어올리려면 직접 고객을 만날 때에 함께 참석하도록 하면 좋다. 이로 인해 엄청난 변화를 경험할 수 있을 것이다.

프로덕트 매니저와 현업 담당자

간혹 프로덕트 매니저가 조직 내에 유사한 이름을 가진 직무의 사람과 긴밀히 협업해야 하는 경우가 있다. 예를 들어 당신이 온라인 디지털은행 경험을 담당하는 프로덕트 매니저이고 다른 프로덕트 매니저가 예적금 또는 입출금계좌를 담당하는 경우가 있을 수 있다. 또는 당신이 전자상 거래 경험을 책임지는 프로덕트 매니저이고 다른 종류의 매니저가 전자 제품과 같이 특정 카테고리의 상품을 담당한다고 생각해보자. 또는 당신 이 뉴스와 미디어의 디지털 경험을 담당하는 프로덕트 매니저라고 생각 하자. 그리고 또 다른 사람은 콘텐츠를 직접 작성하는 사람일 수도 있다.

각각의 경우에 대하여 프로덕트 매니저는 현업 담당자와의 긴밀한 관계 가 필요하다. 좋은 소식은 해야 하는 일이 많은 것에 반해 누가 어떤 일 을 할지를 합리적으로 나누는 것이 가능하다는 점이다. 보통 제품팀의 프로덕트 매니저가 전반적인 디지털 또는 옴니채널 경험에 대해서 책임 을 지고 상대방은 기반 콘텐츠나 서비스를 담당한다.

하지만 언제나 주의해야 하는 것이 하나 있다. 이따금 상대 사업 담당자 가 예전처럼 제품에 대한 모든 결정사항을 직접 내리기를 원할 수 있다. 이들이 프로덕트 매니저에게 기대하는 것은 한 발짝 떨어져서 프로덕 트 오너의 역할을 수행하며 요구사항을 처리하는 것인데, 이는 되레 비즈니스 애널리스트와 그 성격이 유사하다. 하지만 이는 근본적인 의미에서 프로덕트 모델로의 전환에 반대하는 것이고 다시금 이해관계자 중심의 로드맵으로 회귀하는 것이다. 상대 사업 담당자가 이따금 이렇게 생각할 수밖에 없는 것은 종종 특정 프로덕트 매니저가 자신의 일을 제대로 하지 못하기 때문이다. 새로운 프로덕트 매니징 역량에 대하여 진지하게 생각하지 않는 일부 기업에서는 이런 일이 비일비재하다. 이럴 때에는 사업 담당자가 프로덕트 매니저의 역할을 수행하도록 해야 하는데, 다만 이들 역시 이 역할에 필요한 새로운 능력을 키우고 코칭을 받을 의지가 있어야 한다.

새로운 채용 절차

프로덕트 모델로의 전환이 가지는 장점 중 하나는 채용 후보군에게 회사가 더욱 매력적인 선택지가 된다는 점이다. 하지만 새로운 직무 기술서에 앞서 채용 후보자에게 무엇을 기대해야 하는지와 채용 후보자가 회사를 어떻게 평가하는지에 대해서 이해하고 있는 면접관을 구성해야 한다. 원하는 사람을 채용하기 위해서는 채용 담당자가 채용 절차 전반에 대한 권한을 쥐고 있어야 한다. HR이 도와줄 수는 있지만 채용 담당자가 HR이 자신을 대신하여 채용해줄 수 있다고 생각한다면 얼마 가지 않아 그것이 불가능하다는 것을 알게 될 것이다.

평가와 코칭 계획

적절한 사람을 적재적소에 배치한 뒤 각 담당자가 그 역할을 수행하는데 적합한 능력을 갖추었는지를 평가해야 한다. 이 과정을 거쳐야 기대치와의 간극을 확인하고 각 담당자를 위한 코칭 계획을 세울 수 있다.

온보딩 프로그램

혁신을 이루기 위해서는 교육이 꼭 뒤따른다. 책을 읽거나 워크숍에 참석하는 것도 좋은 방법이지만, 모두가 모여서 이 새로운 기술이 무엇인가에 대해서 함께 공부하는 것도 도움이 된다. 제품팀과 제품 관리자를 학습시키는 데는 다양한 방법이 있는데, 이 중 선호되는 확정 가능한 방식으로 프로덕트 모델 온보딩 프로그램이 있다. 제품팀은 이 프로그램에 함께 참여하고 이따금 프로그램 중에 중요한 순간에는 주요 이해관계자를 참여시키기도 한다.

혁신의 기술 - 콘셉트

새로운 프로덕트 모델 역량을 갖춘 후, 구성원들은 다양한 기술을 업무에 적용하며 프로덕트 콘셉트를 실현하기 시작한다. 제품 전략이나 제품 발견과 같은 역량은 언제나 개선될 수 있다는 것을 기억하자. 새로운 기술과 도구는 끊임없이 등장하며, 뛰어난 디지털 제품 기업들은 지속적으로 발전을 추구한다. 따라서 혁신을 고민할 때 완벽함이나 탁월함을 목표로 하기보다는, 구성원들이 필요한 역량을 갖추는 것을 우선으로 삼고, 지속적인 코칭을 통해 배우고 성장할 수 있도록 지원하자. 이 책에서 다룬 기술들은 《임파워드》에서 보다 상세하게 소개하고 있다.

제품팀

팀워크

제품팀의 모든 구성원이 뛰어난 능력을 갖췄다고 해서 제품팀이 전체적으로 뛰어난 협업을 해낼 수 있는 것은 아니다. 가끔 의견 충돌도 있을 수 있고 다른 문제도 발생할 수 있다. 제품팀 조직장은 각 팀의 전반적인 팀워크를 살펴보고 팀 간 구성원 이동이나 코칭을 통해 조직을 효과적으로 운영해야 한다.

팀의 지속 가능성

많은 기업이 특히 엔지니어에 대해서는 더더욱 즉각적인 필요가 생길 때마다 팀 간 구성원을 바꾸기도 한다. 물론 프로덕트 모델에서도 이따금 예외적인 팀 이동이 발생할 수도 있으나 이 이동은 절차를 거쳐서 예상치 않은 부작용을 불러오지 않도록 신중을 기해야 한다. 제품팀 조직장이 정서적 안정감과 팀워크에 대한 코칭에 많은 노력을 쏟아붓기 때문이다.

팀 구성 재검토

팀 구성team topology이라는 말은 제품팀이 어떻게 구성되어 있는지를 지칭하는 표현으로 각 팀의 책임 범위가 어디까지인지에 집중한다. 다른 말로 파이를 어떻게 자를 것인가로 표현해볼 수 있다. 아직 지속 가능한 제품팀을 구성하지 못한 기업의 경우 팀 구성 자체가 존재하지 않는 경우도 많다. 프로젝트를 단위로 하는 기업에서는 흔한 일이다. 이와 같은 경우 프로덕트 모델로의 전환은 근본적인 차원에서 지속 가능한 크로스 펑셔널 제품팀을 만드는 데에서부터 시작한다.

그러나 많은 조직에서는 혁신을 시작하고자 할 때 이미 팀 구성을 어떠한 형태로건 갖추고 있다. 이미 합리적인 팀 구성을 갖춘 경우도 많으며 되레 문제는 팀이 일하고 상호작용하는 방식에 관한 것이다. 특정 팀 구성은 오래 지속된 경우가 많고 이로 인한 업무에서의 의존도, 자율성과 주인의식 결여, 구성원이 스스로를 거대한 기계의 톱니바퀴처럼 여기는 동기부여 부재와 같이 심각한 문제가 있는 경우도 많다. 이러한 현상을 확인할 수 없는 조직에 대해서도 팀 구성은 제품 비전과 현시점의 제품 전략을 담는 그릇이라고 볼 수 있다. 따라서 회사에 제품 비전이 없다면 팀 구성은 이루어져 있지 않을 가능성이 크고 비전을 성취하기 위한 도움을 주기 어려울 수 있다.

팀 구성에 변화를 주는 것은 파급력이 아주 크다. 그러므로 이를 자주 손쉽게 하지 않도록 유의해야 하지만 혁신의 첫머리에는 걸맞은 결정일 것이다. 핵심은 프로덕트 비전을 수립하는 것이다. 제품팀과 엔지니어팀 관리자 모두 함께 협업해서 새로운 팀 구성을 고안하는 것이 좋다. 모두의 의견을 수용해야 한다는 차원에서 이를 강조하고 싶은 것은 아니다. 적절한 팀 구성은 엔지니어링과 아키텍처의 균형을 갖추어야 하며 고객과 사업의 목표 역시 담겨 있어야 한다. 우리는 2가지 목표를 모두 만족시키고자 노력해야 한다. 팀 구성과 관련한 문제는 주로 2가지 목표 중 하나에만 집중한 경우에 발생한다. 팀 구성을 효과적으로 고안하려면 여러 가지 사안을 감안해야 한다. 그러나 그 어떠한 팀 구성도 완벽할 수 없다는 점을 명심해야 한다. 이는 팀 구조가 기본적으로 서로 상충하는 목표들 간의 타협을 통해 만들어지기 때문이다.

혁신을 준비하고자 하는 많은 기업에 작은 제품팀이 너무도 많은 경우가 잦다. 우리는 주로 광범위한 범위를 포괄하는 적은 수의 팀을 운영하라고 조언한다. 이와 같이 조정한다면 의존성이 감소하고 각 담당자의 책임감이 향상되며 전반적으로 주인의식이 고취되는 것을 확인할 수 있는데, 이는 조직의 성과와 사기로 이어진다.

원격으로 근무하는 구성원

다양한 곳에서 근무하는 구성원을 다루기 위해서는 여러 사항을 감안해야 한다. 제품 구현은 구성원이 모두 떨어져 있어도 문제가 적을 수 있지만 제품 발견에서는 사정이 다를 수 있다. 제품 발견이 프로덕트 매니저, 프로덕트 디자이너 그리고 테크 리드의 긴밀한 협조를 바탕으로 하기 때문에 같은 공간에서 업무를 진행할 때보다 수월하다. 누구를 어떤 제품팀에 배치할지를 결정할 때 최소한 일주일에 이삼일은 함께 근무할 수 있는 위치에 주요 역할을 배치하면 긍정적인 효용을 기대할 수 있다.

제품 구현

제품 구현은 여러 단계의 과업으로 구성되어 있다. 구체적으로는 기술부채의 정도, CI/CD 적용 여부, 데브옵스 채택 여부, 출시 자동화, 계측과 모니터링의 수준, A/B 테스트 인프라 등 현재 조직의 상태에 따라 다를 수 있다. 보통 다양한 방식으로 업무를 수행해본 1명의 시니어 엔지니어가 팀에 합류해서 다른 팀 구성원에게 무엇이 필요한지 전파하는 방식으로 업무를 진행한다. 프로덕트 모델에 따라 업무를 수행해본 엔지니어가 없는 팀이 있더라도, 다른 팀의 구성원이 그러한 경험이 있는 경우가 많다. 이 경우에는 그 엔지니어에게 소속된 팀을 도와서 조직 전체의 선례가 되어달라고 요청할 수 있다. 이 엔지니어는 이후 몇 개월을 들여서 다른 팀이 변화할 수 있도록 돕는다.

당신이 예상하듯이 이와 같은 엔지니어는 빠르게 조직에서 가치로운 인재로 거듭난다. 아키텍처, 개발도구, 인프라, 테스트와 출시 자동화에 많은 시간이 걸리기 때문에 이 모든 것이 한순간에 이뤄지지 않는다는 것을 알아야 한다. 하지만 이와 같은 인프라 변화는 고객을 만족시키고 이에 따르는 결과를 책임지기 위한 프로덕트 모델로의 전환에 필수적 조건이다. 제품 구현의 과정에서 기술부채가 걸림돌이 된다면 18장에서 다룬 '**기술부채 관리**' 항목을 참고하자.

제품 발견

많은 기능구현팀이 제품 **백로그**_{backlog}에서 할 일을 찾은 뒤에 이것을 제품 발견이라고 오해하는 경우가 있다. 사실 기능구현팀은 구현하고자 하는 작업의 가치와 쓰일 만한지를 고민하지 않기 때문에 적극적으로 제품 아이디어를 검증하는 절차는 거치지 않는다. 게다가 사용성 검증을 주기적으로 하는 것도 아니므로 기능구현팀의 업무는 오히려 제품 정의에 가깝지 제품 발견과는 거리가 멀다.

그렇다고 해서 제품팀이 모든 제품 관련 위험 요소를 관리하는 것은 아니다. 제품팀, 특히 프로덕트 매니저에게는 이것 자체가 큰 발상의 전환이다. 새로 합류한 프로덕트 매니저가 가치와 사용성 모두에 대한 책임을 부담스러워하는 경우도 있지만, 이를 극복하고 책임을 함께 나눌 수 있도록 점진적으로 코칭하는 것이 중요하다.

고객과 상호작용

아직 혁신을 달성하지 못한 많은 기업은 고객과 상호작용이 전무하기까지 하다. 이를 바꾸는 것부터가 첫걸음이다. 각 제품팀에게 고객이 마주하는 제품에 대하여 매주 3회씩 한 시간짜리 제품 발견 과정을 진행하라고 요청하자. 꼭 이 시간뿐만 아니라 가능한 때에는 언제라도 이 과정을 거치는 것이 중요하다. 이것은 프로덕트 매니저와 프로덕트 디자이너의 일상에서 가장 중심이 되는 업무다. 유저 리서처의 도움을 받아서 진행해야 할 수도 있지만, 인터뷰를 진행하고 제품 아이디어를 매주 실제 사용자들과 검증하는 절차를 익혀야 한다. 계속해서 검증을 할 수 있도록 장애물과 핑계를 걷어내는 것부터가 어떤 회사에는 큰 과제일 수 있는데 이것이야말로 혁신의 단초가 된다. 10부에서는 고객과 자주 상호작용하는 것이 왜 힘든지를 논할 때 자주 등장하는 핑계가 무엇인지 살펴볼 것이다. 지속적인 혁신을 위하여 고객과의 상호작용은 필수적이다.

제품 발견 스프린트

제품 발견과 관련된 기술을 빠르게 배우는 방법 중 하나는 주 단위의 **제품 발견 스프린트**sprint 또는 **디자인 스프린트**를 운영하는 것이다. 이 방식을 통해 제품팀 내부의 신뢰를 빠르게 형성하고 제품 발견의 사고방식mindset, 원칙과 기술을 배울 수 있으며, 짧은 기간 내에 유의미한 것을 성취할 수 있다. 다시 말해 이런 제품 발견 스프린트를 직접 운영하면서 당신 스스로도 제품 발견 코칭의 경험을 축적할 수 있다.

핵데이

엔지니어를 제품 발견 절차에 참여시키는 방법 중 하나로, 프로토타이핑을 한 단계 끌어올려 **핵데이**hack day(해커톤)라는 행사로 만드는 것이다. 이것은 동일한 문제를 해결하고 싶어 하는 누구나 주최할 수 있고 제품 비전과 관련이 있다면 별다른 감독 없이 원하는 바를 시도해볼 수 있다. 이 장의 후반부에서 이에 관한 내용을 더 상세히 알아보자.

제품 전략

제품 전략에 영향을 주는 정보는 제품 비전과 기업의 목표이고, 제품 전략의 결과는 해결해야 할 문제다. 그리고 이는 곧 제품팀에 할당되어 통상 목표와 핵심 결과인 OKR로 바뀐다. 제품 비전과 제품 전략의 주된 목적이 이를 제품팀과 이해관계자들에게 공유하는 것이기 때문에 제품 비전과 제품 전략은 명확하면서도 공유하기 쉬워야 한다.

프로덕트 모델을 도입하려는 많은 기업이 아직 제품 비전이나 제품 전략을 갖추지 못했을 수 있지만, 어떤 프로젝트에 인력과 예산을 배정할지 결정하는 절차는 거의 항상 존재한다. 회사의 경영진에게 그 차이가 명확하지 않다면, 각 방식의 차이점을 분명히 짚어주는 것이 좋다. 두 방식 모두 회사의 목표에서 시작해 최종적으로는 우선순위가 매겨진 작업으로 이어지지만, 그 과정은 상당히 다르다.

제품 비전의 구축

혁신을 시도하는 조직 대다수는 현재 구축한 제품 비전이 존재하지 않는다. 제품 비전이라고 부르는 것이 있을 수는 있지만, 단순한 문장일 뿐 제품 비전의 역할은 수행하지 못하는 경우가 더 많다. 기능구현팀으로 구성된 회사라면 모두가 한곳을 지향하는 비전이 존재하기 어려운데, 이것은 기능구현팀이 제각각의 이해관계자 요구사항에 따르기 때문이다. 드물지만 이해관계자 개인 또는 여럿이 하나의 제품 비전을 가졌다면 가능할 수도 있다. 대개의 경우에는 각자의 사업 영역에서 최선을 다하는 것이 일반적이다. 이 때문에 혁신의 과정에서 첫 제품 비전을 세울 수 있도록 조직을 독려하곤 한다.

강력하고도 영감을 주는 제품 비전의 장점은 무척 많다. 강력한 제품 비전을 한번 세우고 나면 3년에서부터 길게는 10년까지 조직 전반에 긍정적인 영향을 미친다. 제품 비전 역시도 이미 경험이 풍부한 제품 관리자의 코칭이 도움이 될 수 있는데, 이와 같은 작업을 돕는 기업도 존재한다.

제품 전략의 수립

프로덕트 모델로의 전환을 시도하는 회사가 제품 비전이 없는 것과 같은 이유로 제품 전략도 갖추지 못한 경우가 대부분이다. 더 중요한 것은 실천할 수 있고 통찰을 바탕으로 한 제품 전략을 세울 수 있는 능력을 갖추지 못했다는 사실이다. 그래서 제품팀 조직장이 데이터, 고객과의 대화, 업계 및 기술로부터 인사이트를 얻고 어려운 결정을 하기 위해 집중하는 데 어려움을 겪는다. 제품팀 조직장은 이러한 역할을 수행해 달라는 요청을 처음 받았을 때 제품 전략과 관련하여 제시한 의견을 토대로 평가받은 경우가 종종 있다. 제품팀 조직장이 이와 같은 일을 전혀 해본 적이 없는 사람이라면 제품 리더십 코칭을 받기도 한다.

포트폴리오 관리

혁신의 과정에서 흔히 발생하는 문제로 레거시 시스템이 다수 존재하고 이를 살필 인력이 부족하다는 점이 있다. 이와 같은 상황에서 우리는 포트폴리오 관리를 해보라는 조언을 하곤 한다. 이는 모든 시스템과 구성요소를 나열하고 각 항목을 3개의 상태로 나누는 것이다. **지원을 중단**할 수 있는 시스템이 존재한다면 반드시 그렇게 해야 한다. 실제로 이 시스템이 얼마나 쓰이는지를 확인하는 자료를 만들어야 할 수도 있고 현재 운영을 위해 투입되는 비용을 계산해야 하지만, 이러한 중단을 통해 업무량과 플랫폼을 고도화하기 위해 보수해야 할 시스템의 개수도 줄일 수 있을 것이다. 다음으로 계속해서 유지하는 것은 중요하지만 그렇다고 해서 **현 상태를 유지**하는 것 이외에 더 많은 투자가 필요하지 않은 경우가 있다. 이런 경우는 시스템을 존속해야 하는데, 이것의 장점은 투자할 만한 가치가 있는 시스템에 인력을 재배치하고 대부분(전부는 아닌)을 이 시스템에서 놓아주는 것이다. 마지막 카테고리는 **투자**할 시스템인데 바로 여기에 새로 걸어볼 만한 가치가 있다. 이 업무를 담당하는 직원을 충분히 배치하는 게 좋다. 물론 이 포트폴리오 관리 과정은 쉽지 않지만 적절하게 인력을 배치하여 투자하기 위해서는 필수적인 단계다.

제품팀의 예산 집행

프로젝트 기반 모델에서 프로덕트 모델로 전환하고자 한다면 아마 당신이 속한 조직에서는 프로젝트 단위로 예산을 운영하는 데 익숙할 것이다. 그러나 이제 제품팀을 펀딩하는 방식으로 바꿔야 한다. 24장에서 이 내용을 다루었는데, 기존의 재무팀이 일하는 방식을 뒤흔들지 않고도 상대적으로 손쉽게 변화를 줄 수 있는 방법이 있다.

이전에 프로젝트 기반의 모델에서 당신은 프로젝트를 위한 사업 계획을 제안한 뒤에 재무팀이나 경영진이 예산을 투입할지 여부를 결정했을 것이다. 당신은 마찬가지의 예산 집행 절차를 거칠 수도 있지만 몇 달이 걸려 프로젝트 하나를 완성하는 사업 계획보다는 분기 단위로 결과를 낼 수 있다는 것을 제안하는 방향으로 바꿀 수 있다. 재무팀에서는 이를 더 선호하는데, 제품팀이 사업적 성과에 집중할 수 있다는 사실이 단순 기능을 출시하는 데 예산을 편성하는 것보다 의미 있기 때문이다.

팀 목표의 적용

뛰어난 제품 전략의 결과물은 해결해야 할 주요 문제와 그 우선순위이며 이를 '투자'라고 보기도 한다. 당신은 이 문제를 적절한 제품팀에 할당해야 한다. OKR을 채택하는 대부분의 기업은 문제를 팀에 할당하고 그 일환으로 프로덕트 모델이라는 방법론을 소개했다. 이와 같은 기법을 한 번도 사용한 적 없거나 기능구현팀의 맥락에 이를 적용하려다가 실패했다면 도움을 받아봐도 좋다. 제품팀 조직장 코치는 팀 목표 수립에 대하여 알려줄 수 있고 OKR에 특화된 코치를 고용할 수도 있다. OKR 코치를 채용하는 것의 핵심은 프로덕트 모델의 목표를 수립하는 과정을 직접 경험해보았다는 점이다. 영업이나 마케팅을 중심으로 OKR을 활용하곤 하는데 제품팀에 적용할 때는 다른 관점에서 쓰여야 한다.

제품 비전 또는 제품 전략 스프린트

제품 비전 스프린트와 **제품 전략 스프린트**는 제품팀 조직장이 도움을 받아 일주일 정도 제품 비전이나 제품 전략을 수립하는 데 집중하는 기간을 의미한다. 이 일에 적합한 사람을 모아 필요한 준비 작업을 해두고 매우 집중적으로 회의를 진행한다. 이것은 더 오래 걸릴 일을 단기간에 압축시키는 방법이다. 이러한 세션은 주로 경험이 풍부한 제품 코치나 전문 기업의 도움을 받아 진행한다.

제품 문화

조직의 평과 결과에 따라 문화 문제는 가장 주관적이고 변화가 가장 더딜 수 있다. 올바른 말을 하는 것은 어렵지 않지만, 특히 압박을 받는 상황에서 조직장이 어떻게 행동하는지 모두가 주시하고 있다. 실수를 할 수도 있고 심지어는 역행을 할 수도 있다는 점을 인정하자. 하지만 가시적인 문화의 변화를 확인하고 시간이 흘러도 이러한 기조를 유지한다면 구성원도 이것이 진짜라고 믿기 시작한다. 관련된 내용은 33장에서 더 심층적으로 다룬다. 프로덕트 모델이 지향하는 상식과 행동양식을 형성하는 데 도움을 주는 기법은 다수 존재한다. 그중에서 우리가 가장 선호하는 기술 몇 가지를 소개하고자 한다.

핵데이

엔지니어들과 더 나아가 제품팀 전체가 단순히 주어진 해결책을 구현하는 데 그치지 않고, 당면한 문제에 대해 혁신적인 해결책을 스스로 찾도록 하는 것이 팀 문화의 중요한 목표 중 하나다. 핵데이에는 가이드의 유무, 월간 혹은 분기별 주기, 데이터 중심, 자체 구성 또는 제품팀 주도 등 다양한 변주가 있을 수 있다. 우선 시작해보고 이에 대한 조직의 반응에 따라 계속 발전시키도록 하자.

고객 참여

지난 분기에 고객과의 대면이나 상호작용이 얼마나 있었는가? 그 이전 분기 대비 횟수가 늘어났는가? 아니라면 그 이유는 무엇인가? 이 상호작용에서 배운 점은 무엇인가? 조직이 점차 고객에 대해서 더 잘 이해하고 있는가? 그리고 배운 점을 공유하고 있는가? 제품팀이나 엔지니어에게 배운 것이 얼마나 전파되고 있는가?

혁신 돌아보기

지난 분기에 몇 개의 아이디어를 검증했는가? 그 횟수는 그 이전 분기 대비 획기적으로 늘어났는가? 그렇지 않다면 이유는 무엇인가? 이 혁신의 과정에서 기술은 어떠한 역할을 수행했는가? 데이터에 기반한 인사이트가 영향을 미쳤는가? 아이디어와 검증 절차에 대해 평가하는 것은 중요한 정보일 수 있지만 추가적인 코칭이 필요할 수 있다는 사실을 가리킬 수도 있다. 이 자체를 사업 성과와 혼동해서는 안 된다.

회고 문화를 정착시키기

다양한 형태의 회고를 진행할 수 있지만 매 분기에 제품, 디자인, 엔지니어 관리자가 한데 모여 지난 분기에 조직이 어떻게 업무를 수행했고 다음 분기에 무엇에 집중할지를 되새겨보면 좋다. 통상 이 회고에서 다루는 주제는 다음과 같다.

- 프로덕트 모델로의 전환 절차를 그저 따르기만 했는가 혹은 그 원칙을 바르게 이해했는가?
- 톱다운 의사결정이 얼마의 비중을 차지했으며 몇 개의 과제가 곧바로 제품팀에게 떨어졌는가?
- 제품 발견을 실험 단계에서 얼마나 수행했는지와 출시 이후 실패한 제품은 얼마나 되는가?
- 발굴한 아이디어들은 혁신에 얼마나 기여하였고 이때 엔지니어의 기여도는 어떠한가?
- 제품팀 구성원이 전략적 배경과 프로덕트 모델에 대해서 얼마나 이해하고 있는가?
- 제품팀과 다양한 이해관계자와 경영진 사이의 신뢰가 돈독해졌는가?
- 조직이 반드시 출시 일정을 지켜야만 하는 과제를 수행할 능력을 갖추었는가?

혁신의 기술 - 적용

이 장에서는 프로덕트 모델로의 전환이 일어나는 또 다른 국면인 현업에서의 적용에 대하여 살펴보자. 어떤 기술을 사용하는지와 무관하게 그 기술을 어떻게 조직에 도입할 것인지 고민해야 한다. 기술의 채택 과정에서 다루는 방법은 서로 완전히 배타적이지 않다. 오히려 여러 방법을 혼용하여 상황에 맞게 활용하는 것이 좋다. 어떤 방식을 따를지에 영향을 미치는 요소는 다음과 같다.

- 새로운 기능의 제품 전반에서의 상대적인 중요도
- 참여할 수 있는 인원의 제한
- 프로덕트 코치의 고용과 경험이 있는 제품팀 리더의 여부
- 프로덕트 모델로의 전환에 투자할 수 있는 시간
- 현재 비즈니스의 요구사항
- 이미 설정된, 반드시 지켜야 하는 출시 일정 건수
- 타 팀이나 시스템 의존도
- 이미 진행 중인 아키텍처 변화

- 그 외 수많은 이유

파일럿팀

가장 기본적인 방법으로는 하나의 제품팀 또는 사업 단위에서부터 프로덕트 모델로의 전환을 시작하고 점차로 조직에서 확대하는 방법이 있다. 이를 **파일럿팀**pilot team 또는 **파일럿 조직**pilot organization이라고 부른다. 변화가 시급한 조직인 경우 모든 것을 한 번에 해내려고 하는 경향이 있다. 이와 같은 접근이 적합한 경우도 있지만, 대부분 중대한 손실을 떠안기 일쑤다. 제품과 관련해서 중요하다고 여겨지는 개념 대부분은 프로덕트 모델로 전환하는 데에도 모두 적용된다. 구성원이 얼마나 빠르게 변화에 적응할 수 있느냐가 변화의 핵심이다. **얼리어답터**early adopter는 변화를 즐긴다. 대부분의 사람은 변화를 그리 달가워하지는 않지만 일단 불편한 점이 해결되고 나면 변화에 만족한다(초기와 후기 대다수에 해당한다). 마지막으로 어떠한 이유에서건 변화를 지양하는 소수의 후발주자도 존재한다. 이와 같이 모두가 변화를 한 번에 받아들이지는 않기 때문에 새로이 기능을 출시한 다음 제품이 시장에서 선택받은 과정을 살필 때도 이 개념이 중요하다.

또한 이 개념은 혁신에도 비슷하게 동작한다. 결과적으로 조직 역시 사람으로 구성되어 있는데, 당신이 이 사람들에게 아주 크면서도 파괴적인 변화를 시도하려고 하고 있기 때문이다. 이와 같은 변화를 한 번에 받아들이라고 조직에 강요한다면 일부는 괜찮을 수 있지만, 대부분은 만족하지 못할 것이다. 그리고 이런 반응은 변화의 내용과는 무관하게 벌어진다는 것을 이해하자. 심지어 변화를 간절히 원해온 구성원에게도 이런 반응이 나타난다는 것을 확인할 수 있다. 자신이 수용할 수 있는 방향의 변화를 원하기 때문이다.

혁신의 전략에서 효과적인 방법 중 하나는 조직이 파일럿팀을 통해서 변화를 수용할 수 있도록 유도하는 것이다. **파일럿팀**은 이러한 변화에 앞장서겠다고 자원한 제품팀과 관련 제품팀 관리자 그리고 이해관계자를 지칭한다. 이들은 새로운 업무 방식을 가장 먼저 시도해보고 싶어 한다. 그 과정에서 많은 장애물을 맞닥뜨리리란 걸 이해하고 있는 데다가 이를 극복할 방법도 스스로 찾아야 한다는 것 또한 알고 있다. 이 팀이 성공할 수 있도록 우리는 모든 수단을 동원해 도와야 한다. 예를 들어 우리는 파일럿팀에 프로덕트 모델의 역량을 갖추어 유능하고 능숙한 인력을 배치하도록 신경 써야 한다. 마찬가지로 이해관계자도 함께 변화에 힘쓰고자 하는 의지가 있는 팀을 선택해야 한다.

파일럿팀의 가장 큰 장점은 조직 전체가 변화의 과정을 거치지 않아도 된다는 점으로, 아직 다양한 문제를 해결하는 중인 경우에는 더더욱 그 장점이 힘을 발휘한다. 조직은 파일럿팀의 작업을 지켜보면서 이와 같은 아이디어에 익숙해지는 시간을 가질 수 있다. 다양한 사업 조직으로 구성된 대규모의 조직인 경우 이를 사업 단위로 진행하기도 한다. 변화를 시도한 한 사업 조직의 일이 잘 풀린다면 다른 사업 조직에도 그 변화가 확산된다. 만약 기대한 대로 풀리지 않더라도 테스트와 재시도를 하나의 사업 조직에 국한하여 진행해나가면서 성공할 때까지 계속 이어간다. 일반적으로 파일럿팀을 선정해서 진행하는 경우 적은 수의 제품팀과 함께 심층적으로 접근하는 것이 많은 수의 제품팀에 가볍게 시도하는 것보다 효용이 높다.

프로덕트 모델 측정 기준

대기업에서는 제품 조직 내 여러 부서의 요구사항이 하나의 우선순위를 가지는 게 아니라 제각각인 경우가 많다. 이런 경우 프로덕트 모델의 기준에서는 3가지 우선순위 측정 기준을 가지는 것이 좋다.

- 어떻게 구현할지를 바꾼다.
- 문제를 어떻게 해결할지를 바꾼다.
- 어떤 문제를 해결할지 선택하는 방법을 바꾼다.

서로 다른 우선순위 간의 균형을 맞출 때 채택하는 또 다른 방법으로는 서로 다른 팀에 대하여 프로덕트 모델의 일부만 적용해보는 것이다. 프로덕트 모델의 어떤 부분을 적용할지를 선택하는 데에는 다양한 방식이 있는데, 이때에도 3가지 측면에서 어떤 부분을 골라 먼저 적용해볼지를 결정할 수 있다.

- 어떤 조직은 어떻게 구현할지를 바꾸는 데 집중한다(제품 구현).
- 어떤 조직은 문제를 어떻게 해결할지를 바꾸는 데 집중한다(제품 발견).
- 어떤 조직은 어떤 문제를 해결할지 선택하는 방법을 바꾸는 데 집중한다(제품 전략).

이와 같은 방법을 사용하면 3개 조직 모두 프로덕트 모델 관련 개념에 집중할 수 있다. 제품 구현 방식을 바꾸는 데 집중하는 것은 제품 발견이나 제품 전략에 집중하는 것에 독립적으로 진행할 수 있으나 제품 발견과 제품 전략의 경우 서로 중첩되는 면이 있다. 제품 전략을 해결할 문제를 정의하고 제품 발견을 통해 그 문제를 해결할 방법을 찾기 때문이다. 하지만 어떤 문제를 해결할지 선택하는 방법에 앞서 문제를 해결하는 방법부터 바꾸고 싶은 경우가 있을 수 있다. 이러한 상황에서 도입할 수 있는 방법은 전형적인 제품 로드맵을 해결해야 하는 문제와 기대성과로 치환하는 것이다. 이를 **성과 중심 로드맵**이라고 하는데, 8장에서 다룬 내용이다. 이는 문제 해결 방식을 바꾸면서 프로덕트 모델로 전환하고자 하는 기업에서 채택하는 방법이다.

톱다운과 보텀업

프로덕트 모델로의 변화는 제품팀을 대상으로 하는 경우도 있고 제품팀 조직장을 대상으로 하기도 한다. 이를 병렬적으로 진행할 수 있는 좋은 방법이 있다. 1명의 제품 코치나 제품팀 조직장은 제품팀의 능력을 신장하는 데(보텀업bottom up) 집중하고, 또 다른 사람은 제품팀 조직장과 전략적 맥락에 있어서의 능력을 배양하는 데(톱다운top down) 집중하는 것이다.

이해관계자를 코칭

일부 기업에서는 프로덕트 모델로의 전환에 큰 영향을 미치는 요소가 제품팀 담당자와 이해관계자 간의 상호작용이다. 서로가 효과적으로 협력할 수 있도록 코칭하는 것이 중요하다. 이런 경우 1명의 제품 코치나 제품팀 조직장은 제품팀에 집중하고 다른 사람은 이해관계자의 관점에 집중하는 것도 하나의 방법이다. 프로덕트 모델에 도전해보고자 하는 열의가 높으면서도 조직으로부터 신뢰받은 사람을 찾으면 좋다. 이 이해관계자는 혁신의 조력자가 될 것이다. 제품팀이나 이해관계자와 긴밀히 협업하는 팀은 함께 변화를 시도해볼 수 있다. 여기서 강조하고 싶은 점은 효과적인 협업으로 제품팀과 이해관계자가 서로에 대하여 더 배울 수 있어야 하며, 변화를 선보여 더 큰 단위의 조직에 선례가 될 수 있도록 해야 한다는 점이다. 따라서 모든 당사자를 만족시키는 효과적인 해결책이 명확하지 않고, 실질적인 상호 양보를 통해 해결책을 찾아야 하는 노력을 선택하는 것이 도움이 된다.

이해관계자에게 브리핑

이해관계자를 코칭하는 것과 관련된 기법에는 변화에 관심 있는 이해관계자만을 대상으로 프로덕트 모델에 대하여 별도로 설명하는 자리를 만드는 것이다. 이때 통상의 반대나 우려에 대하여 심도 깊은 대화와 함께 어떤 고민이 있는지를 나누며 어려운 주제를 해결할 수 있는 안전한 공간을 만드는 것이 좋다.

기존 출시 일정 관리

백지 상태에서 혁신을 시작하는 경우는 드물다. 지켜야만 하는 수많은 출시 일정이 있을 가능성이 높다. 물론 제품팀 조직장이 기존의 출시 일정 목록을 확인하고 이를 가능한 줄이는 것을 기대할 것이다. 고객을 만족시킬 수 있는 다른 방법이 있다면 그렇게 하는 것이 합리적일 것이다. 하지만 여전히 남아 있는 업무가 존재할 수밖에 없다. 이때 적용할 수 있는 선택지가 몇 가지 있다.

가장 흔한 방법은 제품팀의 일부를 선별하여 약속된 출시 일정을 이행하도록 함으로써 팀 전체가 혁신에 착수할 수 있도록 준비하는 것이다. 이 방법의 단점은 몇 달간 조직의 일부는 프로젝트 중심으로 운영되고 나머지는 제품 중심으로 운영된다는 점이다. 납기를 맞추는 것이 늦어질수록 팀 전반의 사기가 저하될 수 있다. 다른 방법으로는 각 제품팀마다 기존 납기 일정과 새로운 제품 작업을 나눠 가지는 것이다. 이 방법의 장점은 여러 팀에 걸쳐 업무가 공평하게 배분된다는 점이다. 하지만 2가지 방식의 업무를 병행하는 것은 무척 어려울뿐더러 이런 식으로 업무를 수행하면 납기 일정은 물론 모두가 프로덕트 모델 방식을 채택하게 되는 일정도 지연될 가능성이 높다는 단점이 있다. 이미 쌓여 있는 출시 일정은 새로이 들어가는 작업과 혼동해서는 안 된다. 모든 팀이 혁신 이전에도 이후에도 일을 하고 있기 때문이다.

혁신의 전파

조직의 현주소에 대한 평가를 마치고 프로덕트 모델로의 이행을 위한 다양한 전략을 이해했다면 이제 구체적인 전환 계획을 세우는 것을 추천한다. 이 계획을 작성하고 이를 수행할 사람을 지정하는 것이 좋다.

전환을 위한 계획

궁극적으로 혁신을 위한 계획에는 많은 업무가 포함될 것이다. 그리고 각 업무를 나열하는 것만큼이나 담당자를 지정하고 책임을 부여하는 것 역시 중요하다. 하나의 업무를 여러 사람이 함께 작업하는 데에는 전혀 문제가 없지만, 다수의 기업 문화에서는 담당자를 명확하게 하고 책임을 지우지 않으면 결과를 얻을 수가 없다. 조직을 바꾸기로 결심했다면 이제 행동으로 옮길 차례다. 혁신을 위한 노력이 6개월에서 2년까지 긴 기간 동안 계속되다 보니 조직이 목표에 대한 집중력이나 흥미를 잃기 쉽다. 이를 방지하기 위한 노력을 지속해야 한다.

담당자 지정

대부분의 난도가 높은 업무를 수행할 때와 마찬가지로 혁신 과정에서 필요한 구체적인 업무에 대하여 담당자를 호명하고 책임과 권한을 부여하는 것이 핵심이다. 마찬가지로 혁신 계획을 이행할 전체 책임자인 시니어 제품팀 조직장을 지정하고 진행 상황의 추적과 이에 대한 보고 체계를 갖출 수 있어야 한다. 업무의 규모가 크고 복잡할 때 무조건 위원회를 만드는 것이 업무를 진행시키는 방법이라고 생각하는 실수는 범하지 말자. 책임자를 확인하고 권한을 부여한 다음, 결과에 대한 책임을 물어야 한다.

끊임없는 전파

조직 내 끊임없는 전파는 정말로 프로덕트 모델로의 변화에 꼭 필요하다. 제품팀 조직장은 계속 제품팀과 다른 제품팀 조직장, 이해관계자, 경영진 그리고 특히 이 절차를 반대하거나 이의를 제기하고자 하는 사람과 반복적으로 시간을 보내야 한다. 계속해서 프로덕트 모델에 속하는 모두에게 전략적인 맥락과 제품 비전 그리고 제품 전략에 대하여 상기시키며 진행 과정을 알려야 한다.

작은 성공의 가치

혁신에 시간이 오래 걸린다는 건 의문의 여지가 없다. 이 때문에 작은 성공의 힘을 알고 있는 것도 중요하다. 다음은 작은 성공으로 조직 내 전파 혹은 축하할 만한 의미가 있는 순간이다.

- 어떤 팀이 월 단위의 출시 주기를 2주 단위로 줄였다.
- 어떤 팀이 주요 고객이 겪고 있는 심각한 문제를 확인한 후 수정하고 검증하여 출시했다.

- 어떤 팀이 실험을 통해서 배운 점을 활용하여 모두가 잘될 거라고 믿었던 작업을 초기 단계에 취소했다.
- 어떤 팀이 고객과의 대면에 나선 이후 그 경험과 배운 점을 나누기 시작했다.
- 어떤 팀이 제품 발견 과정을 거쳐서 긍정적인지 부정적인지는 무관하게 뛰어난 인사이트를 발굴했다.
- 어떤 팀이 수십 가지의 우선순위 높은 업무를 해결할 문제 하나와 이에 대한 정량적인 평가 척도로 치환했다.
- 어떤 팀이 어려운 문제에 대한 혁신적인 해결 방안을 찾아냈다.
- 어떤 팀이 뛰어난 사업 성과를 거두었다.
- 경쟁력을 갖춘 제품 비전을 세우고 조직 내에 전파했다.
- 제품에 대한 인사이트를 바탕으로 제품 전략을 수립했다.
- 조직의 신뢰를 받는 이해관계자가 제품팀과의 협업을 긍정적인 경험으로 나누었다.

이와 같은 마일스톤milestone이 확인될 때마다 조직 내 구성원은 혁신을 담당하는 사람에게 알리고 월간 공유사항에 포함되도록 해야 한다.

북을 울려라

혁신 과정을 전파하기 위해서 지속적으로 관심을 끌고 공유할 수 있도록 하자. 한 달에 한 번은 꼭 조직과 그 관리자와 이해관계자에게 진행 상황을 공유하자. 그리고 성공적으로 진행된 사례가 있다면 실제로 진척이 있다는 것을 꼭 알리자. 계속해서 북을 울리는 것이 얼마나 중요한지는 아무리 강조해도 지나치지 않다. 한 제품팀에서 유의미한 성과를 거두면 다른 팀도 그 결과를 확인할 수 있도록 하자. 과정에서 이룬 성과는 반드시 축하하자. 다른 팀에 이 변화를 통해 무엇이 가능한지 보여주자.

혁신을 어렵게 하는 것들

프로덕트 모델로 전환하는 것은 어려운 일이니만큼 이것에 성공하여 괄목할 만한 성과를 누리고 있는 기업도 언제나 성공하기만 했던 것은 아니다. 그 과정에서 주의해야 하는 상황의 예시는 다음과 같다.

CEO나 주요 제품팀 조직장의 조직 이탈

CEO가 조직을 떠났다. 물론 이사회는 새로운 CEO를 선출해야 한다. 하지만 이사회가 혁신 이전에 어떻게 일해왔는지를 완전히 잊고 제품 기반 기업을 운영하는 방식을 전혀 모르는 CEO를 고용하는 경우가 종종 있다. 이 새로운 CEO는 몇 년간 쌓아온 성과를 불과 몇 개월 만에 모두 무너뜨릴 수 있다. 혹은 주요 제품팀 조직장이 떠나면서, 프로덕트 모델에 대한 믿음이 그 사람 개인에게 있었음을 깨닫게 되는 상황이 생길 수 있다. 새로운 조직장이 이전의 믿음을 승계하지 못하면 조직은 후퇴하게 된다. 보통 제품 조직 구성원들이 이런 변화를 알아차릴 즈음엔 이미 피해가 발생한 이후다. 그래서 이사회에 프로덕트 모델로의 혁신 과정에 대해 지속적으로 알리고, 기업 단위에서 성과를 달성할 수 있었던 것이 이 혁신 때문이라는 걸 상기시키는 것이 중요하다.

조직 전반으로 확대

초기에 착수한 사업 조직이 전환을 완수함에 따라 다른 사업 조직도 이와 같은 변화를 도입하겠다는 결정을 내릴 수 있다. 프로덕트 모델로의 전환은 어렵고 시간이 흐르면서 혁신을 주도해야 할 사람이 그저 주어진 과업만 수행하기 때문에 이 혁신 전체가 물거품이 되는 경우가 있다. 여기서 명심할 점은 새로운 사업 조직이 모델에 변화를 줄 때마다 평가부터 새로이 시작해야 한다는 점이다. 비슷한 점도 있겠지만 집중해야 하는 것은 사업 조직 간의 차이점이다. 게다가 조직마다 동기부여의 수준이 다를 수 있다. 변화를 최초에 시도한 사업 조직이 동기부여가 가장 잘되어 있으며 그래서 이들이 가장 먼저 시도했었다는 것을 잊지 말자. 어떠한 경우에서도 사업 조직장의 역할은 중요하다.

PMO의 복귀

프로덕트 모델을 안정적으로 정착시킨 조직인 경우에도 이따금 경영진이 직접 지휘하고 통제하던 시절을 그리워할 때가 있다. 이런 경영진이 승진이라도 하게 된다면 이들이 가장 먼저 하는 것은 구식 PMO를 다시 진행하는 것이다. 이 같은 결정으로 인해 천천히 그러나 명백하게 이전 문화의 관습이 하나씩 돌아온다. 아마존은 명확하게 '첫날'처럼 일하라는 가이드가 있는데 이들은 최선을 다해서 '둘째 날'같이 일하는 회사가 되는 것을 지양한다. 위에 다룬 내용이 아마존이 걱정한 사례에 해당한다.

사업 환경의 변화

사업 환경이 자주 바뀌다 보니 일부 관리자는 다시 시계를 돌리고 싶어 하거나 그 반대의 상황이 벌어질 수도 있다. 가령 사업의 생사가 걸린 문제가 발생하고 이것을 계기로 혁신을 시도하였으나 그 위협이 지난 뒤에 사업이 안정되고 나니 혁신의 동력이 사라져버리고 다시 예전으로 되돌아가는 것이다. 팬데믹 동안 많은 기업이 눈부신 성과를 이뤄낼 수 있는 역량을 보유하였으며 실제로 그런 성과를 낼 수 있다는 것을 증명해냈다. 하지만 위기가 주는 경계심이 풀어지면서 이전의 행태로 돌아가려고 하는 구성원을 말리기 위해 고생하는 기업도 많았다. 이런 경우라면 CEO 또는 사업 조직장이 모두가 프로덕트 모델의 원칙을 따를 수 있게 격려하고 안온했던 예전으로 돌아가지 않도록 독려하는 게 중요하다.

CHAPTER
34

혁신에 필요한 도움

참고 SVPG의 역할이 제품 코치이기 때문에 이 장에서 다루는 내용이 우리 이익을 위한 것처럼 보일 수 있다는 점을 알고 있다. 하지만 소수 정예인 우리는, 책을 읽는 당신이 원하더라도 모든 도움을 제공하기 어려울 수 있다. 이런 경우, 우리가 할 수 있는 것은 신뢰하는 다른 제품 코치를 소개하는 것이다. 이 추천 과정에서 우리는 코치나 추천받은 기업으로부터 어떠한 대가도 받지 않았다. 단지, 여러분께 추천하는 이들이 해당 분야의 전문가로서 자신의 역할을 깊이 이해하고 있다는 점을 전달하고자 한다.

새로운 방식으로 일해본 적이 없는 회사가 어떻게 새로운 업무 방식을 습득할 수 있을까? 회사의 운명이 고객이 구매하고자 하는 제품을 만들 수 있는가에 달려 있다는 것을 깨닫는 데서 시작한다. 이 제품은 제품팀 조직장과 제품팀이 만든다. 혁신을 위해서 당신의 제품팀 조직장과 제품팀 구성원이 새로운 방식으로 업무를 하는 것을 배워야 한다. 훈련과 책이 도움을 줄 수 있긴 하지만 그것만으로는 부족하다. 이 장에서는 도움을 받을 수 있는 다양한 방법을 다루고 어떤 코치를 찾을지에 대한 판단 기준을 세울 수 있도록 매우 뛰어난 제품 코치 몇 명을 소개하고자 한다. 뛰어난 제품 기반 회사에서는 프로덕트 매니저, 프로덕트 디자이너 그리고 엔지니어가 각자의 업무를 그들의 조직장으로부터 배운다.

매니저를 코치로

전설적인 코치인 빌 캠벨Bill Campbell은 "코칭은 이제 더 이상 개별 직무가 아니다. 뛰어난 코치가 아닌 사람은 뛰어난 관리자가 될 수 없다"라고 단언했다. 같은 이유로 뛰어난 프로덕트 모델 회사에서 뛰어난 관리자의 자질 중 하나는 이들의 코칭 능력이다. 하지만 조직 내 관리자가 이와 같은 방식으로 일한 적이 없다면 어떻게 해야 할까? 하나의 방안은 시니어 제품팀 조직장, 특히 프로덕트 매니저, 프로덕트 디자이너, 엔지니어 팀의 관리자를 고용할 때 이미 이러한 모델로 일해본 사람을 채용하고 선례로 삼는 것이다. 이 방법은 매우 효과적이기도 하며 성공적인 혁신을 이뤄내는 방법 중 가장 많이 선택하는 방식이기도 하다. 그간 이 책에서 다룬 2개의 혁신 사례도 이와 같은 방식으로 접근해서 성공했다.

그러나 이러한 방식에는 2가지 문제점이 있다. 첫째, 이미 조직 내에 시니어 관리자가 있고 이들이 프로덕트 모델을 따르는 업무 방식을 수행한 적이 없다는 것이다. 둘째, 관리자가 경험이 있다고 하더라도 코칭을 필요로 하는 사람을 코칭하는 동시에 조직 전체를 변화하게 이끌 물리적인 시간이 부족할 수 있다는 것이다. 이와 같은 경우 외부에서 초빙한 제품 코치가 혁신의 성패를 가를 수 있다.

인하우스 제품 코치

규모가 큰 회사에서는 사내에 상주할 제품 코치를 1명 이상 고용하는 경우가 있다. 보통 제품 코치의 역할은 특정 팀이나 팀이 몇 개 모인 특정 상위 조직 또는 혁신의 과정 동안에만 한시적으로 협업하는 것이다. 하지만 일부 기업은 제품 코치 1명 이상이 계속 상주하기를 원하는 경우가 있다. 지속적인 코칭을 위해서 가장 효과적인 방법은 관리직에 프로덕트 매니저, 프로덕트 디자이너, 엔지니어를 직접 효율적으로 코칭할 수 있는 사람을 고용하는 것이라는 점을 잊지 말자. 그럼에도 불구하고 1명 이상의 전문가를 두고 성공 사례를 공유하며 새로운 팀 구성원을 훈련시키고 온보딩하도록 돕는 것은 도움이 된다. 하지만 이 역할에 적합한 사람은 이 분야에 대한 전문성을 갖춘 사람이어야만 한다는 것도 기억하자. 이따금 이 직무에 필요한 전문성을 갖추지 못한 사람을 채용하고 결과적으로는 조직 단위에서 불필요한 관행만 추가되는 경우도 있다.

외부 초빙 제품 코치

코치의 종류는 다양한데, 프로덕트 모델로 전환하는 과정에서 초빙할 만한 4가지 종류의 코치는 다음과 같다.

출시 코치

만약 아직 소규모로 독립적인 출시를 자주 할 수 없는 상황이라면 당신은 해야 할 일이 꽤 많을 것이다. 물론 여기서 자주 출시를 한다는 것은 최소 2주에 1회 출시하는 것을 의미한다. 출시 코치는 검증, 출시 자동화, 계측 모니터링 및 보고, 필요한 출시 인프라 수준을 갖추는 데 도움을 주는 엔지니어링 전문가다. 경우에 따라 현업 경험이 있는 애자일 코치가 이런 출시 관련 작업에 대한 도움을 줄 수 있다. 하지만 스크럼 Scrum이나 칸반Kanban과 같이 출시 절차에 집중하는 코치라면 적절한 도움을 주지 못할 수도 있다.

제품 발견 코치

제품 코칭의 근간을 이루는 것은 제품 발견 과정에 대한 코칭이다. 이를 전문으로 하는 코치는 제품팀에 제품 발견 과정의 기법을 코칭한다. 제품 발견 코치가 다른 분야 코치보다 자주 보이는 것은 보다 많은 제품팀이 이 분야의 도움을 필요로 하기 때문이다. 기능구현팀에서 임파워드 제품팀으로 변화하는 과정은 주로 구현할 값어치가 있는 해답을 찾는 것이고, 그것이 대개 제품 발견 과정을 통해 이루어지기 때문이다. 뛰어난 제품 발견 코치는 이전에 프로덕트 매니저, 프로덕트 디자이너 또는 엔지니어 관리자였다. 그들은 제품 발견에 효과적인 기술을 알고 있으며 자신의 지식을 다른 사람과 나누고자 한다.

제품팀 리더십 코치

프로덕트 모델을 지지하는 주요 역량과 프로덕트 모델 콘셉트 그리고 제품팀 리더십이 쉽지 않다는 것은 앞서 다루었다. 프로덕트 모델로 전환하고자 한다면 더더욱 중요할 수밖에 없다. 제품 비전, 팀 구성, 제품 전략, 팀 목표 그리고 직접 채용을 하고 코칭하는 능력을 갖추는 것까지 포괄하는 개념이 무척 많다. 많은 사람이, 특히 성장 중인 단계의 기업에 속한 사람이라면 흡사 전쟁 중의 승진을 경험한 적이 있을 것이다. 이제는 프로덕트 매니저, 프로덕트 디자이너와 엔지니어를 이끌어야 하는 상황이 된 것이다. 대부분의 뛰어난 제품팀 리더십 코치는 제품, 디자인, 엔지니어 총괄을 역임했던 사람으로서 리더십이 담고 있는 여러 주제를 스스로 다룬 경험이 있고 이를 기꺼이 나누고자 한다.

혁신 코치

프로덕트 모델로의 전환 과정에서 상위 조직장에게 필요한 마인드셋과 문화의 변화를 돕는 사람이다. 혁신 코치는 보통 회사의 상위 조직장 중 한 명과 직접 협력한다. 상위 조직장은 제품과 엔지니어가 바뀌어야 한다는 것은 알고 있지만 예산 편성(재무) 방식, 채용 방식(HR), 제품 판매와 마케팅(영업과 마케팅) 역시도 난항을 겪을 것이라는 걸 알고 있다. 이러한 유형의 코칭이 특히 어려운 이유는 대부분의 CEO들이 크고 복잡한 기업에서 상위 조직장으로서 직접 경험을 쌓지 않은 제품 코치에게 자사의 미래를 맡기려 하지 않기 때문이다. 이들이 필요로 하는 사람은 회사의 CFO를 찾아가 영업을 하는 방식이 왜 바뀌어야 하는지 그리고 엔지니어, 디자이너, 프로덕트 매니저와 직접 대면해야 하는 이유를 설명할 수 있는 사람이다. 우리가 아는 모든 성공적인 혁신의 순간에도 CEO와 신뢰관계를 구축한 누군가가 있었다.

제품 코치를 찾는 과정

어떤 방식으로건 새로운 업무 방식을 배우려는 구성원을 코칭할 사람이 필요하다. 이따금 잘못된 사람을 초빙하면 혁신 자체가 실패하는 결과로 이어질 수도 있다. 대다수의 기업은 도움이 필요하다는 것은 이해하지만 새로운 업무 방식에 대해 충분히 이해하지 못해서 누가 도움을 줄 수 있는 사람인지 판단하지 못하기도 한다. 당연한 말처럼 들릴 수 있지만 구성원이 배워야 하는 기술을 실제로 가르쳐줄 수 있는 코치를 초빙해야 한다. 놀랍게도 당신에게 코칭이라는 서비스를 판매하고자 하는 사람은 대부분 실제로 현업에서의 경험이 없다.

보다 명확하게 설명해보겠다. 출시 코치를 초빙하고 싶다면 제품팀이 검증을 진행하고 출시를 자동화하여 지속적으로 출시할 수 있는 수준으로 도달하게 도운 적이 있는 사람을 선택해야 한다. 제품 발견 코치를 채용하고자 한다면 제품 기반 회사에서 프로덕트 매니저나 프로덕트 디자이너로서 정말로 제품 발견 과정을 거쳐왔다는 것을 증명할 수 있는 자료를 확인해야 한다. 제품 기반 회사에서 제품 비전, 제품 전략, 팀 구성 그리고 팀 목표에 대하여 직접 다룬 경험을 제시할 수 있는 이들을 제품 리더십 코치로 채용해야 한다. 프로덕트 모델로의 전환에 대한 코칭을 맡기고 싶다면 기업을 프로덕트 모델로 성공적으로 전환시킨 경험에 대한 근거 자료를 요구해 반드시 확인해야 한다

이러한 사안을 강조하는 이유는 디지털 제품 기업의 경험이 없는 코치가 업계에 다수 존재하는데, 이들은 대부분 특정 소프트웨어 개발 방법론이나 매니지먼트 컨설팅 회사에서의 경험만 있기 때문이다. 이는 무척 중요한 사안이라 그저 이론적인 차원으로만 설명할 수 없다. 그래서 우리가 알고 있는 제품 코치 몇 명을 소개하고자 한다. 다시 한번 강조하자면 이들과 그 어떤 금전적인 보상도 오가는 관계가 아니다. 단지 그들이 기업이 성공하기 위해 필요한 지식과 기술을 갖추고 있다고 생각하기 때문에 추천하는 것이다.

제품 코치: 개브리엘 부프렘

제품으로의 여정

개브리엘 부프렘Gabrielle Bufrem은 그야말로 지구촌 시대의 시민이다. 브라질에서 태어나고 자랐으며 미국에서 학업을 이어갔다. 그녀는 4개 국어를 유창하게 구사할 수 있다. 유럽, 북미, 남미, 아시아의 10개 국에서 거주하고 일하는 동안 9개의 업계를 거치면서 제품에 대한 경력을 쌓아왔다. 개브리엘은 구글에서 인턴을 하던 중에 제품에 대한 애정을 키우게 된다. 마케팅 부서에서 인턴을 했는데 제품 관련 질문을 무척 많이 했다고. 당시 마치 프로덕트 매니저가 되려고 태어난 사람 같다는 말과 함께 그 방면으로 커리어를 모색하는 게 좋겠다는 얘기를 들었다고 한다. 프로덕트 매니저 역할에 무척 빠져들었던 개브리엘은 브라운 대학교에서의 마지막 학기에는 컴퓨터공학과 디자인을 공부할 수 있게 진로를 변경했다. 학업을 마치고 에듀케이션 퍼스트Education First 보스턴 지사에 합류한 뒤에 스위스로 옮겨서 사내 첫 프로덕트 매니저로 근무했다. 이후 5년간 피보탈 랩스Pivotal Labs에서 근무했는데, 처음에는 프로덕트 매니저로 시작하여 나중에는 제품팀 조직장으로 승진했다. 주로 실리콘밸리에서 근무했지만, 파리와 싱가포르 지사에서도 근무한 경험이 있다. 피보탈에서 제품팀 조직장으로 빠르게 승진하면서 개브리엘은 코칭 역할에 나날이 집중해나갔다. 그녀는 뛰어난 제품팀 구성원을 양성해낼 줄 알고 이를 위해 기꺼이 시간과 노력을 쏟아부을 수 있는 사람이라는 평가를 받게 된다. 피보탈 이후에는 리틀 오터Little Otter Health라는 정신건강을 다루는 스타트업에서 처음으로 제품과 디자인 조직 총괄의 역할을 맡은 그녀는 곧 제품의 품질을 개선하면서도 뛰어난 프로덕트 모델 기반의 팀을 구성하였다.

코칭을 시작한 계기

피보탈과 리틀 오터에서 일하면서 개브리엘은 자신이 다른 사람을 돕는 것을 무척 즐긴다는 것을 깨달았다. 이내 그녀는 프로덕트 매니징을 가르치면서 업계 콘퍼런스에서 발표하고 비공식적으로나마 사람들을 코칭하기 시작했다. 그녀가 제품에 대한 관점을 세우고 현재의 커리어를 쌓기까지 물심양면 도와준 뛰어난 멘토가 있었다. 개브리엘은 곧 그녀가 이제껏 맡아온 역할 중 가장 좋아하고 가장 뛰어난 성과를 낸 것이 코칭과 제품 조직을 이끄는 사람을 키워내는 것이라는 걸 인지했다.

이 깨달음은 전업으로 제품 코칭을 하는 커리어를 운영하는 계기가 된다. 개브리엘의 전문 영역은 코칭과 제품팀 조직장을 키워내는 것이지만, 그녀의 가장 뛰어난 능력은 친밀감 조성과 신뢰관계 구축이다. 신뢰는 개브리엘이 솔직하고 가감 없이 피드백을 제공할 수 있는 동력이자 다른 사람이 자신의 경계를 넘어서 잠재능력을 모두 발휘할 수 있게 하는 근원이다. 개브리엘은 친절하고도 강인하다고 알려져 있다. 그녀는 자신이 코칭하는 사람들이 그녀가 진정으로 자신들을 위한다는 것을 알고 성공하는 과정을 돕기 위해 함께한다는 것을 알아주는 덕분에 솔직하게 이들을 대할 수 있다. 그녀의 개인적인 성향과 다양한 인생 경험은 일을 할 때도 빛을 발한다. 그녀와 유대관계를 맺은 사람들은 그녀가 제품과 사람 둘 다를 이해하고 있으며 이들이 목표를 달성할 수 있도록 정말로 돕고 싶어 한다고 입을 모아 말한다.

제품 코치: 호프 구리온

제품으로의 여정

호프 구리온Hope Gurion은 인터넷 시대 초창기에 제품을 이미 다루고 있었다. 그녀는 온라인 쇼핑, 부동산 중개, 직업 중개와 같은 인터넷 시대 초기 서비스를 만드는 일을 하고 있었다. 사업 개발, 영업, 마케팅, 광고, 재무에 이르기까지 사업에 대한 광범위한 이해와 고객이 사랑하는 제품과 서비스를 선보이고자 하는 열정은 그녀를 제품의 길로 이끌었다. 결과적으로 커리어빌더CareerBuilder나 비치보디Beachbody를 포함한 유명 기업의 제품 조직을 구축하고 이끌면서 뛰어난 제품팀을 만들고 그 구성원이 고객의 문제를 해결하면서도 사업 요구사항을 충족시켜주는 능력을 갖추도록 돕는 사람이라는 평판을 얻게 되었다. 많은 기업에서 제품 조직을 세운다는 것은 이해관계자 중심의 기능개발팀을 뒤로하고 프로덕트 모델을 조직 전반에 전파하는 과정을 의미했다. 이를 수차례 경험한 호프는 그녀가 드물고도 가치로운 경험을 했으며, 특히 이와 같은 방식으로 일해보지 않은 제품팀 조직장들에게 더더욱 이런 경험이 중요하다는 것을 깨달았다. 동시에 수많은 기업이 프로덕트 모델을 이끌 수 있는 뛰어난 제품팀 조직장을 채용하거나 영입하는 방법을 모른다는 것을 알게 되었다. 이들 기업은 종종 엔지니어링, 디자인, 마케팅이나 사업 전략과 같은 인접 영역에서 잠재능력이 뛰어난 관리자를 제품팀 조직장 역할에 채용하지만, 이 새로운 관리자가 성공할 수 있는 체계는 제공하지 않는다는 것 또한 인지했다.

코칭을 시작한 계기

2018년에 호프는 전업으로 제품팀 리더십 코치가 되기로 결심했다. 또한 그녀는 **겁없는 제품 리더십**Fearless Product Leadership이라는 팟캐스트podcast를 운영하면서 세계의 제품팀 조직장이 자신의 역량을 더 끌어올릴 수 있는 방법을 공유하고 있다. 호프는 제품팀 조직장을 코칭하는 것 외에도 제품팀이 제품 발견 과정을 계속할 수 있도록 《Continuous Discovery Habits(지속적인 발견 습관)》의 저자인 테레사 토레스Teresa Torres와 함께 작업하기도 한다.

호프의 커리어에서 인상적인 점 중 하나는 사업과 제품의 접점에 늘 머물러왔다는 점이다. 호프는 특히 관리자와 팀에게 사업이 어떻게 운영되는지와 제품이 어떻게 사업적 성과에 영향을 미치는지를 가르쳐주는 것에 관심이 많다. 호프의 말을 인용하는 것과 함께 마무리하겠다.

"제품팀을 이끄는 동안 나의 팀이 목표를 달성하는 것만큼 기쁜 일이 없었다. 이제 제품팀 조직장의 코치로서 나는 혁신을 성공해내는 것을 볼 때 가장 기쁘다. 끈질긴 혁신 과정의 핵심을 파악하면 새로이 자신감과 확신을 가지게 된다. 결과적으로 두려움 없이 정면으로 맞설 수 있게 된다."

프로덕트 코치: 마거릿 홀렌도너

제품으로의 여정

마거릿 홀렌도너Margaret Hollendoner는 문제 해결에 대한 열정과 조직, 커뮤니케이션에 대한 자신의 강점을 한데로 모으기 위한 노력 끝에 우연히 프로덕트 매니징을 접했다. 스탠퍼드에서 기계공학을 공부한 그녀는 직접 고객과 대면하기 위해 애플리케이션 엔지니어로 일해왔다. 마거릿은 특히 현장 운영자에게 기계 작동 및 진단 방법을 가르치는 것과 같이 고객과 직접 대면하는 순간을 즐겼다. 그녀는 처음에 열역학 박사 학위를 취득하고자 했으나 이를 위해서는 고립되어 긴 시간 동안 연구해야 한다는 것을 깨닫고는 스탠퍼드를 떠나 보다 많은 사람을 만날 수 있는 일을 선택하기로 마음먹고 구글에 지원했다.

지금은 은인으로 생각하는 면접관이 그녀의 다양한 능력과 동기를 높이 사고 그녀를 프로덕트 매니저의 길로 이끌었다. 이후 18년 동안 마거릿은 구글에서 프로덕트 매니징에 대해서 배웠다. 그녀는 '경계를 횡단하는 사람'이 되는 것의 가치를 깨달았다. 제품 전략과 제품 발견 모두 사용자의 요구사항에서 어긋나지 않도록 엔지니어 부서 건물과 고객 부서 건물을 오가는 동안 이 가치는 더욱 와닿았다.

마거릿은 곧 프로덕트 전반을 담당하는 프로덕트 매니저팀 여럿을 관리했다. 구글에서 일하는 근 20년간 그녀는 건강, 비디오, 커머스 그리고 광고에 이르기까지 온갖 종류의 제품을 담당했다. 또한 소비자 대상부터 B2B에 이르기까지 다양한 유형의 팀과도 일할 수 있는 기회를 누렸다. 그녀는 디자이너, 엔지니어, 마케터를 포함하는 100명 이상의 조직을 이끌면서 프로덕트 매니저가 해결 방안을 모색하고 발전시키고 이를 반복한 뒤에 출시하여 성공적인 제품으로 안착시키기까지의 과정을 모두 관리했다. 그녀가 관리했던 제품으로는 애드센스AdSense, 유튜브 통계 및 동영상 측정YouTube Video Measurement, 구글 핏Google Fit 등이 있다. 그뿐 아니라 오프라인 매장 관리, 재방송 시청률 측정, 약물 복용 관리 등 출시하지는 못했지만 새로운 발견을 위한 노력도 게을리하지 않았다. 동기를 부여하는 동시에 빠르게 변화할 수 있는 효율적인 팀을 만들고 이끌기 위해서 그녀는 성공과 실패에 감사하고 이를 모두 수용할 수 있는 문화를 만드는 방법을 배웠다.

코칭을 시작한 계기

마운틴 뷰Mountain View에 있는 구글 본사에서 커리어를 시작한 마거릿은 곧 영국으로 돌아와 고국에서 제품 및 엔지니어 관리자로서 15년간 근무하였다. 이 직책을 담당하는 동안 그녀는 혁신적이면서도 다양한 팀을 구성하고 코칭하는 업무에 초기부터 참여했으며 기술 기반 제품을 효과적으로 만들 수 있게 도왔다.

이즈음 마거릿은 코칭과 다른 동료의 역량을 키우는 것에 집중하기 시작했다. 그녀는 제품, 엔지니어링, 디자인, 리서치와 같은 다양한 직무 전반에 걸쳐 신규 채용을 진행하고 역량을 개발하고 멘토링하고 조언을 했다. 마거릿은 여성 프로덕트 매니저, 런던 프로덕트 매니저 그리고 프로덕트 매니저의 관리자들을 서로 짝을 지어 돕는 커뮤니티를 만들었다. 또한 구글 기술 인턴 프로그램을 만든 창립 멤버인 그녀는 소프트웨어 엔지니어로 성장할 신입사원을 영입했다. 또한 그녀는 사내 교육과 브라운백 토크~brown-bag talk~*를 정착시키고 다른 직무에서 프로덕트 매니저로 전향하고자 하는 개인을 도왔다.

그녀는 개인이 놀라운 일을 할 수 있도록 동기를 부여하고 능력을 신장시키는 것이 그녀의 제품 비전과 전략에 대한 열정과 일치한다는 것을 깨달았다. 제품팀 구성원을 성장시키는 것은 그 둘의 결합이기 때문이다.

조직 단위의 능력 개발에 무척 관심이 많았던 마거릿은 6개월 동안 임시로 기술 HR팀에 합류하여 크로스펑셔널한 기술팀이 협업하고 함께 성장할 수 있도록 구글의 문화를 더 발전시키는 과정에 참여했다.

구글 밖에서 그녀는 기술을 다루는 개인과 스타트업을 멘토링하고 조언을 제공하기 시작했는데, 이 작업을 통해 전업 제품 코치가 되는 데 영감을 받았다. 마거릿은 그녀가 가장 선호했던 제품팀 리더십 관련 역량에 집중했다. 그 역량에는 제품 비전이나 전략을 수립할 수 있도록 돕거나 이해관계자가 모두 같은 목표를 지향하도록 동기화하거나 가장 효율적인 크로스펑셔설한 팀을 구축하는 과정 등을 포함한다. 제품 코치로서 마거릿은 여성의 건강부터 공장에 부품을 파는 것에 이르기까지 다양한 산업과 기업에 종사하고 있는 구성원의 열정과 헌신에서 힘을 얻고 있다. 덕분에 그녀는 코칭을 계속할 동력을 얻는 동시에 다양한 산업에 걸쳐 성공적인 크로스펑셔널한 팀을 구성하는 걸 도와 결과적으로는 기술을 통해 가장 큰 영향을 미칠 수 있는 특별한 기회를 누리고 있다고 생각한다.

---

* 옮긴이 업무 공간에서 진행되는 멘토링이나 간략한 미팅으로 주로 점심시간 전후로 이루어진다.

프로덕트 코치: 스테이시 랭어

제품으로의 여정

스테이시 랭어Stacey Langer는 전자기기를 판매하는 베스트바이Best Buy에 입사하며 커리어를 시작했다. 당시 베스트바이는 오프라인에서 온라인으로 시장 확대를 준비하는 중이었다. 회사와 함께 성장하면서 스테이시는 보다 많은 책임을 지는 것과 동시에 베스트바이에 도입되는 다양한 제품 관련 직무를 가장 먼저 배울 수 있는 기회도 얻었다. 베스트바이에서 20년 이상 근무하면서 스테이시는 콘텐츠 제작, 프로덕트 디자인, 프로덕트 매니징 그리고 테스트와 최적화를 모두 경험했다. 초기에는 개인 기여자로 이후 관리자이자 제품 총괄로 근무하다가 나중에는 제품 수석 부사장을 맡았다.

시간이 흐르면서 베스트바이는 그저 온라인 홈페이지에 머물러 있을 게 아니라 프로덕트 모델로 전환해야만 다양한 채널을 통해 인입하는 고객의 요구사항을 충족시킬 수 있다고 판단했다. 스테이시는 초기에 이 혁신의 과정을 이끌어달라는 요청을 받은 관리자 중 하나였다. 그녀는 외주 IT 인력 운용 구조에서 인하우스 제품팀으로의 전환을 이끌었다. 또한 프로덕트 매니징, 프로덕트 디자인과 엔지니어링을 포함한 모든 제품의 주요 역량을 배양하기 위해 채용과 코칭 모두를 진행했다.

많은 소매 전자기기 업체들이 살아남지 못한 상황에서 베스트바이가 여전히 건재하다는 것은 새로운 환경에 적응하고 변화하며 계속해서 고객에게 진정한 가치를 제공하고 있다는 증거다. 소매 업체의 혁신을 성공적으로 이끈 스테이시는 미국 정부 디지털 서비스에서도 같은 작업을 하기로 결정했다. 그녀는 미국 보훈처의 디지털 서비스 책임자이자 CTO로 재직하면서 수백만 명의 재향군인이 자신이 받을 수 있는 혜택을 보다 효과적으로 발견, 신청하고 추적, 관리할 수 있도록 도왔다.

코칭을 시작한 계기

스테이시의 경력 중에서 그녀가 가장 보람을 느끼는 부분은 재능을 갖춘 팀이 사용자를 위해 뛰어난 경험을 설계할 수 있는 자리를 마련할 수 있다는 점이다. 그녀는 서로 다른 능력과 접근 그리고 관점을 가진 개인이 모두 함께 모이는 프로덕트 모델에서는 각자 혼자 작업했다면 절대 찾을 수 없을 방안을 찾아낼 수 있다고 생각한다. 수년간 제품 관련 업무를 수행하고 무척 큰 규모의 조직에서 혁신을 이끌어오면서 스테이시는 새로운 도전에 맞서야 하고 혁신의 필요성을 느낀 조직의 관리자들이 도움을 요청한다는 것을 알게 되었다. 스테이시는 관리자와 팀을 코칭하는 것은 모두 강력하면서도 그녀가 좋아하는 일이라는 것을 깨달았다. 제품 코치로서 스테이시는 현업에서 제품팀 조직장으로서 쌓은 경험을 통해 많은 관리자와 팀이 프로덕트 모델로 전환할 수 있도록 돕는다. 또한 이들의 능력을 최대한 끌어올려 사용자를 중심에 둔 의미로운 제품을 만들 수 있도록 물심양면으로 지원한다.

프로덕트 코치: 매릴리 니카

제품으로의 여정

매릴리 니카_{Marily Nika}는 그리스에서 자랐다. 그녀의 기술에 대한 열정과 인내심이 실리콘밸리에서 성공적인 커리어를 쌓게 한 원동력이었다. 매릴리가 7살이었을 때 그녀는 프로그래밍 기초에 대한 오빠의 오래된 책을 발견했다. 그녀는 가족 모두가 사용하는 암스트래드_{Amstrad} 개인용 PC를 배우는 데 무수한 시간을 투자하곤 했다. 코딩에 열정을 보인 그녀는 어릴 적부터 컴퓨터과학을 공부하고 싶어 했다.

안타깝게도 그리스 특유의 교육체계상 학생이 곧장 공부하고 싶은 분야를 선택할 수 없었다. 그래서 매릴리는 어쩔 수 없이 경제학을 공부했다. 그녀 주변의 모든 사람이 그녀에게 프로그래밍을 포기하라고 설득했다. 하지만 그녀의 부모님과 그녀의 첫 멘토는 학교에서 무엇을 공부하는지보다 내가 열정을 찾을 수 있는 분야가 무엇인지가 더 중요하다고 조언했다.

매릴리는 마침내 구글 장학생이 되었고 런던의 명문인 임페리얼 칼리지에서 머신러닝 박사 학위를 수여했다. 매릴리가 2013년에 구글에 합류했을 때 프로덕트 매니징이 무엇인지에 대해서 전혀 알지 못했다. 하지만 입사 이후 프로덕트 매니저들과 일하면서 그녀는 곧 이 직업에 매료되었다. 구글이 내부적으로 프로덕트 매니저 순환 프로그램을 시작했는데, 운 좋게도 제품 관련 직무가 본인에게 맞는지 확인해볼 기회가 그녀에게 주어졌다. 이전의 기술 직무에서 제품 직무로 전환하는 것이 쉽지는 않았지만 매릴리는 후회하지 않았다. 매릴리는 런던과 실리콘밸리에서 8년을 근무하며 구글 어시스턴트Google Assistant와 AI/VR 제품을 만들었고 메타Meta의 리얼리티 랩Reality Labs에서 2년간 근무했다.

코칭을 시작한 계기

AI 분야가 성공하자 자연스럽게 사람들은 그녀에게 멘토링이나 커리어 코칭을 요청했다. 처음에는 같은 직장의 동료로부터 요청을 받았지만 곧 더 많은 곳에서 연락이 쏟아져 들어왔다. 매릴리는 자신이 멘토링과 코칭 분야에서 뛰어난 능력을 발휘하는 동시에 그 작업을 하는 매 순간을 즐기고 있다는 것을 알게 되었다. 오늘날 그녀는 유명한 제품 코치이자 주요 콘퍼런스의 연사로서 하버드 비즈니스 스쿨의 온라인 과정을 통해 AI 프로덕트 매니징을 가르치고 있다. 매릴리는 가능한 많은 사람이 AI 기술과 제품과 관련된 꿈을 좇을 수 있도록 돕는다.

프로덕트 코치: 필 테리

제품으로의 여정

필 테리Phyl Terry는 흔하지 않지만 극도로 효율적인 방법으로 제품과 관련된 일을 하고 있다. 필은 아마존이 인수한 첫 스타트업의 구성원이기도 했고, 맥킨지McKinsey에서도 근무했으며, 크리에이티브 굿Creative Good, CG을 설립하고 CEO를 역임하며 15년 동안 운영했다. 크리에이티브 굿은 수많은 세계 최고의 제품팀과 디지털 제품 기업과 협업하며 이들이 실제 사용자 조사를 통해 고객과 더 가까워질 수 있도록 돕는 최고의 파트너로 명성을 쌓았다. 이 회사는 스스로를 '듣는 연구소'라고 지칭하고 있다. 필과 CG팀은 아메리칸 익스프레스, 애플, BBC, 페이스북, 구글, 마이크로소프트, 나이키와 뉴욕타임스와 같이 업계 선두주자들과 함께 일하며 각 회사의 고객과 사용자를 더 깊이 이해하기 위해 노력했다. 이 과정에서 성과를 거두기 위해 필은 비단 제품팀 조직장과 제품팀뿐만 아니라 참여를 꺼리는 경영진까지도 개인적으로 교류하기 시작했다. 이 모든 경험을 거치면서 필은 뛰어난 제품팀과 제품팀 조직장이 어떠한지 여러 업계에 걸쳐 직접 들여다볼 수 있는 무척 소중한 기회를 얻었다.

코칭을 시작한 계기

닷컴버블 이후 필은 제품팀 조직장이 서로 연결될 수 있다면 마법과도 같은 일이 벌어질 수도 있다고 생각했다. 이윽고 필은 그가 가장 좋아하는 2가지 일인 제품팀 조직장을 코칭하는 것과 제품팀 조직장을 연결하는 것을 결합해서 2003년 컬래버레이티브 게인Collaborative Gain 을 설립하고 이 커뮤니티를 지난 20년간 운영해왔다. 이는 세계에서 가장 큰 네트워크로, 제품 기반 회사에 근무하고 있는 수백 명의 제품팀 조직장이 속해 있다. 필은 수많은 제품팀 조직장이 자신의 업무를 보다 잘 수행하고 커리어와 인생에서 행복한 만족감을 찾을 수 있도록 도왔다.

필은 뛰어난 코칭은 잘 듣는 것에서부터 시작한다는 것을 알아차렸다. 코칭을 하려면 그 분야에 대한 전문 지식을 충분히 갖춰야 하므로 계속해서 배우려는 마음가짐이 필요하다. 코칭을 하는 사람도 코칭을 받는 사람도 소매를 걷어붙이고 적극적으로 달려드는 열의가 있어야 한다. 기업의 역학과 문화에 대해서도 심층적으로 파고들어 이해해야 한다. 또한 불편하더라도 필요한 만남이라면 적극적으로 나서는 자세가 필요하다.

무엇보다 가장 중요한 것은 **생각하는 힘**이다. 코칭을 위한 조언을 하기에 앞서 정말로 숙고해야 하며 코칭을 받는 사람이 어떻게 문제를 해결할 수 있을지도 고민해야 하기 때문이다. 글쓰기를 통해 코칭하는 것 역시 좋아하는 필은 《Customers Included(고객부터 생각하기)》와 《Never Search Alone(혼자 헤매지 말 것)》을 출간했다. 필은 또한 수천 명의 프로덕트 매니저가 서로의 커리어 성장을 돕고 이직처를 탐색할 수 있도록 무료 글로벌 커뮤니티를 개설하여 운영하고 있다.

프로덕트 코치: 페트라 윌

제품으로의 여정

페트라 윌Petra Wille은 20년 전부터 제품을 만들고 있었다. 그녀는 수년간 엔지니어로 일하면서 커리어를 쌓았는데 커리어 초기부터 제품을 구현하는 창의적인 절차에 관심이 많았다. 큰 그림을 이해하고 보다 큰 영향력을 미치고 싶었던 그녀는 엔지니어에서 프로덕트 매니저로 전직을 결심했다. 프로덕트 매니저로서 그녀는 콘셉트에서부터 출시까지의 모든 제품의 단계에 깊숙이 관여했다. 페트라는 몇몇 유명한 독일 기업에서 근무했는데, 이때의 근무 경험이 프로덕트 매니징과 제품팀 그리고 훌륭한 제품을 만드는 데 필요한 복잡함과 미묘한 차이를 이해할 수 있게 도왔다. 곧 페트라는 관리자로 승진하였고 독일 기술 기반 유명 기업인 씽XING과 토링고Tolingo에서 제품팀 조직장으로 근무했다. 새로운 직책을 맡으면서 처음으로 코칭에 대한 책임감을 느낀 그녀는 업무를 해내기 위해 구성원을 교육하는 것의 중요성을 즉시 이해했다. 다른 사람을 도울 수 있다는 즐거움에 더하여 그녀는 코칭에 집중하면 뛰어난 인재를 영입하거나 근속하도록 하는 데에도 도움이 된다는 것을 깨달았다.

코칭을 시작한 계기

페트라가 전업 코칭으로 직무를 바꾼 것은 자연스러운 수순이었다. 제품 총괄 역할을 사임하고 홀로서기를 결심했을 때 그녀는 자신의 코칭 능력에 커리어를 걸어보자고 다짐했다. 그녀는 워크숍과 코칭 세선을 진행하면서 그녀만의 코칭 전략을 개발하고 계속해서 발전시켰다. 제품 코치로서 페트라는 많은 프로덕트 매니저와 제품팀 조직장이 자신만의 성공 공식을 찾도록 도왔다. 그녀는 조직 변화로 인해서 혼란스러워하는 구성원이 결과적으로는 성공을 향해 자신의 팀을 이끌어나가는 것도 볼 수 있었다.

모든 뛰어난 제품 코치가 그러하듯이 그녀의 접근은 모든 사례에 들어맞을 수 있는 단 하나의 전략이나 프레임워크를 강요하지 않는다. 대신 각 개개인의 요구사항에 코칭을 맞추고 돕고자 하는 사람과 기업의 맥락을 반영한다.

페트라는 제품 코칭을 하면서 헬스케어, 전자상거래와 컨테이너 배송에 이르기까지 다양한 업계에서의 문제를 경험할 수 있었다. 하지만 사람들이 성공적인 제품을 만들고 만족스러운 커리어 설계를 하도록 돕는 것은 공통의 문법이었다. 페트라의 말을 전하며 마무리하겠다.

"뛰어난 제품 코치는 사람들이 제품 여정에서 초기 단계인지 발전한 단계인지 무관하게 현재의 위치에서 만난다. 이러한 능력은 제품에 대한 실제 경험에 뿌리를 두며, 이를 통해 관련성 있고 실행 가능한 코칭과 조언을 제공할 수 있는 이해의 토대를 만든다. 이러한 실무 경험과 타인을 진정으로 돕고자 하는 마음이 합쳐지면 혁신적인 변화를 가져올 수 있도록 돕는 코치로 거듭날 수 있다."

2020년에 《STRONG Product People(강력한 제품 관리자)》를 출간한 페트라는 유럽 기반의 제품 커뮤니티에서 많은 활동을 펼치는 리더로서 유명한 제품 관련 콘퍼런스를 주최하고 발표하기도 한다.

CHAPTER 35

혁신 사례: 데이터사이트

마티의 노트 제품을 만드는 사람들이 흔히 하는 오해로는 소비자를 대상으로 하는 제품에서만 혁신이 일어날 수 있다고 생각하는 것인데, 기업을 고객으로 하는 제품을 만들 때에는 전혀 다른 맥락이 생긴다. 많은 기업용 소프트웨어 기업이 프로덕트 모델로 전환하는 게 느린 것이 사실이고, 영업 중심의 조직이 변화하기 어려운 것 또한 사실이다. 하지만 소개하는 사례가 보여주듯이 혁신을 이뤄내는 기업에게는 어마어마한 보상이 돌아온다.

배경

7부에서 데이터사이트의 혁신 사례를 이미 살펴보았다. 하지만 이 기업이 계속해서 프로덕트 모델로 전환하는 데 투자하는 이유는 혁신의 동력을 쭉 이어나가기 위해서다. 이 장에서는 그런 관점에서 데이터사이트의 이야기를 다뤄보겠다.

M&A를 성공적으로 이루려면 개인정보보호에 각별히 신경 써야 한다. 인수 과정에는 수많은 기밀문서가 오간다. 이 문서를 안전하게 관리하지 않으면 분실하거나 도난당할 수 있다. **문서 검열**document redaction은 문서

에서 중요한 정보를 삭제하거나 은폐해서 민감한 정보를 무단으로 접근하는 동시에 문서를 공유하거나 게시하는 데 문제가 없도록 재가공하는 과정을 의미한다. 이와 같은 검열은 문자, 이미지 그리고 다른 매체에 적용된다. 이 절차를 통해 특정 콘텐츠가 대중에게 공개되지 않도록, 경우에 따라서는 다크웹에 판매되지 않도록 처리한다. 문서 검열은 수작업을 거쳐 변호사나 법률 보조원이 신중하게 검토하고 검열 표기를 하거나 민감 정보를 물리적인 또는 디지털화된 방법으로 감춘다. 수작업 검열에는 대상 정보가 효과적으로 지워질 수 있도록 세심한 주의를 기울여야 한다. 2019년 검열 작업을 거친 문서가 법률 및 정치 관련 뉴스에서 중요한 역할을 했다. 한 변호사가 실수로 허술하게 검열된 문서를 제출했고 대중은 그동안 숨겨져왔던 정보를 확인할 수 있었다. 연이어 헤드라인을 장식한 이 사건은 사업을 운영하는 모두에게 경각심을 불러일으켰고 정보를 검열하는 데 쓰이는 방식이 생각보다 효과적이지는 않다는 것을 깨닫는 계기가 되었다.

문제 정의

데이터사이트는 고객의 신뢰를 얻기 위해서는 M&A 절차에서 오가는 문서를 철저하게 관리할 수 있는 검열 도구가 필요하다는 것을 잘 알고 있었다. 근본적인 문제는 검열 도구가 문자나 이미지를 가리거나 제거할 수는 있지만 이와 관련된 메타 정보까지 처리하지는 못하는 데다가 마음먹기에 따라 사라진 정보를 다시 재조합할 수 있다는 것이었다. 시장에 적합한 해결 방안이 존재하지 않는다고 판단한 데이터사이트는 정말로 효과적인 검열 제품을 스스로 만들어야겠다는 결정을 내린다.

기업 혁신 이전에는 이와 같은 발상은 기업이 추구하는 방향에 걸맞지 않았다. 하지만 데이터사이트는 프로덕트 모델로 옮겨가기 위한 능력을 길러내는 중이었다. 제품팀이 고객과 시간을 보내고 이들이 어떤 검열을 필요로 하는지에 대해서 이해한 팀은 목표로 하는 심층적인 검열에 필요한 다양한 기술적 접근도 따져보기 시작했다. 그 결과 이들은 곧 수백 수천의 문서로부터 특정한 데이터를 짚어낼 수 있고 이 데이터뿐만 아니라 메타 정보까지 함께 제거하되 나머지 문서는 유지할 수 있는 방법을 찾아냈다.

해결 방안 모색

엔지니어들은 문서에 대한 적절한 검열을 적용하면서도 사용자가 부여받은 권한과 접근 수준에 따라 데이터사이트 시스템을 통해 그 데이터를 복원할 수 있는 방법을 고안해야 했다. 엔지니어 1명이 새로운 접근 방식을 찾아냈는데 이는 구글 맵Google map에서 사용하는 방식과 동일한 것이었다.

기술적으로 구현이 가능한지 확인하기 위해 제품팀과 제품팀 조직장들에게 이 기술을 시연했다. 다음으로 엔지니어는 이 기능에 대한 프로토타입을 만든 후 데이터사이트 플랫폼을 통해 고객 경험이 어떠한지 확인했다. 이 팀은 유럽과 북미 지역에서 근무하는 12명의 고객 발견 파트너와 함께 협업했다. 광범위한 검증을 진행한 덕분에 영업, 마케팅 그리고 서비스팀은 런던, 파리, 뉴욕에 이르기까지 많은 고객이 초기 제품 발견 단계에 참여할 수 있도록 안내했다.

결과

결과적으로 데이터사이트는 문서로부터 정보와 그 메타 정보를 효과적으로 제거하되 무엇을 제거했는지 식별할 수 없는 기술을 구현해내고 이 기술에 대한 특허를 출원했다. 또한 사용자는 필요한 경우 삭제 및 가려진 정보를 모두 복원할 수 있다. 데이터사이트의 검열 도구는 시장에서 독보적인 차별화 요소로 자리매김함으로써 회사의 고객에게 의미 있는 가치와 맘 놓고 쓸 수 있는 제품을 선사했다.

IX

전현직자가 들려주는
혁신 사례:
어도비 | 레아 히크먼

마티의 노트 9부에서 다루려는 내용은 내가 가장 인상적이라고 생각하는 혁신 사례 중 하나다. 어도비Adobe는 언제나 위대한 기업이었고 수많은 뛰어난 제품을 출시했지만 프로덕트 모델을 바탕으로 동작하는 기업은 아니었다. 그러나 이들은 앞으로 닥칠 위기를 이겨내기 위해서는 변화가 필요하다는 것을 알고 있었다. 이 경우에는 기업의 혁신 사례가 프로덕트 모델로 전환 하는 계기가 되었다. 새로운 크리에이티브 클라우드Creative Cloud 제품을 출 시하기 위해서는 프로덕트 모델로 탈바꿈할 수밖에 없었다.

이 이야기를 들려줄 레아 히크먼Lea Hickman은 새로이 어도비 크리에이티브 클라우드의 프로덕트 매니저 총괄로 임명되었던 사람이다. 레아는 CTO 케 빈 린치Kevin Lynch를 비롯한 다른 이들과 협업하였고 탁월한 경영진의 도움 과 지지를 받았다. 덕분에 이들은 업계에서 금전적으로 가장 뛰어난 성과 를 기록한 혁신을 이뤄냈다.

많은 사람이 어도비를 인터넷이 정착된 뒤에 등장한 기업이라고 생각하 지만 1982년에 설립된 이 회사는 프린터와 개인용 PC에서부터 시작해 다양한 세대의 기술 발전이 이루어질 때마다 중요한 역할을 해왔다. 오 늘날 어도비에는 다양한 사업 영역이 있지만 디자이너가 디지털 세상에 걸맞은 도구와 기술을 제공하는 데 주로 집중하고 있다.

동기

종종 기업이 제품을 만드는 방식을 바꿔야 한다는 것을 알아차릴 수 있 는 신호가 있다. 가령 완전히 새로운 기술이 등장하거나 시장원리의 급 격한 변화가 그 예라 할 수 있다. 대부분의 경우 많은 조직이 이에 적응 하고 상황에 적절하게 대응할 수 있다. 내가 2007년부터 2014년까지 어도비에서 일하는 동안 우리는 그런 시기를 지나고 있었다. 기술과 시장의 변화를 체감하고 있었고 경쟁사와의 구도도 바뀌어가는 추세였다.

당시 나는 디지털 미디어 조직에서 디자인, 웹 그리고 인터랙티브 툴에 대한 프로덕트 매니징 관점의 책임을 지는 사람이었다. 이 포트폴리오는 어도비 인디자인Adobe Indesign, 어도비 일러스트레이터Adobe Illustrator, 어도비 드림위버Adobe Dreamweaver, 어도비 플래시Adobe Flash Authoring 등과 같은 제품을 포함하고 있었다. 우리는 개별 제품을 판매하기도 했지만 크리에이티브 스위트Creative Suites라는 이름으로 제품을 묶어 판매하기도 했다. 각 크리에이티브 스위트는 고객 페르소나에 맞는 다양한 제품을 포함하고 있었다. 예를 들어 디자인 스위트, 웹 스위트와 같은 제품군이 있었다. 우리가 판매하는 모든 제품을 포함하는 마스터 컬렉션 스위트도 선보였다.

당시 주력 사업은 기존 고객에게 각 툴과 스위트의 새로운 업데이트 버전을 판매하고 신규 고객에는 풀 버전을 파는 것이었다. 새로운 출시 일정을 결정할 때마다 매출 목표를 달성하기 위해서 업데이트와 풀 버전을 얼마나 팔아야 하는지를 추산했다. 곧 출시될 제품이 시장의 요구에 부합할 것이라는 자신감을 가지고 이를 계산했다. 다가올 출시를 앞두고 분석하는 과정에서 데이터가 보여준 것은 고객이 이미 기존 제품에 만족하고 있고 업그레이드를 할 확률이 그렇게 높지 않을 수 있다는 점이었다. 당시 대부분의 제품이 안정적이었고 시장에서 10년 이상 좋은 성적을 거두고 있었다. 그러나 가격이 지속적으로 오르면서 고객은 새로 나올 제품이 업그레이드를 하거나 구매할 만큼의 가치를 제공하는지에 대한 의문을 품기 시작했다.

또 다른 문제는 제품 출시 주기가 무척 길었다는 점이다. 내가 처음 어도비에 합류했을 때 대략 18개월에서 24개월을 주기로 한 번씩 대대적인 출시가 이루어졌다. 이런 큰 출시 틈에 작게나마 출시를 하기 시작하면서 변화가 일어났다. 이 방식으로 일하면서 새로운 기술을 활용한 기능을 제품에 도입할 수 있게 된 것이다. 이와 같은 출시 주기의 단축은 성과로 이어지기도 했지만 경쟁자들이 이미 끊임없이 출시하는 프로덕트 모델의 방식으로 선회한 터라 위협에 대처하기에는 역부족이었다.

이즈음 더 많은 소프트웨어가 서비스 형태로 제공되면서 새로운 경쟁자가 시장에 등장했다. 스케치Sketch나 에이비어리Aviary 같은 경쟁사를 고객이 언급하는 횟수가 갈수록 증가하고 있었다. 이 경쟁사들은 시장에 처음 등장했지만 단순하고 현대적인 디자인 툴이라는 가치가 어도비의 오래되고 복잡한 도구의 일부 기능만을 사용해온 고객에게 반향을 일으켰다. 또한 당시에는 고객이 어떻게 일할 것인가에 새로운 기술이 큰 영향을 미치는 중이었다. 예를 들어 아이폰이 출시된 지 수년이 지났고 더 많은 사람이 클라우드 기반의 서비스에 대해 말하고 있었다. 사용자(디자이너)가 데스크톱이나 랩톱이 아닌 클라우드를 사용하면 사용자가 특정 장치에 묶이지 않아도 되고 어느 장치에서나 데이터와 파일에 접근할 수 있는 건 무척 강력한 발상의 전환이었다. 이는 디자이너가 어떻게 아이데이션ideation을 하고 디자인하는지를 바꾸고 결과적으로는 업무 방식 자체를 극적으로 변화시킬 상황이었다. 이를테면 보다 많은 아이디어가 스마트폰의 카메라에 담길 것이고, 이는 더 많은 가능성을 열어줄 것이라는 의미이기도 했다.

당시 어도비의 모바일 앱에서의 작업 지원은 무척 한정적이었다. 우리는 플래시와 플렉스_{Flex}가 안드로이드와 iOS에서 모두 구동된다는 점을 내세워 뛰어난 작업 환경을 제공한다고 홍보했는데, 어도비 에어_{Adobe Air}가 애플리케이션들을 포용할 수 있을 것이라는 기대가 있었기 때문이다. 당시에는 하나의 애플리케이션에서 작업하고 이를 서로 다른 모바일 OS에서 확인할 수 있는 것은 혁신적이었다. 일부 고객은 이 기능에 긍정적인 반응을 보냈지만, 대다수의 고객은 각 OS 환경에 맞는 네이티브 애플리케이션을 보다 선호했고, 어떤 고객은 기준을 세워서 사용하는 별도의 프레임워크를 선호하기도 했다.

업무 방식의 변화는 우리의 고객이 어떻게 앱을 만드느냐의 변화를 의미하기도 했지만, 동시에 우리 역시도 어떻게 모바일 앱을 구현할 것인가에 대한 변화를 의미하기도 했다. 이와 같은 인지 부조화는 회사 내에서도 많은 혼란을 야기했다. 고객에게 어도비의 독점적인 프레임워크를 사용하여 앱을 구축하도록 제안하지만, 정작 우리는 각 OS에 최적화된 네이티브 애플리케이션을 어떻게 만들 것인지가 고민이었기 때문이다.

이 시기에 우리의 고객층이 바뀌는 또 다른 극적인 변화가 일어났다. 인쇄 매체에서 디지털 매체로 그리고 전문가로부터 취미로 디자인을 하는 사람이나 마니아층으로 고객층과 그 수요가 옮겨간 것이다. 그간 어도비의 매출 면에서 어느 정도의 비중을 차지해오긴 했지만, 트렌드의 변화가 확연히 선명해지고 있었다. 보다 단순한 툴을 선보이는 새로운 경쟁 업체는 전문가가 아닌 고객층에게 더욱 매력적이었다.

구매 고객의 행동 패턴에도 변화가 일어나고 있었다. 한때는 크리에이티브 스위트 구매자가 주로 인근의 가게를 방문해서 크리에이티브 스위트를 구매했다. 이들은 소프트웨어의 DVD를 구매해서 랩톱이나 데스크톱에 그 프로그램을 설치하곤 했다. 수년 전에 우리는 사용자가 소프트웨어를 다운로드할 수 있는 기능을 도입했다. 이제 다운로드는 더 선호하는 구매 방식으로 자리 잡았다. 다운로드 속도가 빨라지면서 사용자가 집이나 사무실에서 바로 구매하고 다운로드하는 것이 더욱 편해졌다. 리테일이나 리셀을 하는 사람을 만나는 일도 적어진 데다가 이와 같은 채널을 활용한 판매 건수도 줄어들었다.

마지막 동기부여의 계기는 2019년 4월 29일 스티브 잡스가 개인적으로 발표한 공개 서한이었는데, 애플이 왜 iOS 기기에서 플래시를 지원하지 않겠다는 결정을 했는지를 담고 있었다. 이것은 엄청난 타격이었다. 어도비의 크리에이티브 프로페셔널은 언제나 애플 하드웨어를 지원했는데, 크리에이티브 프로페셔널 고객들이 애플 제품을 무척 선호했기 때문이다.

우리는 다른 접근을 해야 한다는 것을 알았다. 변화가 필요하다는 것을 인지하는 것과 변화할 의지를 가지고 변화할 수 있다는 것은 서로 다른 이야기다. 우리가 가진 것은 채찍뿐이었다. 우리가 일하는 방식과 제공하는 제품을 혁신적으로 바꾸지 않으면 시장에서의 위치를 놓치게 될 것이라는 걸 직감했다.

우리에게는 당근도 필요했다. 만약 변화를 이루어낸다면 지금 우리가 고객과 사업을 위해서 할 수 없는 것 중에서 무엇을 할 수 있게 될까? 어도비는 긴 역사와 문화를 갖추었고 그간 성공적으로 확인된 업무 방식을 따라왔다. 앞으로 나아갈 길에 문제가 산재해 있다는 건 자명했다. 그러나 어도비가 당시 업계를 선도하는 기업이자 상장사로서 크리에이티브 스위트만으로도 연간 20억 달러 이상의 매출을 올린다는 것도 사실이었다.

이를 해결하기 위해서 3명의 경영진이 회의를 소집했다. 당시 CTO였던 케빈 린치, 플랫폼 사업의 전무senior vice president, SVP였던 데이비드 와드와니David Wadhwani, 크리에이티브 사업의 SVP였던 존 로이아코노John Loiacono는 각자 제품 카테고리 담당자에게 데스크톱 제품이 아닌 새로운 제품 아이디어를 준비하여 발표하고 시연하도록 요청했다. 특히 이들은 모바일 앱과 호스팅 서비스를 기대하고 있었다. 당시 우리는 호스팅 서비스와 모바일 앱이 앞으로 고객에게 크나큰 가치가 되리란 것을 알고 있었지만, 각 팀이 어디까지 그 생각을 펼쳐낼 수 있는지는 알 수 없었다. 이 회의에서 각 조직이 고객이 무엇을 원하는지에 대해서 서로 다른 비전을 가지고 있고 이는 모두 제각각이라는 것이 밝혀졌다.

이 회의를 계기로 경영진은 클라우드, 모바일, 데스크톱이 고객에게 가져다줄 수 있는 가치를 뛰어넘는 하나의 비전을 갖춰야 할 뿐만 아니라 이 비전을 이끌 수 있는 제품 관리자가 필요하다는 것을 깨달았다. 경영진은 그 역할을 나와 케빈 스튜어트Kevin Stewart에게 일임했다. 이 비전은 비단 제품팀뿐만 아니라 경영진, 이해관계자, 투자자와 애널리스트 그리고 고객에게도 명확하게 전달될 수 있어야 했다. 우리는 CEO인 샨타누 나라옌Shantanu Narayen과 CFO인 마크 개릿Mark Garrett에서부터 시작했다. 이 2명의 관리자에게 큰 도전에 걸어봐야 한다는 것을 설득하고자 했는데, 이는 어쩌면 회사의 운명을 건 베팅일 수도 있었다.

우리는 이들을 설득하지 못한다면 다른 회사 구성원들이 이와 같은 파괴적인 변화를 감당할 수 없을 것이라고 확신했다. 그래서 다시 돌아가 당근이 무엇인가? 이 변화를 왜 해내야 하는가? 이 질문에 대한 대답을 하기 위해 우리는 제품 비전을 내세웠다. 비전은 경영진과 주요 이해관계자들을 설득하기 위한 방안으로 쓰였다. 제품 비전에 대해서는 더 구체적으로 다루겠지만 CEO와 CFO 모두 동기와 변화가 어떤 성과를 가져올지에 대해서 이해했고, 이 변화를 위한 지지와 도움을 제공할 준비가 되었다.

프로덕트 모델로의 전환

어도비가 수많은 도전을 앞두고 있었던 것에 반해 몇몇 중요한 자산을 보유하고 있었다는 것 역시 중요하다. 어도비는 강력한 엔지니어 그리고 프로덕트 디자인 문화를 보유하고 있었다. 기술 인력의 뛰어난 능력에 대한 명성이 자자했고, 산업에 이바지한 핵심적인 기능을 제공해온 이력을 자랑했다. 그뿐 아니라 제품을 사랑하는 폭넓은 고객층을 보유하고 있었다. 이를 다시금 되새기면서 제품팀 조직장들과 나는 회사 전반적으로 중요한 변화를 이끌어야만 한다는 것을 상기했다.

제품 구현 방식의 변화

어떻게 아이디어를 구상하고 디자인하고 협업하고 싶은지에 대한 고객의 요구사항이 변화함에 따라 우리가 사용하는 기술과 지원하는 기술도 달라졌다. 물론 어떻게 제품을 만들고 출시하는지에도 변화가 생겼다. 우리의 워터폴 방식의 제품 주기는 너무 길었다. 고객은 이제 더 이상 새로운 기능을 사용하기까지 12개월에서 18개월을 기다리는 인내심이 없었다. 이대로라면 우리는 시장과 경쟁자들에게 뒤처지고 말 터였다. 웹 표준과 모바일 기기의 혁신 속도는 우리가 지속적으로 구현하고 출시할 수 있는 모델을 채택할 수밖에 없도록 몰아세웠다.

어도비에 뛰어난 엔지니어가 많았지만 지속적인 출시가 가능한 모델로 이행하는 과정에서는 거센 반발이 있었다. 고객의 삶을 더 나은 것으로 바꾸는 것과 제품을 구현하고 운영하는 엔지니어의 삶을 더 나은 것으로 바꾸는 것 사이에 협상이 필요했다. 그간 고객이 치명적인 문제를 발견했을 때 엔지니어는 이전 버전을 설치하라고 했었다. 하지만 클라우드 기반 제품에서는 문제가 발생한다는 건 모든 고객에게 영향을 미친다는 의미였다. 고객이 손쉽게 이전 버전으로 돌아갈 방법이 없었기 때문에 엔지니어는 끊임없이 제품을 운영하고 제대로 동작하는지 확인해야 했다. 이와 같은 수준의 제품을 유지하기 위해 헌신하는 것에 더해서 지속적으로 그리고 독립적으로 출시하려면 제품을 디자인하고 구현, 검증을 거쳐 출시하는 방식에 있어서 엄청난 설계상의 변화가 필요했다. 마침내 어도비의 엔지니어들은 감사하게도 이 도전을 받아들였고 방안을 찾아냈다.

독자에게 알리고 싶은 것은 이 과정이 쉽지만은 않았고 초기에 큰 반발을 마주했다는 점이다.

문제 해결 방식의 변화

어도비는 제품 구현 방식과 출시 방식을 바꾼 것 이외에 문제 해결 방식도 바꾸어야 했다. 당시 어도비는 강력한 엔지니어 또는 디자이너 중심의 문화를 가지고 있었다. 엔지니어나 디자이너가 제품에 대한 아이디어를 구상하고 프로덕트 매니저에게 이를 제안했다. 프로덕트 매니저는 이 아이디어를 중심으로 요구사항과 해결할 문제를 정의하고 디자이너 고객들에게 어떤 가치를 줄 수 있는지를 정리했다. 시간이 흐르면서 이 뛰어난 엔지니어와 디자이너는 승진했고 엔지니어 관리직들은 프로덕트 매니저나 프로덕트 마케팅 관리직에 비해 더욱 뛰어나다는 평가를 받아왔다.

좋은 소식은 이미 엔지니어에게 권한을 부여하는 강력한 문화가 있다는 것이었지만, 나쁜 소식은 엔지니어와 실제 제품을 구매하는 디자이너 고객 사이에 수많은 다른 이해관계자가 존재한다는 것이었다. 이 때문에 새로운 기능은 기대했던 만큼의 호응을 얻지 못하기 일쑤였다. 기대해볼 만한 수준으로 계속해서 혁신을 일으키려면 엔지니어뿐만 아니라 크로스펑셔널 제품팀에게 동기를 부여하고 권한을 위임해야 했다. 그 일환으로 우리는 곧바로 고객과 상호작용할 수 있는 환경부터 갖추기로 했다. 프로덕트 매니저, 프로덕트 디자이너, 엔지니어로 구성된 크로스펑셔널 제품팀에 힘을 실어주기 위해서 투자하고, 고객이 새로이 직면한 상황이나 이들의 요구사항을 효과적으로 다룰 수 있도록 고객과 직접 대면하는 프로덕트 마케팅과도 협업할 수 있게 유도했다.

지금까지 어도비를 이끈 사람들은 탁월한 엔지니어와 프로덕트 디자이너였지만 앞으로의 변화는 뛰어난 프로덕트 매니저의 역할에 크게 의지해야 했다. 조직 내에 이미 뛰어난 프로덕트 매니저가 많았지만 그들의 역할은 사업적 요구사항을 다루거나 그 요구사항을 구체적으로 기술하고 프로덕트 마케팅과 협의해서 다가올 출시를 준비하는 데 역할이 국한되었다. 이들은 계획에 맞추어 각 프로젝트가 일정 계획을 따르고 있는지 관리하는 역할도 담당했다. 우리는 이 직무를 맡은 사람이 이제는 가치와 실현 가능성에 무게를 두고 제품 발견 과정에 집중하도록 변하기를 바랐다. 제품 구현이 프로젝트 기반의 워터폴 업무 방식에서 지속적인 출시와 배포로 옮겨가듯이 제품 발견 작업도 변화가 필요했다. 경쟁사 현황과 고객의 기대치가 급속도로 변화하면서 우리는 6개월 전에 옳았던 것이 지금도 옳을 것이라는 확언을 할 수가 없었다.

우선순위 결정 방식의 변화

뛰어난 제품 비전

엔지니어, 디자인, 프로덕트 마케팅, 프로덕트 매니징을 포함한 모두가 고객이 어떤 상황에 직면해 있는지를 주제로 고객과 함께 이야기하기 시작했다. 우리는 많은 고객이 비용 문제를 안고 있다는 걸 파악했다. 특히 소규모 디자인 업체의 경우에는 최신 버전의 툴로 업그레이드할 비용을 지불할 여력이 없었다. 그리고 대부분의 고객이 모바일 기기와 태블릿을 사용해서 아이데이션을 하고 작업을 하는 것에 대한 기대가 크다는 것도 알 수 있었다. 게다가 디자이너가 자신의 작업물을 게시해서 새로운 작업 요청을 받을 수 있는 창구가 더욱 많아졌다는 것을 알아냈다. 당시의 시장에서 어도비의 입지를 생각할 때 이와 같은 문제를 해결할 수 있는 게 바로 어도비였다.

우리가 회사 내부적으로 달성하고 싶은 것에 대해 집중하기보다는 디자이너 고객과 그들의 인생을 더 나은 것으로 바꾸는 것에 초점을 맞추면서 제품 비전의 윤곽이 잡혔다. 우리는 마리사_{Marissa}라는 이름의 프리랜서 그래픽 디자이너의 하루를 상상해서 작성해보기로 했다. 마리사는 본인이 운영하고 있는 디자인 업체의 사장으로 몇 명의 직원이 있었다. 하루는 나이키의 크리에이티브 디렉터가 웹사이트(creative.adobe.com)를 탐색하다가 눈에 들어오는 인상적인 작품을 하나 발견했다. 이 이야기는 그 뒤에 이 디렉터가 어떻게 웹사이트의 다양한 요소를 확인하고 마리사에게 새로운 광고 캠페인 작업을 제안하는지까지의 상세한 과정을 다룬다. 마리사는 어도비의 태블릿 애플리케이션, 클라우드 기반의 동기화, 데스크톱 툴을 사용해서 뛰어난 제안서를 작성한다. 그리고 이를 다른 사진작가나 디자이너에게 공유하고 제안을 채택한 뒤에 프로젝트를 이어나간다.

이와 같은 이야기와 그것을 담아낸 **비전타입**visiontype은 우리가 디자이너 고객을 위해 하고 싶은 일을 떠올릴 때의 근간이 되었다. 우리가 디자이너 고객에게 가치로운 일을 한다면 그들은 우리와 함께할 것이고 새로운 고객도 동참할 것이라고 믿었다. 이 가정은 외부의 고객에게 그리고 내부의 이해관계자를 대상으로 검증을 거쳤다. 우리는 주요 디자이너 고객에게 이 비전을 공유하고 미래에 대해서 설명하면서 이게 의미로울 것이라고 생각하는 이유를 밝혔다. 또한 우리는 주요 사내 이해관계자에게도 이 내용을 공유했다.

우리는 시장 진입 전략이 바뀌어야 한다고 생각했는데, 그 말인즉 우리가 제품을 어떤 단위로 묶어 팔지에 대한 변화가 필요하다는 것을 의미했다. 이와 같은 변화는 영업, 마케팅, 재무에 크나큰 변화라는 것을 알고 있었다. 비전타입은 우리가 디자이너 고객에게 제공할 수 있는 미래를 이해할 수 있게 도울 뿐만 아니라 현재의 기업 포트폴리오와의 간격을 확인하고 어떤 문제를 우선순위에 두고 다룰지를 결정할 때도 영향을 미쳤다.

통찰 기반의 제품 전략

제품 전략은 2가지의 가장 중요한 고객 문제에서부터 시작되었다. 하나는 고객 인증에 대한 것이고 나머지 하나는 클라우드 기반의 데이터 동기화였다. 인증은 어도비가 즉시 다루어야 하는 새로운 분야였다. 데스크톱 서비스에서는 수용이 가능한 해결 방안이 다양한 기기에서 접속할 수 있는 클라우드 기반의 서비스에서는 적합하지 않은 경우가 있었다. 여러 번 인증을 하는 방식은 사용자에게 번거로울 뿐만 아니라 개인화와 라이선스 관리를 위해 필수적인 정보 수집에 큰 방해물이 된다. 우리는 범용적으로 사용할 수 있는 인증 시스템이 필요하고 고객이 모든 콘텐츠, 서비스 그리고 툴에서 접속하려면 이와 같은 시스템이 필수라는 것을 알았다. 두 번째 문제는 서로 다른 모바일 기기, 태블릿, 클라우드 애플리케이션과 데스크톱 간 정보의 유실 없는 동기화가 필요하다는 점이었다.

제품 플래닝

크리에이티브 스위트는 단순히 하나의 제품이 아니라 20개 다른 제품을 하나로 통합한 제품군이었음을 상기하자. 차세대로 옮겨간다는 것은 단지 각 제품을 고도화하는 것뿐만 아니라 제품 간의 격차 역시도 다룰 수 있어야 했다. 우리는 몇몇 애플리케이션을 통합하고 다시 디자인하고 재구현했으며 제품 비전을 달성하는 데 도움이 되는 특정 요소를 제품에 포함시키는 전략을 취했다. 그 과정에서 제품 비전은 공동의 목표를 공유하는 데 큰 도움이 되었고 어떤 문제를 가장 시급하게 해결해야 하는지 판별하는 데도 유용했다. 각 제품팀은 담당하고 있는 제품을 어떻게 개선하고 싶은지에 대한 의견을 제시했다. 이 열정적인 자세는 무척 고무적이었지만 우리는 모든 팀이 마리사가 **무엇을 원할지**에 대해서 이해하고 그것에 집중한 결과물을 내길 원했다.

제품 비전은 모든 팀이 진정으로 협업해야만 이뤄낼 수 있었다. 공통의 인증 시스템을 적용하여 단 하나의 어도비 아이디로 모두 로그인을 할 수 있게 하거나, 서로 다른 플랫폼 간 파일 호환이 가능하게 하려면 수많은 협의와 조율이 필요했다. 다행히도 우리는 개별 제품만을 출시해온 게 아니라 각 고객층에 걸맞은 스위트(패키지)를 운영해온 덕분에 이러한 업무 방식을 수행할 수 있는 능력을 갖춘 상태였다. 제품팀은 이것을 **스위트 세금**Suite Tax이라고 부르기도 했다.

또한 대대적인 결정을 기술적인 관점에서도 디자인적인 관점에서도 내려야 할 때가 있었다. 디자인 분야에 대해서는 뛰어난 관리직 구성원이 있었고 모두가 어떠한 기기나 툴을 사용하건 일관된 경험을 제공해야 한다는 공감대가 형성된 터라 결정이 용이했다. 클라우드 기반의 서비스와 모바일 애플리케이션을 다룰 때도 동일한 철학이 필요했다. 기능을 구현할 때와 서비스 내에 시각적인 표현을 고민할 때에 이와 같은 철학이 튼튼한 토대가 되었다. 일관성이 필요한 부분에 대해서는 코드화된 컴포넌트를 채택하여 구현했고, 그렇지 않은 부분에 대해서는 각 개별 제품팀이 실험을 통해 결정했다.

시장 진입 전략의 변화

크리에이티브 클라우드를 론칭할 수 있었던 마지막 이유는 이해관계자와의 진정한 협업에 있다. 우리는 제품을 바꾸는 것뿐만 아니라 비즈니스 모델과 제품의 시장 진입 전략 자체를 바꾸었기 때문이다. 과거를 상기해보면 우리는 제품의 새로운 버전을 12개월에서 18개월 사이의 주기를 가지고 출시해왔다. 우리는 무척 긴 구현 주기를 운영하면서 아주 복잡하고 손이 많이 가는 시장 진입 전략을 채택했다. 어떤 기능에 집중할지에 대한 결정에 수개월이 걸렸다. 또한 메시징과 포지셔닝 문서를 작성하고 언론 보도를 위한 시연 영상을 만드는 것에서 더 나아가 외부 출시 자료와 제품 패키징에 무척 많은 시간과 비용을 쏟아부었다.

SaaS 기반의 구독형 모델을 운영하기 시작하면서 우리는 제품을 지속적으로 개선하고 계속해서 출시를 이어온 터라 그런 방식으로 일할 시간 자체가 없었다. 우리는 고객에게 새로운 기능을 알리는 방법은 물론, 고객과 소통하는 창구를 바꾸어야 했다. 우리는 언론 보도를 위해 프로덕트 매니저와 프로덕트 마케팅 매니저가 직접 업계의 인플루언서influencer를 찾아가 긍정적인 리뷰를 작성할 수 있도록 시연했다. 이를 통해 고객과 사용자들은 최신 버전의 제품 구매 여부를 결정해왔다.

하지만 제품을 직접 곧바로 디자이너 고객에게 선보이기 시작하면서 연 단위의 대규모 행사가 아니라 보다 빠르게 고객이 제품의 변화를 알아채게 하는 방안을 찾아야 했다. 이와 같이 판매 방식의 변화에 따라 영업 조직이 기업 고객에게 제품을 판매하는 방식과 소매 제휴사와의 협업 방식, 프로덕트 마케팅이 업무를 수행하는 방식도 바뀌었다. 이 모든 변화에 대비하기 위해서 제품팀은 시장 진입 전략을 운영하는 모든 팀과 무척 긴밀하게 상호작용했다. 사실상 어도비 조직의 모든 구성원이 이 혁신에 영향을 받았으며, 특히 제품을 어떻게 판매할 것인지에 대해서는 근본적인 변화가 발생했다.

지금까지 살펴본 어도비의 혁신 사례를 통해 혁신을 위해 얼마나 광범위한 협업이 필요한지가 전달되었기를 바란다. 이 수준의 변화는 정말 쉽지 않기 때문이다.

결과

우리는 혁신의 성과를 고객수, 매출액과 주주 가치로 측정했다. 크리에이티브 스위트는 600만 명의 고객이 사용하는 서비스였고, 2021년 말 크리에이티브 클라우드는 2600만 명의 고객이 구독하였다. 크리에이티브 스위트는 연간 20억 달러의 수익을 올렸으며, 크리에이티브 클라우드는 2021년에 115억 달러의 매출을 달성했다. 이 기간 동안 어도비의 시가총액은 130억 달러에서 2690억 달러로 성장했다. 눈부신 사업 성과는 명확했다. 이 혁신은 업계 역사상 재무적으로 가장 성공한 사례로 남았다.

PART

X

반론과 재반론

어떤 규모의 조직이건 큰 변화에 반대하는 사람은 있기 마련이다. 무언가 바뀌는 게 싫다는 이유로 변화하기를 거부하는 사람은 언제나 존재하므로 이 문제에 어떻게 대처할지에 대해서도 고민해야 한다. 하지만 더 어려운 경우는 사람들이 종종 매우 정당한 우려를 가지고 있으며, 이러한 우려가 새로운 모델에서 어떻게 해결될지 알지 못한다는 것이다.

10부의 각 장에서는 조직 전반 그리고 심지어는 제품 조직 안팎에서 벌어지는 다양한 우려사항과 이를 어떻게 다룰 것인가에 대한 방안을 살펴본다.

CHAPTER 36

고객의 반대

참고 이 장의 내용은 21장과 함께 살펴보면 더욱 풍부한 인사이트를 얻을 수 있다.

> '사용자는 새로이 출시하는 기능이 모두 중요하고 꼭 필요하다고 믿을 수밖에 없다. 당신이 그것을 확신할 수 없다면 고객은 이 제품을 구매할 때에 망설일 수밖에 없다.'

이는 합리적이면서도 고객이 자주 제기하는 의문이다. 이런 의문을 제기하는 고객은 수년간 기업과 영업 그리고 마케팅 담당자에게 수많은 약속을 들어왔지만 이행되는 것이 별로 없었던 상황에 놓였을 것이다. 이 때문에 고객이 회의적인 태도를 취하는 것을 이해할 수 있다.

첫째, 고객이 상용 제품을 만드는 회사와 고객 맞춤 솔루션을 만드는 회사의 차이를 이해할 수 있도록 돕자. 둘째, 고객이 자신만을 위한 솔루션을 요구하는 형태로 자신의 필요를 호소하는 것은 자연스러우며 제품을 만드는 사람으로서 고객이 제시하는 솔루션 이면에 숨겨진 문제를 발견해낼 수 있어야 한다. 고객의 상황이 실로 특이하고 그것이 특정한 하나의 시장을 대표할 수 있다면, 그와 같은 방식으로 설계된 비즈니스 모델을 갖추어 고객 맞춤 설루션을 만드는 회사를 고객에게 소개하는 것이 적절할 수도 있다. 그러나 고객이 당신의 현재 또는 향후 타깃 시장의 구성원이라고 여겨진다면 그리고 이 기능이 제품 전략과 부합하다고 생각한다면 고객과 직접 대면하여 어떻게 하면 성공할 수 있을지를 모색하기에 좋은 기회일 수 있다. 고객은 당신이 이 문제를 해결하기 위해 최선을 다하고 있다는 것을 알아야 하지만 그 고객이 아닌 다른 고객에게도 유용한 방식으로 문제를 해결해야 한다는 것 역시도 납득할 수 있게 하자. 어떤 고객과 그 고객 외의 다른 고객에게도 도움이 되는 명확한 해결 방안이 있을 수도 있지만, 고객이 만족하면서도 동시에 기술적으로 가능하고 사업적으로도 가치로운 방법을 찾기 위해서는 제품 발견 과정에 많은 노력을 쏟아야 할 수도 있다. 이따금 고객 모두가 좋아하는 제품이 당시에는 가능하리라고 그 누구도 상상하지 못했던 제품일 수도 있다는 점을 설명하자.

'나는 이 기능이 언제 출시되는지 알아야만 한다.'

앞서 다룬 내용을 통해 알 수 있듯이 이 기능이 제품 전략에 부합하는지 아닌지부터 파악해야 한다. 만약 부합하다면 명확한 일정을 요구받았을 때 어쩌면 지킬 수도 없는 약속을 하기 이전에 이러한 상황으로 인해서 반드시 지켜야 하는 납기 일정을 정하는 업무 절차가 있다는 것을 상기하자.

'우리가 이 제품을 구매한다면 당신에게 크게 의존하게 된다. 따라서 당신이 가고자 하는 방향이 우리가 가고자 하는 방향과 같은지 확인해야 한다. 이 때문에 향후 제품 로드맵을 확인하고 싶다.'

기업 대상 소프트웨어를 만들 때는 더더욱 기업들이 상당히 큰 금액의 투자를 하고 당신의 회사에 큰 베팅을 하는 경우가 있다. 이들은 오늘날 당신의 회사가 어떠한지뿐만 아니라 앞으로 무엇을 할 것인지에 대해서 알고 싶어 한다. 대부분의 경우 제품 로드맵을 요청할 텐데 이때 당신은 제품 로드맵이 내포하고 있는 위험성에 대하여 설명할 수 있어야 한다. 또한 내부에서 관리하는 제품 로드맵과 외부용 그리고 고객에게 공유할 수 있는 로드맵을 각기 관리하는 것이 도움이 된다. 고객의 요구사항을 직접적으로 담고 있는 것은 제품 비전이므로 고객의 피드백을 받아 제품 조직의 제품 비전을 검증하는 것 역시 중요하다. 그래서 기회가 있다면 제품 로드맵보다는 제품 비전을 설명하는 것을 추천한다.

> '매번 새로 출시할 때마다 대응하기가 힘들다. 나는 3/6/12개월 단위로만 감당할 수 있다.'
>
> '매번 새로 출시할 때마다 이에 대해 구체적으로 설명한 문서와 트레이닝이 필요하다.'

이와 같은 의견은 모두 합당하다. 하지만 그간 자주 출시하지 않은 것이 이와 같은 상황의 근본적인 문제다. 사용자에게 동시에 너무 많은 변화를 일으키면 고객에게 큰 혼동을 야기할 여지가 있다. 새로운 버전에 대응하는 것이 쉽지 않기 때문에 사람들이 이것을 너무 자주 하는 걸 반기지 않는 것도 자연스럽다. 종종 고객은 드물게 업데이트를 하면 보다 높은 품질의 업데이트를 제공받는다는 오해를 하기도 한다. 하지만 결과만을 두고 보았을 때 이는 오히려 반대이며 왜 그런 현상이 벌어지는 것인지 고객에게 설명할 수 있어야 한다.

우리는 앞서 4장에서 지속적으로 출시하는 기술을 통해 이 문제를 예방할 수 있다는 것을 확인했다. 프로덕트 모델에서 고객은 소규모의 신뢰할 수 있는 점진적인 변화를 느낄 수 있다. 이 변화의 수준은 고객의 학습이 필요하지 않은 수준이나 크게 영향을 받지 않는 범위 안에서 이루어지도록 한다. 새로운 기능을 출시하는 것과 고객에게 가시적인 상태로 바뀌는 것의 차이 역시도 다루었다.

끊임없이 출시하는 방법 중 하나로 '암흑 속의 출시release dark'가 있는데 운영 환경에 새로운 기능을 출시하되 고객이 이 기능을 언제 직접 확인할 수 있을지는 제품팀이 통제하는 것이다. 이는 **기능 플래깅**feature flagging으로도 알려져 있다. 이에 반해 **기능 게이팅**feature gating은 고객군별로 새로운 기능에 언제 노출될지를 통제하는 것이다. 종종 고객에게 그녀가 쓰는 브라우저, 휴대폰, 자동차, 심지어 새로운 세탁기마저 이와 같은 방식의 목표 중심 제품으로 운영한다는 것을 알려주면 도움이 될 수도 있다. 고객이 여전히 매주 새로이 학습해야 한다고 생각한다면 그렇게 할 수도 있지만, 결과적으로는 이들 역시도 매번 당신이 안정적이고도 효과적인 해결 방안을 제공할 수 있도록 노력한다는 것을 알게 될 것이다. 오늘날 고객은 이전 시대의 분기 단위나 연 단위의 빅뱅 출시보다는 더 나은 것을 기대한다.

'우리가 제품을 어떻게 쓰고 있는지에 대한 정보를 수집하고 있다는 것이 불편하다. 우리는 이것을 왜 허락해야 하는가?'

여기서 강조할 사안이 2가지가 있다. 첫째, 제품으로부터 수집한 정보는 범주화하고 익명화하여 제품팀으로 전달될 뿐 개인을 식별할 수 있는 정보를 담고 있지 않다. 둘째, 이 정보는 고객을 위해 제품이 바르게 동작하고 있는지 확인하고 고객이 문제를 해결하는 데 진정으로 제품이 도움을 주고 있는지 살피기 위해서다. 이는 당신뿐만 아니라 고객에게도 중요하다. 비행기를 시운전한다고 할 때 그녀가 바른 경로로 가고 있는지, 비행기가 안전하게 운행되고 있는지 확인하려면 계측이 필요하다. 마찬가지로 제품팀도 그러한 계측 정보가 필요하다.

> '우리는 고객 발견 프로그램에 참여하고 있었다. 우리는 그 과정에 무척 만족하고 있었는데 당신이 이 새로운 제품을 더 이상 만들지 않기로 했다는 소식을 들었다. 이런 일이 흔한가? 우리가 무엇인가를 잘못한 것인가?'

이런 일이 흔히 벌어지는 것은 아니지만 종종 발생하기도 한다. 이와 같은 상황이 가능하다는 것에 대하여 프로그램 첫머리에 설명했기를 바란다. 이런 상황이 벌어지는 이유는 제품팀이 넓은 범위의 고객 모두가 만족할 수 있는 단일한 해결 방안을 찾지 못했기 때문이다. 때때로 고객의 요구사항이 무척 특이한 경우가 있고 상용 제품을 만드는 회사보다 고객 맞춤 솔루션을 제공하는 회사에서 이를 다루는 것이 더 효과적일 때도 있다.

CHAPTER
37

영업팀의 반대

참고 이 장의 내용은 22장과 함께 살펴보면 더욱 풍부한 인사이트를 얻을
수 있다.

'고객을 상대하는 것은 우리다. 왜 우리가 제품팀에게 무슨 일을 해
야 하는지 직접 말할 수 없는가?'

영업 담당자가 고객과 직면하고 제품에 대한 고객 의견을 직접 청취하는
중요한 역할을 한다는 점은 확실하다. 프로덕트 모델에서 프로덕트 매니
저는 회사 전반의 영업 담당자들과 튼튼한 협업관계를 만들고 서로 믿
고 의지한다. 프로덕트 매니저는 중요한 고객과의 영업 절차에 적극적으
로 참여하도록 해야 한다. 보다 넓은 범주에서 보자면 프로덕트 매니저
와 제품팀은 사용자나 고객과 직접 대면해야만 한다. 영업이라는 맥락에
서는 아니지만 제품 발견의 맥락에서는 말이다. 뛰어난 제품 관련 개선
의견이 고객이나 영업 담당자로부터 곧바로 나올 수 없는 이유는 이들
이 기술적으로 무엇이 가능한지까지는 알지 못하기 때문이다. 각자의 영
역에서는 전문가겠으나 직접 사용하는 제품에 담기는 기술에 대해서는

그만큼의 지식이 없을 수 있다. 제품을 구매할 때 고객은 당신이 그들을 위한 전문가가 되어주길 기대하는 마음으로 고용하는 것과도 같다. 뛰어난 제품은 고객의 생생한 요구사항과 구현할 수 있는 해결 방안이 만날 때 탄생한다.

> '제품 비전은 멋지지만 이를 실현하려면 몇 년이 걸릴 수도 있다. 나는 지금 실적을 내야 한다. 영업팀이 이 분기나 다음 분기에 실적을 내는 데 이것이 어떤 도움이 되는가?'

제품 비전을 따르는 것도 중요하지만 영업 담당자에게 지금 당장 팔 수 있는 제품을 제공하는 것 역시 중요하다. 가장 최신의 제품을 이용하고 여기서 만족하는 고객의 경험을 공유해서 영업 담당자를 도울 수 있다. 영업팀 관리자에게 각 제품의 구성 요소가 사업에 어떻게 직접적 영향을 줄지 설명하는 것도 중요하다.

> '실적에 크게 기여할 수 있는 잠재 고객이 있다. 이 계약을 성사시키기 위해서 몇 가지 새로운 기능을 제공한다고 약속해야 한다.'

프로덕트 모델에서 제품팀의 가장 큰 걱정 중 하나가 '특별대우'다. 특정 고객의 고유한 요구사항을 충족시키기 위해서 일시적으로 선보이는 기능이다. 이러한 요구사항이 몇 가지만 있어도 제품은 복잡해지고 기민하지 못하며 모두가 배우고 사용하기 어려워진다. 프로덕트 모델로 옮겨가는 과정 중에 추천하는 방법 중 하나는 현재 작업 중인 것 이외의 특별한 요구사항이 발생했을 때 영업 총괄에게 이 요구사항이 유효한지를 확인하는 것이다. 이 사람이 대부분의 요구사항을 저지하기를 바란다.

영업 총괄도 통과한 요구사항의 향방은 프로덕트 매니저의 몫이다. 이 잠재 고객이 타깃 시장에 부합하는지 그리고 이 요구사항을 통해서 잠재 고객이 해결하고자 하는 것이 무엇인지를 알아내야 한다. 대부분의 경우 이 잠재 고객은 타깃 시장에 속한 사람일 것이다. 프로덕트 매니저가 요청사항의 기저에 있는 문제를 확인하고 나면 이 잠재 고객뿐만 아니라 현재 또는 미래의 고객을 위한 합리적인 해결 방안을 찾아낼 수 있을 것이다. 만약 이 잠재 고객이 타깃 시장 밖에 있고 해결 방안 또한 제품 전략의 범위를 벗어나 있다면 보다 더 큰 기회를 노리기 위해서 이 업무 자체를 거절해야 할 수도 있다. 이와 같은 종류의 특별대우는 결과적으로는 홍보에 쓰일 수 있는 고객 사례까지 발전하는 경우가 드물고 오히려 영업 담당자가 잠재 고객들과 이런 논의를 하는 이유가 회사에 그만큼 도움이 되는 강력한 고객이 될 수 없기 때문일 수도 있다.

'경쟁사에 비해 주요 기능 몇 가지가 없는 탓에 계약을 몇 개 놓쳤다. 왜 그것이 우리의 최우선순위가 아닌가?'

모든 뛰어난 제품팀은 고객이 자신의 말을 쉽게 번복하기도 한다는 것을 알고 있다. 잠재 고객이 경쟁사를 선택한다면 그 선택의 변명으로 무언가를 말해야 하는데, 이를 계속 뒤쫓다 보면 끝임없이 기능을 구현하는 여정으로 제품팀을 몰아넣기도 한다. 물론 정말로 중요한 기능을 놓친 경우도 있을 수 있다. 그러한 경우라면 이 고객이 앞으로도 계속 선례로 남을 수 있는 고객인지에 집중해서 기능을 검토해보아야 한다.

'경쟁사에게 계속해서 지고 있다. 우리가 더 잘하려면 무엇을 해야 하는가?'

영업 조직이 지속적으로 제품팀과 마케팅팀에 효과적인 대안을 알려달라고 도움을 주고 있는 상황이다. 이 문제를 해결하기 위한 제품 관련 작업이 진행 중일 가능성이 높겠지만 그만큼 큰 변화가 필요하기 때문에 작업에 시일이 소요될 수도 있다. 이런 경우 프로덕트 매니저와 프로덕트 마케터가 머리를 모아 영업팀이 영업하는 데 도움이 될 만한 포인트를 찾거나 팔 제품을 찾아내야 한다. 경쟁사에 뺏기고 있는 고객층에 제공하는 제품이 경쟁사 대비 압도적으로 뛰어난가? 이 고객층에게 선보일 수 있는 선례를 빠르게 만들 수는 없는가?

'최선을 다해서 잠재 고객과 고객을 관리하려고 했지만 제품팀 사람들이 그것을 위협하게 두고 싶지 않다.'

사용자와 고객을 향한 직접적이고도 방해받지 않는 접근은 성공적인 제품을 만드는 데 무척 중요하다는 것을 다시 상기하자. 프로덕트 모델에서 타협이 불가능한 철칙 중 하나다. 필요하다면 CEO가 영업팀 관리자에게 이를 전달할 수 있도록 요청해야 한다. 제품팀에서 고객이나 잠재 고객과의 대면에서 부적절하거나 현명하지 못한 발언이나 처신을 하는 경우가 종종 있다. 제품팀 조직장은 이 사람들이 적절한 행동양식을 갖추도록 코칭할 책임을 가지고 있다. 고객사에 대한 관리 체계가 무척 공고한 회사라면 영업 조직에게 고객과의 대면 시 주의할 점을 알려주는 프로그램을 열어달라고 요청하고 고객을 만나는 사람은 모두 이 프로그램에 참여하게 할 수도 있다. 종종 이를 참 스쿨charm school*이라고도 한다. 영업과 서비스 조직으로부터 적절한 역할과 책임을 배우는 것에 더

---

* ⟨옮긴이⟩ 젊은이에게 예의범절을 가르치는 별도 교육기관

하여 고객을 만날 때에는, 특히 회사에 대한 불만을 가질 수 있는 사용자를 만날 때에는 꼭 약속을 지킨다는 인상을 남기는 것이 중요하다는 것도 알리자.

제품팀이 고객과 시간을 보내는 것에 대한 대안이 될 수는 없지만, 제품팀이 영업을 위한 전화 통화를 듣는 것만으로도 배울 수 있고 제품과 제품의 시장 진입 전략에서도 배울 점이 많다는 것을 잊지 않도록 하자.

> '아무 제품팀이나 갑자기 매주 담당자와의 상의 없이 연락하는 것을 원하지 않는다.'

이 또한 납득이 가는 반론이다. 제품 운영팀이나 유저 리서치팀은 고객을 방문할 때 일련의 준비를 하고 원활하게 진행되도록 도와야 한다. 이들은 모든 팀이 같은 고객을 방문하는 등 고객에게 부담을 주지 않도록 하고 해당 고객 담당자는 영업 담당자와 서비스 담당자가 계속 정보를 공유할 수 있도록 해야 한다.

CEO와 이사회의 반대

참고 이 장의 내용은 26장과 함께 살펴보면 더욱 풍부한 인사이트를 얻을 수 있다.

> 'CEO로서 나는 고객, 투자자, 이사회, 애널리스트와 다른 기업의 경영진을 매일 만난다. 제품팀이 무슨 일을 할지는 내가 선택해야 하지 않나?'

> '나는 매출의 최종적인 책임을 지는 사람이다. 제품이 수익을 낼 수 있도록 필요 로드맵을 내가 짜야 하는 게 맞지 않나?'

CEO가 제품 조직을 운영하는 데 있어서 아주 중요한 위치를 점하는 것은 사실이다. 대부분의 스타트업에서 CEO 또는 공동 창업자 중 1명이 제품 총괄을 맡게 된다. 혁신을 점차로 확대해나가려면 임파워드 제품팀에 의존해야 하는데 고객, 투자자, 이사회, 애널리스트와 다른 기업의 경영진이 무엇이 가능한지를 잘 모르기 때문이다. 따라서 확장 가능한 해결 방안은 이와 같은 결정을 관련 제품팀으로 넘겨주는 것이다. 하지만 CEO가 이 권한을 절대 놓지 않기 때문에 프로덕트 모델로의 전환이 불가능한 기업도 있다. 모든 일이 순탄하게 진행된다면 그와 같은 방식의 운영도 합리적일 수 있다. 하지만 대개 CEO는 시간을 겨우 쪼개고 쪼개 회사를 운영할지 또는 제품을 운영할지를 결정해야 할 정도로 바쁘다.

'사업을 운영하는 사람으로서 나는 무슨 기능이 출시되고 무슨 일이 벌어질지를 알아야 한다.'

CEO가 주요 제품 관련 업무의 진척 상황과 상세한 일정도 알아야 하는 것이 당연하다. 제품팀 조직장들은 언제 어떤 제품 관련 작업이 어떤 사업 성과를 가져올지에 대해서 보고할 수 있어야 한다. 이러한 이유로 이들이 제품 전략 관련 작업에 몰두한다. 또한 정확한 납기 일자가 필요한 경우도 있을 수 있다. 이런 일정을 확정하기 위해서는 그만큼의 비용이 필요하다는 것을 상기하자. 그러한 이유로 지정된 납기 일자를 맞추는 과업을 최소한으로 유지하기 위해서 모두가 관심을 기울이고 있다. 마찬 가지로 제품팀은 전략적인 맥락을 CEO가 공유해주길 원하고 있다. 그 래야만 당신이 만약 출장이라도 갔을 때 스스로 바른 제품 관련 결정을 내릴 수 있을 것이다.

'이사회가 제품 로드맵을 보고 싶어 한다. 나는 이사회에 이를 보고 해야 한다.'

이사회가 제품팀이 일하는 방식이 어떤 과정을 거쳐 사업에 영향을 미치는지를 이해하지 못한다면 이따금 로드맵을 요청할 수도 있다. 하지만 보통 그들이 정말로 궁금한 건 로드맵이 아니다. 그들은 자신이 투자하고 있는 제품이 기대 성과를 가져올 만큼의 잠재력을 가지고 있는지가 궁금하다. 그 궁금증을 해소해주려면 제품팀 조직장은 제품팀이 착수하고 있는 업무와 기대 성과 간의 상관관계를 충분히 설명할 수 있어야 한다. 이사회 협의 이전에 제품팀 조직장은 CEO, CFO, CRO_{chief revenue officer}(최고 비용 관리자 또는 영업 총괄)와 이야기를 나눠 제품 관련 작업과 사업 성과가 어떻게 연결되는지에 대한 이해를 조율하고, 지금 집중하고 있는 업무가 그런 결과를 가져올 수 있을 것이라는 자신감을 가져야 한다. 제품 조직이 언제 이와 같은 성과가 발생하는지 관리하지 못한다는 인상을 주면 그 신뢰를 사는 데 시간이 걸릴 수밖에 없다.

'내가 제품에 대한 아이디어가 떠오를 때는 어떻게 해야 하는가? 나도 적절한 제품팀과 이 아이디어를 나눌 방법이 있어야 하지 않는가?'

건강한 제품 기반 조직이라면 아이디어는 그 누가 제시하더라도 환영받는다. 요점은 문제를 해결하기 위한 방안 중 하나로 제시가 되는지 혹은 다음에 해야 할 일로 지정되어 전달되는지이다. CEO들은 가끔 자신이 건넨 제안이 해야 하는 일처럼 받아들여지는 상황에 당황하기도 한다. 그래서 이 부분에 대해서는 명시적으로 전달할 필요가 있다. 스티브 잡스가 종종 이야기했듯이 아이디어는 오히려 쉬운 부분이다. 그 아이디어가 정말로 유효한지 그리고 그 아이디어를 제품으로 만들어내는 과정이 잡스의 말에 따르면 일의 90%에 해당한다.

'제품 작업의 성과를 언제 확인할 수 있는가? 제품팀이 고군분투하고 있는지 순항 중인지를 어떻게 알 수 있는가?'

제품 전략은 이상적으로는 서술의 형태로 질문의 앞부분인 '언제 확인할 수 있는지'를 설명할 수 있어야 한다. 그래야 주요 담당자가 주된 제품 과업이 무엇이고 분기 단위나 연 단위에 걸쳐 어떻게 수행해야 하는지 마지막으로는 장기적 관점의 제품 비전과 어떻게 연결되는지에 공감하기 때문이다. 질문의 뒷부분에 대해서는 이를 측정하는 방법이 다양하다는 것부터 짚어본다. 많은 기업이 분기 단위로 제품팀과 질문 의도와 같은 사유로 리뷰를 진행한다. 또 다른 기업은 제품팀 조직장에게 팀을 깊게 살펴보라고 하고, 매 분기마다 팀이 겪고 있는 고충을 해결하기 위해서 어떤 조치를 취하고 있으며 현재 상황은 어떠한지 공유하도록 한다.

> '나는 조직 모두가 한곳을 바라보게 하고 싶다. 우리는 제품, 마케팅, 영업, 서비스 그리고 운영이 모두 같은 방향을 바라보고 한마음이었으면 좋겠다.'

이것이 바로 많은 기업이 프로덕트 모델을 도입하고 OKR을 사용해서 연 단위로 혹은 분기 단위로 모두 같은 공감대를 이루었는지 확인하는 이유다. 예를 들어 새로운 제품을 출시한다면 마케팅, 영업, 서비스와 운영이 모두 각자의 역할을 수행해서 새로운 제품이 성공하게끔 노력하고 있는지를 확인한다.

> '이사회에서 내가 투자를 하는 방식이 현재 회사의 단계에 걸맞지 않다고 한다. 이사회는 어떤 성과를 가져올지 알 수 없는 제품 조직보다는 수익과 직접적인 상관관계가 있는 영업 조직에 투자하기를 원한다. 영업팀이 아니라 제품팀에 투자하는 비용이 계속 증가하는 것을 어떻게 설명할 수 있는가?'

제품이 시장에 최적화되어 있다면 영업과 마케팅에 투자를 더 쏟는 것이 최적의 결정이다. 하지만 많은 기업은 일정 숫자 이상의 직원을 고용하면 제품이 시장의 요구에 부응하고 있다고 오해한다. 회사가 아직 그 수준까지 도달하지 못한 상황에서 영업과 마케팅에 예산을 집행하는 것이 비용을 잘못 쓰는 전형적인 방식이다. KPI가 이 상황을 짚어낼 수 있으며 가령 판매까지 걸리는 시간, 판매 단가, 구매 전환까지의 대화 빈도 그리고 고객 이탈률을 보면 이를 확인할 수 있다. 제품이 시장의 요구사항을 충족시키기 이전까지는 그 지점을 찾아내기 위해 가능한 비용의 운영을 제품에 집중해야 한다.

사업팀의 반대

참고 사업 담당자라고 지칭하는 것은 이해관계자이지만 재무, HR, 마케팅, 컴플라이언스와 같이 특정 사업 영역을 대변하기보다는 사업 부문 전체를 아우르는 경우에 해당한다. 작게는 전자상거래 회사에서 특정 상품군의 담당자일 수 있고 크게는 총괄이라는 직함을 가지고 있을 수 있다. 이 장의 내용은 38장과 함께 살펴보면 더욱 풍부한 인사이트를 얻을 수 있다.

'나는 이 제품의 매출을 책임지는 사람이다. 내가 왜 엔지니어 인력 에 대한 통제권을 가지지 못하는가?'

사업 담당자가 프로덕트 모델에서 중요한 파트너라는 점은 명확하다. 스타트업이나 더 큰 규모의 기업에서 CEO가 중요한 역할을 하는 것과 같다. 하지만 스타트업의 CEO는 제품과 기술을 관리자에게 맡기듯이 사업 담당자 역시 같은 방식을 선택하는 것을 추천한다. 현업에서 스타트업과 마찬가지로 제품 비전, 제품 전략과 제품팀이 달성해야 할 성과를 정의하는 것과 같이 전략을 구상하는 것은 제품팀과 협업하여 진행할 것이다.

'상위 조직장들은 내가 사업에 영향을 미치는 모든 것을 알고 있길 바란다. 나는 앞으로 무슨 일이 벌어질지를 알고 있어야 그 질문에 대답할 수 있다. 나는 무슨 일이 벌어지고 있는지 모르는 것처럼 비쳐지고 싶지 않다.'

이 지적 역시 사실이지만 프로덕트 모델의 상위 조직장은 현 상황을 파악하고 있으며 고객 중심의 사고를 가진 동시에 데이터에 해박하고 동기 부여된 관리자에게 의존한다. 26장에서 다루었던 것과 같이 서로 정보를 공유해야 하는 이유도 이와 같다. 사업 담당 관리자는 제품팀, 엔지니어 관리자와 전략적인 맥락 측면에서 가능한 많이 공유해야 한다. 마찬가지로 제품팀과 제품팀 조직장이 사업 담당 관리자와 가능한 많은 정보를 공유하고 새로이 배운 점과 인사이트를 나누는 것이 중요하다. 무엇보다 중요한 것은 프로덕트 매니저와 제품팀 조직장이 이해관계자를 위해서 각각의 과업을 하나의 선으로 연결하여 어떻게 목표로 하는 사업 성과를 달성할 수 있을지를 보여주는 것이다.

'제품팀이 이미 내가 거쳐온 제품 발견 과정을 모두 다시 수행해야만 해결 방안을 찾을 수 있다는 사실에 절망감을 느낀다. 그리고 이 때문에 결과적으로는 해결 방안에 집중할 시간이 부족해 보인다.'

이는 흔히 받을 수 있는 질문이고 많은 사업 담당자가 이러한 감정을 느낀다. 돌이켜보면 고객과 만날 때 최소한 1명의 프로덕트 매니저나 프로덕트 디자이너가 동행했다면 문제를 함께 학습하며 해결책을 찾았을 수도 있다. 하지만 지금은 앞으로 어떻게 할지를 생각해보는 것이 좋다. 제품팀과 머리를 맞대고 앉아 사업 담당자가 공유할 수 있는 정보라면 모든 것을 공유해서 제품팀이 해결 방안을 빨리 찾아내게 돕는 것을 추천한다. 문제 해결에 좋은 방안을 찾으려면 문제 자체를 이해할 수 있어야 하고 고객이 구매하는 것은 해결 방안 그 자체이므로 시장에 이미 나와 있는 것보다 뛰어난 대안을 찾기 위해서는 시간이 필요하다는 것을 사업 담당자에게 전달한다.

> '우리는 조금 더 빠르게 움직여야 한다. 속도가 가장 중요하다. 제품
> 팀이 나와 같은 시급성을 느끼게 하려면 어떻게 해야 하는가?'

물론 속도가 중요하긴 하지만 프로덕트 모델에서는 타임투마켓(TTM)보다는 타임투머니(TTM)에 집중한다. 제품팀이 고객이 구매하지 않을 제품을 만들었다면 비용을 아주 많이 들이고도 얻는 것이 적을 것이다. 제품 발견 과정의 주요 콘셉트는 최소의 비용으로 빠르게 구현할 값어치가 있는 해결 방안을 포착하는 것이다. 구현에 걸리는 시간의 10%로 제품에 대한 아이디어를 검증할 수 있는 능력을 갖추지 못했다면 뭔가 잘못 흘러가고 있는 것이다.

> '제품팀이 초기 프로토타입을 나와 같은 이해관계자에게 보여주는
> 것을 꺼리고 어느 정도의 품질에 도달한 다음 최종적인 의견만 받을
> 때 보여주려고 한다.'

제품팀과 관련 이해관계자 간의 신뢰관계가 돈독해지면 이 문제는 절로 해결될 것이다. 하지만 구현 과정 초기에 상호작용을 하도록 독려하는 것은 언제나 좋다. 제품팀이 사업 담당자가 컬러나 폰트와 같이 최종적인 결과물에 대해서만 관심이 있다고 생각한다면 그런 지점이 준비되기 전까지는 대화하지 않으려고 할 것이다. 하지만 제품팀이 사업 담당자가

초기 프로토타입에서 시각적으로 제한된 설명에도 불구하고 제품이 추구하는 방향을 이해할 수 있다는 확신이 생기면 그리고 이에 대하여 이전에 다룬 적 없는 지점이나 제약사항에 대한 피드백을 줄 수 있다면 빠르게 초기 단계 피드백을 요청하도록 바뀔 것이다.

> '나는 제품 관련 주요 진행 상황에 대하여 나에게 직접 보고할 수 있는 인원이 사업팀에 있길 원한다.'

이전 모델에서 이해관계자가 제품을 주도하고 IT는 기능을 구현하는 역할만을 담당했을 때, 사업팀에서 그 방식에 맞는 프로덕트 매니저를 채용하기도 했다. IT 조직 내에 그러한 역할을 담당할 수 있는 사람이 없다 보니 자연스러운 현상이었다. 하지만 프로덕트 모델에서 지양하는 것은 제품 조직 내에 프로덕트 매니저를 두고 사업 조직 내에 프로덕트 매니저를 두는 것과 같이 조직을 복제하는 행위다. 보통 프로덕트 모델로 이행하면서 모든 조직에서 최고의 프로덕트 매니저를 선임하겠지만, 각 제품팀마다 그 제품을 책임질 유능하고 책임감 있는 프로덕트 매니저는 둬야 한다. 프로덕트 매니저가 사업 담당 관리자에게 보고하고 CPO에게는 따로 공유하지 않는 경우도 있다. 적합한 사람이 배정되었다면 이 방식은 효과가 있을 수 있다. 하지만 여기서 중요한 점은 프로덕트 매니저는 자신을 더 뛰어난 프로덕트 매니저로 키워줄 수 있는 제품팀 조직장에게 보고를 해야 한다는 것이다. 사업 담당 관리자는 시간이 없거나 프로덕트 매니저가 갖추어야 하는 수준으로 끌어올려줄 역량을 갖추지 못한 경우가 많다.

'나는 사업을 운영한다. 그러므로 제품 전략을 세우는 것은 나여야 한다.'

사업 담당 관리자는 제품팀 조직장들과 제품 전략을 세울 때 당연하게 도 긴밀하게 협업해야 한다. 제품 전략은 사업 조직 전반을 아우르고 전체의 수익을 극대화하는 것을 목표로 하기 때문이다. 따라서 제품팀 조직장은 각 사업 조직의 관리자와 협업하여 각 사업 조직이 아닌 조직 전체에 가장 득이 되는 기회를 파악하고자 노력해야 한다. 앞서 다루었듯이 이를 위해 신뢰와 투명성이 요구된다.

CHAPTER 40

고객지원팀의 반대

'우리는 어쩔 줄 몰라 하는 고객을 매일매일 지원하고 있다. 최전선은 어떤 의미에서 우리 업무를 가리킨다고 생각한다. 하지만 제품팀은 우리가 무엇이 필요하다고 생각하는지에는 큰 관심이 없어 보인다.'

제품팀이 정말로 고객지원팀의 요구사항에 관심이 없다면 큰 문제이니 곧바로 제품팀 조직장에게 문제 제기를 해야 한다. 하지만 제품팀이 고객, 영업팀, 마케팅팀, 운영팀부터 경영진까지 모든 방면에서 제품 개선에 대한 압박을 받는다는 점을 기억하자. 그래서 제품팀이 신경을 쓰지 못할 수도 있지만 그렇게 많은 컴플레인 중에 하나의 요구사항을 명확하게 파악하기란 쉽지 않을 수 있다.

이러한 상황에서 제시하는 대안은 고객을 곤란하게 하는 10개의 심각한 문제를 우선순위대로 관리하는 것이다. 고객 응대 상황을 관리하는 시스템을 통해 이 우선순위를 도출할 수도 있으며, 주관적인 판단을 바탕으로 한 목록이어도 무방하다. 이와 같은 목록은 제품팀에게 큰 도움이 되는데 이 목록에 있으면 그 문제가 심각하다는 것을 알 수 있고 모든 문제의 경중을 따질 필요가 없기 때문이다. 한편으로 언제나 이 10개의 목록은 채워져 있을 것이고 제품팀이 늘 이 목록의 항목을 지워나가는 작업을 하고 있을 수는 없을 것이다. 제품팀은 고객이나 고객지원팀이 상상한 것과는 다른 방식으로 해결할지도 모른다. 이는 명백하다고 여겨지는 방법이 대부분 원치 않은 부작용을 초래하므로 제품팀은 다른 접근을 찾아야 하기 때문이다. 이와 같은 경우가 되레 보편적이며 문제가 해결된다면 결과적으로는 아무 이상 없을 것이다.

> '고객을 지원하기 위해 필요한 툴이 엉망이다. 우리의 업무를 힘들게 할 뿐만 아니라 고객에도 영향을 미친다. 우리에게 고객을 지원하라고 하면서 이와 같은 상황은 어떻게 해야 하는가?'

오늘날 고객지원팀이 사용할 수 있는 시중 제품은 그 어느 때보다 뛰어나고 이 툴을 도입하지 않을 이유가 없다. 시중 제품이 지원하지 못하는 영역이 있는데 이 질문이 짚어내고자 하는 것은 그와 같은 영역으로 여겨진다. 실제 고객 경험이 영향을 받는다면 고객지원팀이 사용하는 툴도 실제로 고객이 볼 수 없다는 것을 감안하더라도 제품으로 취급해야 한다. 물론 고객이 직접 대면하지 않는 툴을 만드는 팀을 제품팀 수준의 인력으로 채우는 데는 어려움이 있지만, 오히려 그 때문에 더더욱 이 툴의 중요성을 강조할 필요가 있다.

> '우리는 고객과 온종일 이야기하고 있다. 제품에서 무엇이 언제 어떻게 바뀔지를 우리가 모른다면 어떻게 고객을 도울 수 있는가?'

소규모의 빈번한 독립적인 출시가 이루어지면서 제품이 언제나 변화하다 보니 언제 어떤 기능이 출시되었는지, 고객에게 공개된 시점이 언제인지 따라잡기 어려울 수 있다. 이것은 프로덕트 모델을 선택한 기업이 안고 있는 고질적인 문제였는데, 지속적인 출시 시스템이 문제를 더욱 심화시켰다. 이 문제를 해결하기 위해서 제품팀은 프로덕트 마케팅팀과 소통해야 하며 프로덕트 마케팅팀이 고객팀, 영업팀, 고객지원팀에 고객의 사용성을 바꿀 수 있는 변화가 가시화되는 시점마다 알려야 한다. 《러브드》에서 이 과정을 돕기 위한 기술 몇 가지를 소개하고 있다. 이따금 의도와 다르게 놓치는 순간이 있을 수 있다. 왜 그런지를 파악하고 향후에 같은 문제가 생기지 않도록 방지하는 것이 중요하다. 이 접근의 특장점은 사용자와 고객에게 파격적인 변화를 겪지 않게 하거나 발생 빈도를 줄이는 데 있다.

> '제품팀이 제품을 출시하기까지 너무나 오래 걸려서 고객지원팀이 직접 고객을 위한 해결 방안을 도출하기 위해 채용을 진행했다.'

고객지원팀이 스스로 고객을 위한 작업을 시도한다는 점은 높이 평가하지만 이 해법은 대개 바람직하지 않은 결과를 가져온다. 고객은 각 고객에게 특화된 기능을 추가한, 공식적으로는 지원하지 않는 제품을 가지게 되는데 이 제품은 박스테이프로 기능을 칭칭 감아둔 임시방편에 지나지 않는다. 새로운 기능이 출시되면 이와 같은 파생 제품은 제대로 작동하지 않을 것이다. 고객이 공식 지원 제품과 그렇지 않은 제품을 모두 사용하도록 권고받는다면 고객에게도 회사에게도 손해다. 올바른 해결 방안은 제품 조직을 발전시켜 제품을 개선하는 것이다. 이것이 바로 기업이 프로덕트 모델로의 혁신을 꾀하는 이유다.

41

마케팅팀의 반대

참고 이 장에서는 프로덕트 마케팅, 오프라인 현장 마케팅, 기업 마케팅, 브랜드 마케팅 등 마케팅의 모든 분야를 하나로 묶어 마케팅이라는 표현을 사용했다. 또한 이 장의 내용은 23장과 함께 살펴보면 더욱 풍부한 인사이트를 얻을 수 있다.

'우리는 영업팀과 언제나 협업하고 있다. 우리는 경쟁사 현황을 늘 모니터링하고 있으며 기존 고객과 잠재 고객을 대상으로 그룹 인터뷰를 진행하기도 한다. 우리는 주요 업계 애널리스트들과의 관계도 구축했다. 제품팀과 마케팅팀 중 누가 더 제품을 성공으로 이끄는 데 적합한가?'

20년 전에 기업용 소프트웨어 회사에서 제품을 만들던 방식이 이와 같다. 그 회사들이 프로덕트 모델로 전환한 이유는 이전 모델에서 혁신은 찾아볼 수 없었기 때문이다. 이는 마케팅팀, 영업팀, 고객지원팀과 심지어는 업계 애널리스트도 무엇이 가능한지 알 수 없었기 때문이다. 스티브 잡스는 아이폰을 들고 "100개의 포커스 그룹 인터뷰를 할 수 있겠지만 아이폰을 얻지는 못할 것이다"라는 말과 함께 이 같은 현실을 일깨우

308 **PART X** 반론과 재반론

기도 했다. 오늘날 대부분의 마케팅팀은 이와 같은 생리를 이해하고 있다. 마케팅팀은 가치로운 정보와 통찰력을 보유하고 있으며, 프로덕트 마케팅 매니저는 관련 프로덕트 매니저나 제품팀 조직장이 알아두면 유용할 정보를 얻기 위해서 최선을 다하고 있다.

'제품팀이 성공적인 제품을 만들기 위해 어떻게 도울 수 있는가?'

제품팀은 영업팀, 마케팅팀, 운영팀과 고객지원팀을 비롯한 수많은 팀에게 의지하고 있다. 프로덕트 마케팅은 제품팀과 긴밀하게 협업하며 특히 제품이 시장에서 원하는 바를 충족시키고 있느냐의 관점에서 **마켓핏**market-fit에 촉각을 곤두세우고 있다. 하지만 이것 이외에도 영업 활동의 개선, 메시징, 포지셔닝, 홍보, 성장을 포함한 다양한 분야에 기여하고 있다. 프로덕트 마케팅 매니저가 제품팀보다 더 깊숙이 제품에 관여하는 경우도 있다. 하지만 기업 전체적으로 문제를 해결하기 위해서 제품을 개선해야 한다고 생각한다면 마케팅팀이 획득하는 그 어떠한 정보라도 그 제품을 책임지는 담당 프로덕트 매니저에게 전달이 되어야 한다.

'마케팅팀에서는 제품 완성 전에 미리 광고하고 싶다. 언제가 적합한가?'

시장, 이사회 구성원, 투자자와 채용 후보군에게 제품을 출시하기 이전에 기업이 어디로 가고 있는지에 대해서 설명할 필요가 있다. 이 부분에 있어서 각별히 주의를 기울여야 하는데, 영업팀과 **카니벌라이제이션**cannibalization*이 발생할 수 있고 제품에 대한 발견 과정을 마치기 전이나 준

---

* <u>옮긴이</u> 한 기업에서 새롭게 출시하는 상품으로 인해 그 기업에서 기존에 판매하던 다른 상품의 판매량, 수익, 시장점유율 등이 감소하는 것을 가리킨다. 기업 내의 카니벌라이제이션은 각 조직의 이해관계가 중첩되거나 충돌할 수 있음을 의미한다.

비되기도 전부터 제품팀을 압박하는 모양새가 될 수 있기 때문이다. 또한 나중에 책임지기 어려운 선언이나 방향성 제시로 스스로를 옭아매지 않도록 유의해야 한다. 요지는 마케팅팀이 옳을 것이라는 증거를 얻기 전까지 행동하지 않아야 한다는 점이다. 담당자가 어떠한 행동을 하건 제품 총괄, 마케팅 총괄 그리고 최고 마케팅 책임자와의 협업을 거쳐 이루어져야 한다.

CHAPTER 42

재무팀의 반대

참고 이 장의 내용은 24장과 함께 살펴보면 더욱 풍부한 인사이트를 얻을
수 있다.

> '우리는 예산 지출에 있어 보다 큰 유동성이 필요하다. 또한 기술 영
> 역에 대한 투자를 사업 성과에 따라 늘리기도 줄이기도 하고 싶다.
> 프로젝트 단위로 외주 업체를 쓸 때 그런 형식의 자금 운영이 가능
> 했다.'

> '우리는 비용을 통제해야 하는데 외주 엔지니어의 인건비가 직접 고
> 용하는 것에 비해 압도적으로 낮다.'

엔지니어 1인당의 인건비를 살펴보면 외주 인력과 계약하는 것이 비용이
적게 드는 것처럼 보이는 경우가 많다. 하지만 비용을 제품팀 단위로 바
꾸면 결과가 달라질 수 있다. 구성원의 수가 적은 팀은 구성원 수가 많
은 외주 인력으로 이뤄진 팀보다 업무 효율이 뛰어나다. 이는 구성원 개
개인의 역량에 기댄 상대적 평가가 아니라 역할과 업무 환경에서의 관계
형성에 따른 차이다. 그리고 프로젝트 단위로 생각하기보다는 어떠한 사
업 성과를 가져왔는가의 관점으로 접근하면 엔지니어를 외주화하는 것

은 무척 비효율적이다. 대부분의 외주 인력 관리 업체는 성과에 대한 확답을 하기를 꺼린다.

앞서 무엇인가를 구현할 때 2가지 종류의 가치를 얻을 수 있다는 것을 이야기했다. 구현하고자 하는 것과 그 구현 과정에서 배울 수 있는 점이 존재한다. 구성원이 지속적으로 바뀌고 시키는 대로 하는 것 이상의 역할을 해내지 못하면 구현 과정에서 배울 수 있는 것의 가치를 잃게 된다. 게다가 일시적으로 충원이 필요할 때가 종종 발생한다. 예를 들어 테스트 자동화와 같은 방식의 구체적인 과업이 정해진 경우가 있을 수 있다. 하지만 보편적으로는 엔지니어링은 주요 역량으로 다루어져야 하며 이 분야는 직접 고용으로 인하우스 인력을 구성해야 한다. 생산성과 팀 사기에 있어서 팀의 안정성이 큰 역할을 한다는 것도 이해해야 한다. 팀의 구성원이 다른 팀으로 이동하는 것은 새로이 옮긴 팀의 기술, 문제와 해결 방안, 고객이 처한 문제를 비롯한 많은 것을 새로이 학습해야 하므로 비효율적일 뿐만 아니라 비용 또한 많이 든다. 보통 팀의 업무 영역을 넓혀서 팀에 업무를 부여하는 방식으로 접근해야지 구성원이 새로운 일을 하도록 이동시키는 것은 이상적이지 않다.

> '우리는 연중에 발생할 수 있는 프로젝트를 미리 파악할 수 있어야 하고 각 프로젝트가 연간 예산안을 편성하기 위해 얼마의 비용을 필요로 하는지 추정이 가능해야 한다. 이것이 우리가 어떤 프로젝트에 얼마의 예산을 집행할지 그리고 업무를 처리하는 기본적인 방식이다.'
>
> '우리는 예산에 대하여 보다 책임감을 가지고 임해야 하며 프로젝트당 얼마의 매출을 기대할 수 있을지 알아야 한다. 그런 과정 없이 어떤 건이 합당한 투자였는지를 어떻게 평가할 수 있는가?'

이 주장은 분명히 논리적이지만 그간 재무팀에 공유되었던 사업 아이템을 돌이켜보면 그 정보가 예상 매출을 추정하는 데 큰 도움이 되지 않았다는 것을 알 수 있을 것이다. 그리고 나아가 재무팀의 구성원이 그들이 약속했던 것과 다른 결과가 나와도 책임을 되묻는 일도 드물다. 제품팀은 제품을 만들면서 재무팀이 알 수 없는 것을 배우기도 한다. 기술적인 접근을 했을 때 비용을 얼마나 투입해야 하는지 알아내는 것은 무척 어렵다. 그리고 얼마의 매출을 발생시킬 것인지를 예측하는 것도 쉽지 않은데, 이는 해결 방안이 얼마나 뛰어난가 그리고 고객이 이를 선택하거나 구매할 것인지에 달렸기 때문이다. 벤처 캐피털과 같이 기술 중심 기업에 전문적으로 투자하는 기업도 마찬가지 상황이다. 그들은 이와 같은 미지의 영역에 **시드 투자**seed funding라고 불리는 소액의 투자금을 먼저 투입한 뒤에 제품 발견 작업을 거치게 한다. 그리고 어떤 진전을 보이는 기업에 투자금액을 증액한다. 프로덕트 모델에서는 보통 프로젝트에 투자를 하기보다는 제품팀에 투자를 하고 사업 성과나 제품 결과물에 대한 책임을 묻는다.

'우리는 어떻게 제품팀이 목표에 대한 책임을 지게 할 수 있는가?'

제품팀에는 각기 해결해야 할 핵심 문제를 하나 이상 할당한 다음 성공 여부를 구분하는 핵심 지표를 추적하는 것이 보통이다. 해결 방안을 찾는 과정에 대하여 각 제품팀이 얼마나 더 보수적이거나 공격적이기를 원하는지를 전달할 수도 있다. 제품팀 조직장들이 주로 제품 전략을 세우는 과정에서 이와 같은 작업을 한다. 어떤 팀은 무척 보수적으로 접근하여 확실히 달성할 수 있는 목표를 받기도 하고, 어떤 팀은 이번 분기에 성공하지 못할 수도 있지만 위험을 감수하고 보다 적극적으로 뛰어들기를 요구받을 수도 있다. 각 팀이 담당하는 목표의 확실성에 따라 묻게 되는 책임의 무게도 결정된다. 각 제품팀은 일반적으로 더 큰 단위의 제품 전략에 기여하고 제품팀 조직장에게 제품 전략을 따랐는지에 대하여 책임을 묻는 경우가 더 많다. 제품팀 조직장은 각각의 베팅을 하는 사람이며 이들은 분기 단위나 연 단위로 목표를 달성하였는지 여부를 확인한다. 만약 한 팀이 명백하게 목표를 달성하지 못했을 때 회고를 통해 원인을 파악하고 이와 같은 문제가 다시 발생하지 않을 방안을 찾아야 한다.

'우리는 자금을 최대한 효율적으로 쓰기 위해 사업의 요구에 따라 인력을 유연하게 재분배할 수 있어야 한다.'

이런 주장 역시 논리적으로 들릴 수 있지만, 실제로는 새로운 기술을 익히고 새로운 고객층과 새로운 업무 관계에 적응하는 데 시간이 필요하기 때문에 인력을 이리저리 옮기는 것이 결과적으로는 자금의 비효율적인 집행으로 이어진다. 그리고 팀이 성과를 내고 혁신의 기회를 노릴 확률도 무척 줄어든다. 대신에 프로젝트팀과는 달리 제품팀에 넓은 범위의 업무를 할당하고 이 팀이 담당하는 영역에 대한 모든 프로젝트와 기능을 수행하게 하는 방법을 선호한다. 이와 같이 접근하면 제품팀 자체는 그대로 유지하면서 보다 다양한 분야의 전문성을 갖추고 이에 걸맞은 효율을 기대할 수 있다.

'우리는 지속적으로 발전해나가는 모습을 매 분기 확인해야 하고 그래야만 예산을 계속해서 투입할 수 있다. 우리의 역할은 그 진척을 확인하고 이와 같은 원칙을 고수하는 것이다.'

이와 같은 접근은 다른 반론과 마찬가지로 논리적으로 여겨질 수 있으나 기술 기반의 제품을 만드는 회사는 다른 방식의 성장곡선을 가진다는 것을 인지해야 한다. 경험이 많은 제품팀 조직장이 특정 기술, 특정 구성원, 특정 직무 능력, 특정 데이터를 기반으로 베팅을 하듯이 운영하면서 매 분기마다 이전 분기와 대조하는 방식으로 이 결정 방식의 효용을 조절해나간다.

'우리는 제품 발견 과정을 재무적 관점에서 이해해보려고 하고 있다. 리서치인가? 혹은 제품 개발 과정에서의 디자인 단계로 그저 정의만 다르게 하는 것인가?'

제품 발견은 R&D와 같은 리서치가 아니다. 제품 발견은 제품을 만드는 과정의 일환으로 이전 모델에서의 제품 정의와 디자인에 가깝다. 제품 발견 과정은 향후 몇 주간 제품팀이 구현하고 출시할 제품의 윤곽을 잡는 과정이다. 리서치가 정말로 필요하다면 제품 발견이 아닌 방식으로 진행할 것이다.

HR/인사팀의 반대

'프로덕트 모델을 위한 새로운 직무 능력은 회사에 무척 큰 영향을 미칠 수 있다. 새로운 직무 능력을 갖추지 못한 구성원이 많고 일부 구성원은 자신의 책임 범위가 확연히 달라진다. 직무에 대한 정의를 바꾸는 것은 사소한 일이 아니고 이로 인해 발생할 수 있는 비용도 감안해야 한다. 현재의 직무 정의를 유지하고 기존 구성원의 역량을 최대한 활용하는 방안을 선택하겠다.'

'기술에 가까운 역할을 수행하는 구성원이 많다. 프로덕트 매니저를 채용하기보다는 이들의 직무를 프로덕트 매니징으로 바꾸고 관련 훈련을 지원하면 어떨까?'

프로덕트 모델로의 전환이 파괴적이고 어떤 면에서는 큰 비용을 치러야 한다는 것을 잘 알고 있다. 그리고 새로이 도입하는 직무가 기존 직무와 큰 차이가 없다고 느껴지는 점에 대해서도 공감한다. 하지만 새로운 직무를 고수해야 하는 이유는 이 지점에서 혁신이 실패하는 경우를 자주 목격했기 때문이다. 기존 구성원과 기존의 편제를 유지하고자 했던 기업이 혁신에 성공하는 경우는 아직 경험하지 못했다.

모든 구성원이 새로운 프로덕트 매니저의 역할을 수행하려고 하지 않을 수도 있다는 점도 알아야 한다. 기존의 프로덕트 오너나 비즈니스 애널리스트에 비하면 무척 책임이 무거운 역할이다. 혹여 코칭을 담당할 수 있는 관리자가 있고 배우고자 하는 의지가 충만한 구성원이 있다면 이 구성원을 코칭하고 개발하는 것을 첫 번째 선택지로 제안한다. 원칙적으로 유능한 관리자라면 3개월 내에 프로덕트 매니저가 될 수 있는 후보에 대한 코칭을 마칠 수 있어야 한다. 3개월이 끝나갈 무렵에도 이 사람이 그만큼의 경쟁력을 보이지 못한다면 그에게 다른 역할을 찾아주고 그를 대체할 수 있는 사람을 찾아야 한다.

'연 단위 구성원에 대한 평가 체계가 있다. 이제는 언제나 성과 측정이 이루어지고 코칭 계획을 세워 공유해야 한다. 불필요하게 반복적이며 비용의 낭비가 아닌가?'

지속적인 평가와 코칭 계획은 각 구성원이 프로덕트 모델을 따라 일하기 위해서 필요한 능력을 갖추도록 돕는다. 이는 각 관리자가 해야 하는 가장 중요한 일 중 하나로, 이 코칭이 관리자가 조직에 대하여 어느 정도의 책임감을 가지고 있는지를 보여주기도 한다. 이 때문에 값비싼 것은 사실이지만 모든 구성원이 자신의 일을 어떻게 하는지도 모르는 상황에서 각자의 역할을 하길 기대하는 것보다는 비용 효율적이다. 코칭에 투자를 많이 하는 기업일수록 구성원의 근속기간이 길고 보다 적은 비용으로 대학에서부터 곧바로 직원을 채용할 수도 있다.

'새로운 구성원을 위한 온보딩 프로그램은 이미 운영 중이다. 제품팀 구성원을 위한 별도의 온보딩 프로그램이 필요한 이유가 무엇인가?'

보통 이 2가지 온보딩 프로그램은 아주 다른 내용을 다룬다. 신규 입사자 온보딩에서는 모두가 필요한 내용을 전달하지만, 제품팀 구성원에게는 각자의 역할에 특화된 훈련과 교육이 필요하다.

'승진과 급여 인상에 대한 연간 예산 규모가 정해져 있다. 조직장이 각 구성원의 동기부여를 위해 승진을 조건으로 제안한다면 이에 대한 비용 충당은 어떻게 하는가?'

프로덕트 모델에서 프로덕트 매니저, 프로덕트 디자이너, 엔지니어와 같이 추가적인 책임을 지는 직원으로부터 엄청난 가치를 돌려받게 된다. 더 많은 구성원이 승진을 할 수 있는 자격을 갖추어 전반적인 능력을 향상시킨다면 오히려 기쁜 문제일 것이다. 관리자는 구성원이 승진할 수 있도록 돕는 것이 자신의 역할이라고 하지만, 승진 이전까지는 급여 인상이라는 회사의 지원을 받아야만 한다.

'우리는 모든 구성원이 각자의 OKR을 갖기를 원한다.'

회사의 대부분의 직무에 대하여 개별 OKR을 할당하는 것은 좋은 접근이다. 하지만 프로덕트 매니저, 프로덕트 디자이너, 엔지니어 같은 제품팀의 구성원은 한 팀으로 협력하도록 독려해야 하므로 같은 문제를 함께 해결하고, 같은 평가 척도를 적용하는 것이 좋다. 이런 업무 방식 중 하나가 개별 목표를 부여하는 게 아니라 제품팀 단위의 목표를 부여하는 것이다. 그래도 각자가 개인 목표를 받아야 한다고 생각한다면 이러한 상황 역시 코칭 계획 내부에 포함해야 할 것이다.

CIO의 반대

'나는 기술이 사업을 위해 존재한다고 믿어왔다. 그리고 사업적 요구
사항에 맞추어 제품을 납기할 수 있다는 것에 만족했다. 프로덕트
모델로의 전환 이후 나는 어떤 역할을 하게 되는지 잘 모르겠다.'

프로덕트 모델로 전환하는 것은 기술 조직을 비용 발생 중심으로 보
는 관점에서 높은 성과를 내는 조직으로 보는 관점으로 전환하는 것과
같다. 우리는 많은 CIO가 직무를 보다 확장하는 것을 보았고 이따금
CTO/CIO라는 CTO와 결합된 역할을 맡아 이 변화를 이끄는 경우도
확인했다. 이들은 대개 변화의 필요성을 절감하고 프로덕트 모델로의 전
환을 직접 이끄는 사람이었다. 여기서 중요한 점은 프로덕트 모델이 고
객이 직접 사용하는 기술만을 다루는 것이 아니라는 것이다. 플랫폼 서
비스나 고객 지원 도구, 내부 운영 도구를 위해서도 엔지니어링 업무가
상당히 많이 들어간다.

간혹 변화를 탐탁지 않게 여기는 CIO도 있다는 것을 알고 있다. 그런
경우라면 그 사람이 생각하는 진정한 IT에 머무르면서 사업을 운영하

기 위해 필요한 시스템을 가꾸는 일을 맡긴다. 그리고 요청사항에 대응하는 식으로 일할 수 있으며 보다 폭넓은 프로덕트 엔지니어링을 담당할 사람을 새로이 채용하는 것도 하나의 방법이다.

이전 모델과 프로덕트 모델이 기술을 다루는 관점이 유사한 부분도 있을 수 있으나 큰 차이가 있다. 프로덕트 엔지니어링 조직이 구현을 하기 위해서 존재한다면 기존의 IT 조직은 고객에 제공할 제품을 만들어내기 위해서 존재한다. 이 2가지 시스템에 있어서 확장 가능성과 성능에 대한 요구 수준은 크게 다를 수 있다. IT 기술 지원이 수백수천의 사용자를 지원하는 데 반해 프로덕트 엔지니어링은 최대 3배 더 큰 사용자를 대상으로 하기 때문이다. 이와 같은 차이점으로 인해서 엔지니어링 직무기술이 달라지고 연봉 수준도 달라지게 된다. 기존 IT 조직을 기준으로 한다면 IT는 회사의 주요 역량이 아니기 때문에 외주화하는 것을 권장한다. 반면 프로덕트 엔지니어링을 외주화하는 것은 혁신의 기회를 모두 잃는 것이나 매한가지이므로 회사에 치명적일 수 있다.

> '나는 현재 CIO이지만 프로덕트 모델로의 전환을 이끌고 싶다. 나는 CTO로 내 역할을 확장시키고 싶은데 어디서 배울 수 있는가?'

제품과 엔지니어링 관리자 코치가 CIO를 도울 수 있다. CTO가 되기 위한 부트캠프_{bootcamp}*에서 업계 선례를 공유하고 최신의 기술을 소개하기도 한다.

---

* [옮긴이] 단기간 내에 집중하여 지식을 전수하는 교육 방식으로, IT 업계에서 흔히 사용한다.

320 **PART X** 반론과 재반론

PMO의 반대

참고 여기서 PMO라고 함은 프로그램 매니지먼트 담당자를 가리키는 것으로 프로젝트 관리를 담당하는 상위 조직장이 주로 맡는다.

> '유명 제품 기반 회사에도 프로젝트 또는 프로그램 매니징 직무가 있는 것으로 알고 있다. 이들은 프로덕트 모델에서 어떤 역할을 수행하는가?'

굴지의 기업들은 프로젝트나 프로그램 매니징 직무를 보유하고 있으며, 이는 기업에서 중요한 역할을 맡고 있다. 규모가 크고 복잡한 제품, 특히 생태계 제품을 만들 때는 여러 부분이 상호 의존적으로 움직인다. 프로젝트 매니저의 역할은 이러한 의존성을 관리하는 것이다. 문제는 역할 자체가 아니라 그 역할을 수행하는 기업의 조직 문화다. PMOprogram management officer가 보고 체계의 명분 아래 존재하면서 여전히 지휘와 통제의 문화를 주입하고자 한다면, 그 문화에 문제가 있다. 하지만 PMO가 서번트 리더십에 기반한 출시 관리 역할을 수행한다면 각 팀이 의존성 관리와 문제 해결에 주도적으로 나설 수 있게 동기를 부여하며 중요한 지원을 제공하게 된다.

'나는 줄곧 예측 가능성이 가장 중요하다고 믿어왔다. 우리는 무엇을 언제까지 출시할지에 집중해야 한다. 사업 관리자가 무엇을 구현할지 고민하게 하고 우리는 전달받은 대로 믿을 수 있는 결과를 내는 것이 목표다.'

이 서술은 이전 모델에 대한 요약에 지나지 않는다. 프로덕트 모델에서는 예측 가능성이 아니라 혁신에 집중한다. 예측 가능성은 기업이 의존하고 있는 가치를 제시할 수 있을 때에만 중요하다. 프로덕트 모델은 전혀 다른 목표와 우선순위를 중심으로 일을 하는데 타임투머니를 타임투마켓보다 중요시하는 것이 그것이다. 이러한 면 때문에 PMO가 프로덕트 모델에 적응하기 어려워하기도 한다. 많은 기업에서 PMO 역할을 수행하는 구성원이 조직 문화의 변화에 동조하고 효과적인 출시 관리자로 탈바꿈할 수도 있지만, 그렇지 않은 사람도 있고 그중에는 조직을 떠나는 사람도 있다. 프로덕트 모델로의 혁신 과정 중에서 가장 어려운 상황 중 하나다. 모든 구성원은 자신의 업무를 수행하기 위해 존재하고, 그 업무를 수행하는 방식에는 차이가 있을 수 있다. PMO의 경우에는 프로덕트 모델과는 공존할 수 없고 조직 문화에 대한 관점이 바뀌어야 한다.

'프로그램 매니저 역할을 더 이상 하지 않는다면 우리는 무엇을 해야 하는가?'

보통 PMO를 출시 관리 담당자로 변경한다. 제품팀과 협업하는 프로젝트 관리와 그 업무에서 장애물이 발생하면 이를 처리하는 역할을 주로 맡는다. 적절한 마인드셋과 능력을 갖춘 출시 관리자는 조직에서 무척 중요하다. 이전 모델의 PMO가 사업 조직이 원하는 것을 가능하게 하는 사람이었다면, 출시 관리자는 제품팀을 지원하고, 제품팀은 고객을 지원하는 방식으로 사업에 도움이 되는 결과를 만들어낸다. 하지만 이 차이에 공감하고 수용하는 사람이 있는 반면 긴 시간에 걸쳐 종국에는 이전 모델로 돌아가는 사람이 있으므로 유의해야 한다.

제품팀 내부의 반대

참고 이 장에서는 제품과 기술 조직 전반(제품 관리, 제품 디자인, 엔지니어링, 제품 운영, 제품 리더십 등)에서의 반론을 다룬다.

> '영업팀, 마케팅팀, 고객지원팀과 같이 성과를 낼 수 있을지에 영향을 주는 모든 사람을 우리가 관리하는 것은 아니다. 그런데도 우리가 성과에 대한 책임을 질 수 있는가?'

공감이 되는 반론이면서도 자주 접하는 반론이다. 이 문제를 해결할 수 있는 하나의 방법은 제품과 관련된 성과는 제품팀의 통제 아래 있다는 사실에 집중하는 것이다. 제품팀이 제품 전반의 성과를 책임지기 때문에 조심해야 할 필요가 있다. OKR이라는 개념은 제품팀이 사무실 밖으로 나가 정말로 바뀌어야 하는 것이 무엇인지를 찾아보게 하기 위해서 생겨난 것이다. 이 과정에서 영업팀이나 마케팅팀과의 접점이 있는가? 정말로 영업에 쓰이는 문서가 문제인가? 혹은 고객의 상황에서 제품팀이 해야 할 일을 하지 않은 것이 문제인가?

이 문제에 대해서 다른 관점을 가지자. 조직 전체에서 제품팀보다 제품에 큰 영향을 미칠 수 있는 구성원이 있는가? 영업 담당자는 제품을 판매하는 사람이라고 생각하고 실제로 제품에 대해서는 통제권을 가지지 않는다고 생각하는 것이 낫다.

> '기대치에 부응하는 수준의 출시를 진행하는 것 자체가 비용이 적지 않다. 이와 같은 출시를 어떻게 더 자주 할 수 있겠는가? 이를 해결하기 위해서 인력을 더 배치하는 것은 출시를 앞당기기는커녕 오히려 더 늦어지게 할 수도 있다.'

인원을 더 투입하는 것이 소규모의 잦은 출시에 기여하는 경우는 드물다. 일을 더 열심히 하는 게 아니라 똑똑하게 하는 것이 중요하다. 엔지니어들 사이에서는 '그걸 하는 게 고통스럽다면 더 자주 해라'라는 말이 있다. 월간 출시를 하고 있다면 아마 무척 고통스러울 것이다. 하지만 주 단위 출시나 출시 자동화까지 스스로를 밀어붙이면 테스트와 출시 자동화에 자연스럽게 자신의 노력을 더 쏟아부을 것이고 결과적으로는 그 고통을 없앨 수 있을 것이다. 《디지털 트랜스포메이션 엔진》에서는 출시를 자주 하는 것이 빠를 뿐만 아니라 더 뛰어난 성과를 내는 이유에 대해 심도 깊게 다루었다.

> '우리는 규제를 준수해야 하는 업계에서 일하고 있다. 아이디어에 대한 검증을 고객 대상으로 하는 것이 허락되지 않고 이렇게 자주 출시하는 것 역시 불가능하다.'

> '우리는 규제를 준수해야 하는 업계에서 일하고 있다. 정해진 절차를 따라야 컴플라이언스 문제가 없고 책임을 다했다고 받아들여진다.'

많은 규제 기업이 실제로 규제사항에서 명시하지 않는 제약사항하에 기업을 운영하고 있다고 생각한다. 규정이 다양한 탓에 스스로 관련 내용을 확인한 후 법무 또는 컴플라이언스 담당자와 이야기해서 규제사항이 정확하게 어떤 내용인지를 파악해야 하지만 이렇게 진행되지 않는 경우가 많다. 그럼에도 제품팀은 일상적으로 고객이 검증 중인 베타 버전을 사용하는 것에 대한 확인과 이에 대한 동의를 표현하도록 관련 약관에 동의하게 한다. 정말로 고객을 위하고 이들이 의지하고 있는 기술이 신뢰할 만한 가치가 있게 하려면 자주 소규모 출시를 해야 한다. 게다가 제품팀은 스스로 생각하는 것보다 훨씬 더 많은 일을 해낼 수 있다.

> '제품에 대한 아이디어를 검증할 시간이 없다. 우리는 구현하고 출시하기도 바쁘다. 이해관계자가 우리가 무엇을 만들지 결정해주는 것에 나는 이견이 없다.'

이와 같은 접근 방식이 유효했다면 프로덕트 모델은 필요하지 않다. 역설적이게도 주로 이와 같은 반발은 엔지니어로부터 온다. 하지만 뛰어난 디지털 제품 기업에서는 엔지니어가 스스로 혁신의 동력이라는 것을 알고 있으며 무엇을 어떻게 구현할지 이외의 영역에도 관심을 기울인다. 엔지니어팀 관리자는 적극적으로 코칭하고 테크 리드는 이를 이해하고 있는 사람이 걸맞은 위치에서 일하고 있는지 확인해야 한다.

> '몇몇 엔지니어가 해야 할 일을 지시해줬으면 좋겠다고 한다. 제품팀에 이런 사람에게도 자리가 있을까?'

짧게 말해 자리가 있다. 테크 리드는 꼭 구성원들이 어떻게 구현할지 외에 무엇을 구현할지에도 신경을 쓰도록 교육해야 한다. 하지만 시키는 대로 구현만 하고 싶은 엔지니어가 있다면 그것도 괜찮다. 조금 더 부연하자면 프로덕트 모델을 채택한 기업의 엔지니어라면 이들이 혁신을 가능하게 하는 사람이다. 그저 시키는 일을 하는 사람이 아니라 역할에 걸맞은 능력을 수행할 수 있는 사람을 채용하는 데 집중해야 한다.

'사용자에게 제품에 대한 아이디어를 직접 검증하면 경쟁사에서 우리가 무엇을 하려고 하는지 알게 될 것이다.'

우선 제품 발견 과정을 바르게 수행하는 회사라면 아이디어의 일부만 검증한다. 따라서 지켜보고 있는 경쟁사도 제품팀이 무엇을 하기로 결정했는지는 알 수가 없다. 그럼에도 불구하고 불안하다면 고객이 비밀 유지 계약서에 서명하게 하면 된다.

'제품 발견 과정에서 고객에게 아이디어를 공유하고 모두가 만족했지만 최종적으로 그 기능을 구현하지 않게 된다면 어떻게 해야 하는가?'

이런 일이 벌어질 수도 있다. 함께 검증 절차에 참여한 사람들에게 최선의 해결 방안이 무엇일지 탐색해가는 과정이라고 설명해야 한다. 알다시피 이 검증의 목적 자체가 고객에게 가치로운 해결 방안을 찾아 제공하는 것이다.

'제품 발견 과정을 밟을 때 해결하라고 할당받은 문제보다 효율적으로 시간을 쓸 수 있는 기회를 발견하기도 한다. 더 큰 기회를 추구하기 위해서 방향을 바꾸면 안 되는지 권한을 부여받은 팀이라면 이런 권한도 있어야 하지 않는가?'

먼저 새로운 기회를 발견했다면 조직장과 공유하는 것이 중요하다. 이 기회가 알고 보니 제품 전략상 다음으로 집중해야 할 내용일 수 있다.

하지만 현재의 제품 전략은 제품팀에 할당한 문제를 중심으로 구성되어 있을 것이다. 그러므로 질문에 대한 대답은 그것을 바꾸어서는 안 되며 계속해서 하던 일을 해야 한다는 것이다. 권한을 얻었다는 의미는 자신이 원하는 것을 하라는 것이 아니다. 해결하기로 할당된 문제에 대한 최선의 해결 방안을 찾을 권한을 얻었다는 의미다.

> '우리는 다양한 이해관계자를 만족시키기 위해서 최선을 다하지만 그들이 원하는 것을 모두 제공하는 것은 불가능해 보이고 동시에 성과를 달성하는 것도 불가능해 보인다. 마치 실패할 것이 뻔하다고 느껴진다.'

종종 모든 이해관계자를 위해 문제를 해결하는 것이 쉽지 않게 느껴질 때가 있다. 이 책의 혁신 사례에서는 그와 같은 경우를 다루었는데, 각 팀이 어떻게 어려움을 헤쳐나갔는지 확인할 수 있다. 보통 제품팀에는 해결할 문제가 한두 개 할당되고 운영성 업무도 주어진다. 아직도 실패할 것 같다는 생각을 한다면 관리자와 이야기해보는 것이 중요하다. 팀 목표를 정할 때 제품팀은 달성할 수 있을 것이라고 생각하는 목표를 제시한다. 그 말인즉 당신은 이것을 기필코 해낼 수 있다는 소리다.

> '우리가 하고자 하는 일이 다른 제품팀에 크게 의존하는데 이들의 우선순위를 우리가 통제할 수는 없다. 사소한 것마저 너무나 많은 조율이 필요하다. 이 상황에서 나는 전혀 동기부여가 되지 않는다.'

팀 구성의 설계가 효과적이지 못할 때 흔히 찾아볼 수 있는 상황이다. 이런 상황이라면 기술부채도 아마 어마어마할 것이다. 그럼에도 불구하고 현재의 상황에서 무엇을 할 수 있을지 이야기해보고 기술부채를 관리하고 팀 구성에 대한 근본적인 변화를 시도하자. 첫째, 팀의 규모를 키우는 방안을 고려해보자. 소규모의 팀보다는 상대적으로 규모가 크고 구성원이 많은 팀에 속하게 되면, 모든 구성원이 보다 많은 권한과 자율성을 가졌다고 생각할 수 있기 때문이다. 둘째, 출시 관리자가 큰 도움을 줄 수 있다. 그들은 다양한 시스템 간의 의존도와 장애물을 확인하고 어쩌면 이를 해결할 수도 있다. 셋째, 플랫폼팀이라는 개념을 도입하고 확대 적용하는 것을 검토해볼 수 있다. 플랫폼팀이 플랫폼 자체에 대한 종속성을 바탕으로 하지만, 이와 같은 종속성은 관리하기 쉽고 결과적으로는 종속성이 발생하는 시스템의 개수를 줄이는 효과를 가져온다. 이 방법은 기술부채를 관리할 때도 쓰이기도 한다.

> '우리가 내부적으로 결정해도 되는 사안, 승인을 받기 위해 보고하는 사안, 그리고 조직장으로부터 지시받는 사안 간의 차이를 파악하기 어렵다.'

주간 원온원one-on-one*에서 관리자에게 물어볼 수 있는 질문이다. 주 단위로 원온원을 하지 못한다면 이는 보다 심각한 문제를 암시하는 현상일 수도 있다. 결정을 내릴 때 위험 요소와 그 결과에 대하여 다룰 것이다. 대부분 결과의 영향력은 적으며 결정은 다시 되돌릴 수 있을 것이므로 일반적으로 제품팀에서 다룬다. 어떤 결정이 어떤 의사결정권자에 귀속되는지는 아마존에서 사용하는 프레임워크를 참고할 수 있다. 문에 비유하여 문이 양쪽으로 열릴 수 있다면 되돌릴 수 있는 결정이고 한쪽으로만 열리는 문이라면 되돌릴 수 없는 결정이다.

---

* [옮긴이] 특정 주제나 목적을 가지고 2명이 만나 진행하는 미팅

'제품팀으로서 최선의 결정이 무엇인지에 대하여 내부적인 합의가 이뤄지지 않는다. 이와 같은 상황에서는 어떻게 대처해야 하는가?'

일단 팀 내에서 서로 다른 의견이 나오고 각 구성원이 이를 공유하는 것이 안전하다고 느낀다면 일반적이면서도 팀이 건강하다는 의미. 특정 영역에 대한 결정이 지연된다면 그 분야의 전문가를 찾아 문제를 해결할 수 있다. 이 방법으로도 결론이 나지 않는다면 흔히 선택하는 방법은 아니지만 빠르게 검증을 진행할 수도 있다. 모두 함께 최선의 답이 무엇인지 배우는 것이다. 그리고 아직 불확실하다면 매니저와의 주간 원온원에서 이 구체적인 상황에 대해서 논의하는 것이 좋다.

우리의 약속이 무엇인지, 각 기능에 어떤 시스템적 의존성이 있는지와 더불어 출시 일정까지 관리해줄 사람이 필요하다. PMO가 없다면 이 업무는 어떻게 처리해야 하는가?'

엔지니어 조직을 총괄하는 사람이 납기 일정을 검토하고 승인하는 것이 일반적인데, 조직의 평판은 일정을 준수할 수 있는지 여부에 달렸기 때문이다. 시스템 간의 종속성과 출시 일정에 대해서는 출시 관리자가 이와 같은 업무를 처리하는 것을 도울 수 있고 출시 과정에서의 어려움을 해소하는 데 도움을 줄 것이다.

'어떤 제품팀이 KTLO 업무를 하느라 업무시간 대부분을 보내고 있다.'

안타깝게도 현실적으로 빈번하게 발생하는 문제다. 몇 가지 지점을 다시 한번 확인해보자. KTLO 업무~keep-the-lights-on work~*는 어떤 수준인가? 지

---

* [옮긴이] 운영 중인 서비스에 대한 일상적인 유지보수 및 안정적 운영을 위한 업무를 의미한다.

속적으로 발생하는 문제인가 혹은 일시적인 문제인가? 이 팀은 다른 제품팀을 돕는 플랫폼팀인가 혹은 고객과 직접 마주하거나 고객의 활동성 증진을 끌어내는 경험팀인가? KTLO 업무를 처리하는 데 이 팀에서 투자하는 업무시간의 비중이 얼마나 되는가? 경험팀은 최대 30%가, 플랫폼팀은 최대 50%까지가 평균 수준이다. 지속적으로 발생하는 상황이라면 그리고 앞서 이야기한 지점들을 모두 넘어서는 상태라면 팀에 1명 이상의 엔지니어를 충원하여 전반적인 KTLO 업무의 비중을 관리하는 것이 좋다. 엔지니어를 충원하는 것이 불가하다면 KTLO 업무는 하지 않는다는 선택을 할 수는 없으니 일단 운영성 업무가 아닌 업무를 줄여야한다. 이와 같은 조치는 팀의 사기를 해칠 뿐만 아니라 팀의 사업적인 영향력에 손해이기 때문에 추가 인력을 할당받기 이전까지 임시적으로만 취하는 것이 좋다.

> '일부 엔지니어가 테스트를 하기 위해서 곧바로 구현을 하는 게 더
> 빠를 수도 있다고 주장한다.'

이 말은 경우에 따라서 사실일 수 있고 사실인 경우에는 더 나은 선택이 확실하다. 하지만 이와 같이 믿는 엔지니어의 경우 빠르게 검증 가능한 수준의 프로토타입을 구현하는 기술을 알지 못하거나 그런 환경에 노출된 적이 없을 것이다. 팀이 이러한 능력을 갖추었다고 가정할 때 엔지니어가 제품 발견 과정의 프로토타입보다 빠르게 제품을 구현할 수 있다면 그리고 경우에 따라서는 제품에 대한 아이디어가 의도대로 동작하지 않아서 그 코드를 폐기해야 하는 경우에 대해서도 수용할 수 있다면 이와 같은 방식에는 문제가 없다.

'엔지니어가 프로덕트 매니저와 프로덕트 디자이너가 최종적으로 무엇을 만들 것인지 알려주는 것 외에 자신을 제품 발견 작업에 포함시키지 않는다고 문제를 제기했다.'

흔히 만날 수 있는 문제 중 하나로 이와 같은 상황으로 인해 엔지니어 관점에서 사기가 저하되는 것 이외에도 파생하는 문제가 많다. 이 모델이 지향하는 혁신의 동력이 줄어들기 때문이다. 우리는 엔지니어가 이를 프로덕트 매니저와 프로덕트 디자이너에게 먼저 이야기하기를 추천하고 상황이 바뀌지 않는다면 제품팀 조직장에게 보고하는 것이 중요하다고 생각한다.

'팀이 모든 것에 대한 일정을 산출하라고 요구받아 불평한다.'

이런 상황은 조직 내의 약속으로 해결이 가능하다. 첫째, 조직 구성원 모두에게 출시 일자를 구체적으로 알기 위해서는 일련의 절차가 있다는 것을 공유하자. 이 절차는 반드시 지켜야 하는 납기 일정을 정하는 것으로 엔지니어 테크 리드와 더 많은 엔지니어의 시간을 할애해야 하는 작업이다. 둘째, 이와 같은 납기 일정을 결정하기 위해서는 시일이 소요된다는 것을 알려서 이 일정을 받아내는 것 자체가 비용이라는 사실을 공유해야 한다. 셋째, 정말로 납기 일자가 필요한 경우가 아닌 사항에 대해서 조직을 학습시키는 것이다. 납기 일정을 정하는 것은 예외적인 상황일 뿐 보편적인 규칙이 아니라는 것을 알려야 한다.

'팀이 사소한 기능마저 일이 커질 정도로 기술부채에 허덕이고 있는 탓에 성과도 담보할 수 없으며 사기 저하가 계속된다.'

이 상황은 무척 심각하기 때문에 시니어 제품팀 조직장과 기술팀 관리자가 경영진과 함께 기술부채를 완화시킬 방법을 찾아내야 한다. 이 분야에 특화된 기업이 기술부채의 수렁으로부터 제품팀을 구해낼 방법을 알려줄 수도 있다. 무척 고통스러운 이 과정을 헤쳐나가지 못하는 기업도 있다. 여기서 다루기에는 그 내용이 너무나 방대하다. 보통 다시 궤도에 오르기까지 길게는 2년까지 걸리는데 이마저도 모든 게 의도대로 진행되었을 때의 추정치다.

'팀이 구현하기 이전에 리스크를 다룰 시간이 없다고 생각한다.'

프로덕트 모델에서 타임투머니를 타임투마켓보다 자주 다루는 경향이 있다. 다시 말해 성과를 달성하는 것이 가장 중요하다는 의미다. 구현 이전에 리스크를 확인하지 않으면 목표로 하는 성과를 낼 수 없는 기능을 구현하느라 몇 개월을 허비할 수도 있다. 또다시 이 과정을 거치게 되면서 시간을 몇 배나 더 낭비해버리는 것이다. 반면 몇 주나 몇 달이 걸려 제품을 만드는 것 대신에 프로토타입으로 검증을 할 수 있다면 시간이라는 비용을 좀 더 효율적으로 쓸 수 있을 것이다. 제품 발견 과정 중 초반 몇 시간 동안 현재 작업 중인 해결 방안이 효과적이지 않다는 결론이 나온다면 엄청난 비용을 절약한 셈이 된다. 이와 같은 제품 발견 과정이 없었다면 제품으로 구현한 다음에야 시간을 허투루 썼다는 것을 알아차릴 것이다. 이러한 이유로 뛰어난 제품팀이라면 오히려 제품 발견 과정을 진행해서 리스크를 미리 살펴볼 시간이 없다는 사실에 의문을 제기할 것이다.

'제품 발견 작업과 제품 구현 작업 간의 균형이 맞지 않는다. 둘 중 하나의 작업이 나머지 하나의 속도를 따라잡지 못한다.'

제품팀의 작업 간 균형이 1~2주간 맞지 않는 경우는 드물지 않게 발생한다. 하지만 이 문제가 지속된다면 엔지니어가 너무 적거나 너무 많다는 의미일 수도 있다. 엔지니어가 제품 발견 과정을 따라잡지 못하고 제품 백로그에 너무 많은 업무가 쌓이기 시작한다면 엔지니어가 너무 적다는 의미이고, 제품 발견 작업이 엔지니어의 속도를 따라잡을 수 없다면 엔지니어가 너무 많다는 의미일 수 있다.

> '팀이 원격근무를 하는 구성원과 협업하는 데 어려움을 겪고 있다. 업무 처리 시간이 길어질 뿐 아니라 팀 구성원이 소속감을 느끼지 못하고 심리적 안정감이 떨어지고 있다.'

많은 팀이 원격근무자와의 협업에 애쓰고 있다. 보다 매끄러운 협업을 위해 2가지 방법을 제안한다. 첫째, 매 분기 한 번은 대면하여 업무를 진행할 수 있도록 하자. 어디에서 만날지에 대해서는 크게 개의치 않아도 된다. 둘째, 협업에 고충을 느끼는 구성원과 원온원을 하는 것인데 주 단위로 2회 이상 30분씩 진행할 수 있도록 하자.

> '엔지니어팀 관리자가 주 단위로 또는 월 단위로 필요할 때마다 구성원을 이 팀 저 팀으로 옮기고 있고 지속 가능한 팀의 가치에 대해서 공감하지 못하고 있다.'

제품팀이나 엔지니어팀의 관리자가 단순히 팀 안정성에 대해 공감하지 못한 경우일 수도 있지만, 오히려 팀 구성에 문제가 있다는 의미일 수도 있다. 제품팀의 업무 범위가 과도하게 좁다면 팀 규모의 문제로 각 팀이 고민하게 된다. 반대로 넓은 범위의 업무를 담당하는 적은 수의 팀을 운영했을 때의 장점은 각 팀이 다양한 업무를 내부에서 어떻게 할당할지 스스로 결정하고 팀 간 구성원 이동 같은 경우가 줄어든다는 것이다.

> '프로덕트 모델의 역량을 갖추지 못한 구성원이 많다. 프로덕트 오너
> 와 비즈니스 애널리스트와 같은 직무가 대표적이다. 어떻게 해야 함
> 께할 수 있을까?'

단언하자면, 그들은 바뀌지 않을 것이다. 프로덕트 모델은 이와 같은 사람을 제품팀에 두지 않는다. 프로덕트 오너는 역할이지 직업이 아니다. 그리고 그 역할은 프로덕트 매니저가 수행할 것이다. 프로덕트 모델에서 비즈니스 애널리스트의 책임은 프로덕트 매니저와 프로덕트 디자이너에게 분산된다.

47

혁신 사례: 카이저 퍼머넌트

마티의노트 규제를 받는 기업이나 규모가 크거나 조직이 복잡한 기업이나 수 많은 이해관계자가 있는 기업은 효과적으로 혁신을 할 수 없다고 생각하는 사람이 많다. 그 모든 사람이 틀렸다는 것을 증명하기 때문에 이 사례를 무척 좋아한다. 안 된다고 말하는 것은 쉽지만 뛰어난 리더십과 동기를 갖추었다면 물론 혁신이 가능하다. 지금부터 그 사례를 살펴보자.

배경

카이저 퍼머넌트Kaiser Permanente는 미국의 가장 큰 비영리 의료 서비스 제공 업체로 1200만 명 이상의 환자를 진료해왔다. 2019년 카이저 퍼머넌트는 프로덕트 모델로의 대규모의 전환을 시작했다. 이 조직은 초기에 환자의 건강을 회복하는 여정을 새롭게 상상해보고 디지털 의료 경험을 효율화하는 데 초점을 맞춘 디지털 제품과 이에 걸맞은 기술 조직을 구축했다. 환자의 여정에 맞추어 제품팀을 구성하고 직접 처리해야 했던 업무의 자동화와 함께 디지털 경험을 개선해서 환자의 만족도를 끌어올리고 복용 및 치료 계획에 따르도록 함으로써 운영 효율을 전반적으로 개선했다. 혁신에 도전한 해에 코로나19 팬데믹이 닥쳤다. 공중보건 비상

336 **PART X** 반론과 재반론

사태와 대면 치료의 극심한 제한으로 인해 카이저 퍼머넌트는 하루아침에 그간 치료해온 방식을 급격하게 바꾸어야만 했다.

문제 정의

카이저 퍼머넌트는 원격의료가 가능하도록 몇 년 전부터 지원하고 있었다. 그러나 기존의 원격의료에는 근본적인 제약사항이 있었다. 기존 원격의료는 업무시간 중에만 제공할 수 있어서 업무시간 외인 경우에는 환자가 긴급진료센터나 응급실을 방문해야 했다. 환자들은 거주지에서만 원격의료 예약을 할 수 있기 때문에 거주지에 체류하지 않을 때에는 치료를 받을 수가 없었다. 기술적, 규제상, 임상적, 운영상의 제약이 모두 복합적으로 작용하여 회사가 다루고 있는 많은 시장에 걸쳐 하나의 일관된 방식으로 의료 행위를 할 수가 없었다. 팬데믹이 심각해질 즈음에 돌봄 공백이 발생할 수밖에 없었다. 카이저 퍼머넌트는 환자가 필요한 치료를 받을 수 있도록 치료를 제공하는 방식을 확대할 방법을 찾아야만 했다. 다시 말해 환자의 거주지는 물론 의료기관에 방문할 수 있는 능력 여부와 무관하게 적절한 시점에 적절한 치료를 받을 수 있도록 기술 기반 해결 방안을 구현해야 했다. 이 고민은 겟케어나우_{Get Care Now}라는 결실을 맺어 미국 전역에 걸쳐 연중무휴 24시간 환자가 필요할 때 원격의료 서비스를 제공하는 쾌거를 이뤄냈다.

해결 방안 모색

제품팀은 상당한 제품 관련 리스크가 존재한다는 것을 알아차렸다. 팬데믹으로 인해 건강 위협이 증가한 시점에 환자의 요구사항을 충족시켜야 한다는 것이 우선순위이자 동기가 되었다. 환자의 관점에서는 기술적인 해결 방안을 통해 무척 편리해질 수도 있지만, 치료를 받아야 할 시점에 상당한 스트레스를 경험하고 있을 확률이 높기 때문에 사용성에 대한 위험 요소가 있었다. 환자들은 새로운 서비스를 어떻게 사용하는지를 이해하고 병원이나 응급실에 직접 가는 것처럼 이미 익숙한 방식 대신 이 새로운 방식을 선택해야 했다. 의사나 의료진과 같은 치료 행위를 수행하는 입장에서 임상의는 치료 방식을 학습하고 이해하며 원격의료 이전과 치료 중 그리고 마지막으로 치료 이후에도 고객에게 적합한 경험을 제공할 수 있는지에 대한 확신을 얻어야만 했다. 의료진이 실제로 환자에게 처치하는 일련의 의료 행위 이전에 의법상, 규제상 그리고 운영상 요구사항도 있었다.

환자와 의료진 모두에게 온라인 경험이 낯설기 때문에 제품팀은 서로가 가상의 환경에서 상호작용할 때의 기대와 행동을 파악할 필요가 있었다. 환자들이 진료 일정을 위해 얼마나 기다릴 수 있는가? 원격으로 진행되는 상황에 가장 적합한 조건은 무엇이며, 직접 대면하여 검사를 진행해야 하는 경우는 무엇인가? 제품팀은 의료진과 사업운영팀과 긴밀히 협력하여 잠재적인 해결 방안과 접근 방식을 발굴하고, 이 중에서 환자와 의료진 그리고 운영 관점과 컴플라이언스 관점의 요구사항까지 충족시키는 방안을 모색했다.

환자들에게 직관적인 간단한 사용법을 제공하고 긴 대기시간을 방지하기 위해서 제품팀은 무척 복잡한 문제를 운영 관점에서 해결해야 했다. 대표적으로 의사가 해당 지역에서 원격진료를 행할 수 있는 자격을 갖추었는지 등을 확인했다. 인프라의 관점에서 의사가 필요한 기술적인 환경을 갖추어 진료실이나 자택에서 환자와 안전하게 온라인으로 대화할 수 있도록 해야 했다. 제품팀은 의료진, 운영팀과 협업하여 어떤 의료진을 고용했는지 그리고 원격진료의 내용을 문서화하고 의료진 간 환자 인계가 가능하게 하기 위한 방법을 고민했다. 또한 질병의 심각성, 분류, 측정과 문서화와 관련된 규약을 확인하고 이를 환자와 의료진의 경험에 반영할 수 있도록 했다.

제품팀이 각 지역의 의료진, 운영팀과 긴밀히 협업한 것이 핵심적인 해결 방안을 찾아내는 데 중점적인 역할을 했다. 끊임없이 아이디어를 제안하고 모두의 요구사항을 충족시킬 수 있는 해결 방안으로 바꾸기 위해 빠르게 검증을 거쳤다. 운영 문제가 하나씩 해결되자 제품팀은 기술적인 구현이 가능한가의 관점에서 아직 남아 있는 위험 요소를 해소하고자 했다. 진료 예약과 의료 기록 시스템과 의료진이 사용하는 툴을 합치는 과정에서 해결해야 할 문제가 아직 남아 있었다. 게다가 1200만 명 이상의 환자가 있기 때문에 도출해낼 해결 방안을 확대하여 적용해야 했다. 진료 가능한 의료진 현황, 진료 예약 그리고 환자의 건강 정보를 추출해 겟케어나우에 담는 과정이 필요했다. 제품팀이 수많은 제품 위험 요소를 제거한 해결 방안을 찾고 이에 대한 검증까지 마쳤을 무렵 구현에 착수하여 제품의 최종적인 품질 검증을 거쳐 마침내 시장 전체에 점진적으로 이 제품을 출시하고 결과적으로는 미국 전역에 안착했다. 겟케어나우는 회사가 서비스를 운영 중인 시장 전체에 새로운 기능을 도입하기까지 초기 착수 시점으로부터 4개월밖에 걸리지 않았다. 환자와 의료진으로부터 새로운 시스템 도입 이후의 사용성 데이터를 수집하여 3개월 뒤에 개선된 사항을 출시했다.

결과

겟케어나우 출시 후, 카이저 퍼머넌트의 미국 전역의 환자들은 연중무휴 24시간 의료진으로부터 원격진료를 받을 수 있게 되었다. 그뿐 아니라 고객의 만족도는 10점 만점의 9.6점으로 NPS 점수 기준으로 88%를 달성했다. 36% 이상의 환자는 영업시간이 끝난 뒤 오후 5시에서부터 오전 8시 사이에 서비스를 이용했는데, 이는 환자가 응급실에 방문하는 횟수와 응급의료 자원의 낭비를 모두 줄이는 데 기여했다. 의료와 같이 규제 대상이 되는 산업에서 이와 같은 수준의 기술 기반의 혁신은 몇 달은 고사하고 아무리 충분한 시간이 주어져도 현실적으로 어렵다고 생각하기 십상이다. 카이저 퍼머넌트는 경영진과 업계 전반에 이 능력을 몸소 증명했고 환자와 수많은 헌신적인 의료진에게 진정한 가치를 제공하는 업적을 이루었다.

PART

XI

마치며

11부에서는

그간 다룬 내용과 성공적인 혁신 사례의 요점을

하나로 이어 살펴본다.

CHAPTER

48

성공적인 혁신의 단서

이 장에서는 효과적으로 혁신에 성공하기 위해서 우리가 꼭 필요하다고 생각하는 요소를 다루고자 한다. 책 전반에 걸쳐 이 주요 개념에 대하여 살펴보았다. 당신이 성공할 확률을 높이기 위해 이 모든 것을 다루었으나 모든 요소가 동등한 수준으로 중요하다고 볼 수는 없다. 이 장에서 가장 중요하다고 생각하는 10가지만 추려 핵심적으로 살펴보자.

1. CEO의 역할

이론적으로 불가능하지는 않지만 프로덕트 모델로의 전환을 적극적으로 지원하는 CEO가 없다면 성공하기 무척 어렵다. 이 장에서 다룰 다른 항목들도 살펴보면 더욱 공감할 수 있을 것이다. CEO나 다른 관리자가 '디지털로의 전환'을 목표로 지정해버린다면 효과적인 혁신이 일어날 것이라고 기대할 수 없다. 이와 같은 방식이라면 사업을 이전과 같이 운영하기 일쑤다. 프로덕트 매니징, 프로덕트 디자인, 엔지니어링이 혁신의 주축이 될 수는 있지만, 그 영향력은 제품 조직을 넘어서서 기업 전체를 아우른다. 이와 같은 근본적인 수준에서의 변화가 재무, 인사, 영업,

마케팅, 고객지원, 사업운영이나 다른 부서에서 자주 일어나는 것이 아니기 때문에 CEO가 직접 개입할 필요가 있다. CEO는 프로덕트 모델의 홍보대사가 되어야 한다.

2. 기술의 역할

기술 조직이 비용 증가의 원인이 아니라 매출 확대의 동력이 되어야 한다는 점이 혁신의 가장 핵심적인 성공 요건이다. 이와 같은 관점의 변화는 기술 조직에 대한 예산을 어떻게 편성할 것인지, 기술 조직의 채용을 통해 어떤 사람을 합류시킬 것인지, 기술 분야가 사업의 주요 역량인지 그리고 무엇이 외주화가 가능할지까지 거의 모든 분야에 영향을 미친다고 볼 수 있다.

3. 뛰어난 제품팀 조직장

흔히 있는 일은 아니지만 상위 조직장으로부터 적절한 지원을 받았다고 가정했을 때 프로덕트 모델로의 혁신은 그야말로 뛰어난 제품팀 조직장에게 달려 있다고 해도 과언이 아니다. 프로덕트 매니저팀, 프로덕트 디자인팀 그리고 엔지니어팀을 맡는 제품팀 조직장이라면 더더욱 그 어깨가 무겁다. 이 역할의 중요성은 아무리 강조해도 지나치지 않다. **모든 결과에 대하여 책임을 질 사람들이 바로 이들이다.** 프로덕트 모델을 이미 경험해본 능숙한 관리자가 있거나 최소한 제품 코치를 초빙하여 다가올 프로덕트 모델로의 전환에 대한 도움을 받아야 한다.

4. 진정한 프로덕트 매니저

임파워드 제품팀은 역량을 갖춘 프로덕트 매니저에게 의존할 수밖에 없다. 혁신을 하고자 하는 대부분의 기업에 이 직무를 담당하는 사람이 이미 있더라도 프로덕트 매니저는 **새로운 역량**을 필요로 한다. 프로덕트 매니저 명함을 가진 사람은 종종 있을지 몰라도 제품팀이 프로덕트 매니저에게 기대하는 역할과 기능구현팀이 프로덕트 매니저에게 기대하는 역할은 무척 상이하기 때문에 오히려 직무의 명칭이 같다는 점에서 오해가 있을 수 있다. 이런 상황에서 경험이 있는 제품팀 조직장의 역할이 더욱 중요해진다. 이 조직장들은 어떤 사람이 다른 역할에 더 적합할지 그리고 어떤 사람이 코칭과 훈련을 통해서 이해관계자와 협업관계를 구축할 수 있는 진정한 프로덕트 매니저가 될 수 있을지 선별해야 한다. 직설적으로 말해서 상위 조직장들은 각 프로덕트 매니저가 기업의 차세대 조직장이 될 수 있을 것이라는 믿음이 있어야 한다. 단언컨대 제품팀 조직장은 업무적 성취도가 가장 낮은 프로덕트 매니저를 기준으로 평가받게 될 것이다. 제품팀을 이끄는 역할은 사소한 것이 아닐뿐더러 고객, 데이터, 사업, 시장과 기술에 대한 폭넓고도 심층적인 이해를 갖춘 유능한 사람이 맡아야 한다.

5. 전문성을 갖춘 프로덕트 디자이너

프로덕트 모델이 지향하는 바는 제품팀과 기업 그리고 사용자와 고객 간의 거리를 좁히는 것이다. 프로덕트 디자이너는 고객이 만족할 만한 경험을 제공할 수 있는 기술을 갖추었다. 이 때문에 프로덕트 매니저나 엔지니어와 함께 프로덕트 디자이너를 보조적인 역할이 아닌 핵심적인 역할로 본다.

6. 임파워드 엔지니어

임파워드 엔지니어는 혁신을 위한 엔진에 투입할 연료의 역할을 한다. 효과적인 혁신을 위해서는 임파워드 엔지니어가 보다 적극적으로 업무를 할 수 있도록 동기를 부여할 수 있어야 한다. 한 번 더 짚어보자면 엔지니어를 외주화하면 임파워드 엔지니어와 함께 일할 수 없게 된다. 엔지니어를 어떤 무대에 세우라는 것은 아니지만, 제품에 대한 논의의 장에서 엔지니어가 구석이 아닌 전면과 중앙으로 나오게끔 이끄는 동시에 당신이 직면한 가장 어려운 문제에 대한 해결책을 마련하게 해야 한다.

7. 통찰 기반의 제품 전략

제품 전략의 필요성은 회사가 목표를 달성하기 위해 해결해야 하는 고객 문제 중 가장 중요한 것을 선별해야 한다는 점에 있다. 아직 프로덕트 모델로 전환하지 못한 기업은 이전에 제품 전략을 수립한 적이 없을 것이다. 그간 전략이 있었다고 하더라도 이해관계자의 의도에 따라 그저 운영하기만 했을 것이다. 자명하지만 그것은 전략이라고 보기 어렵다. 효과적인 제품 전략은 정성적이고도 정량적인 관점에 근거해야 하고, 구성원의 역량을 최대한 활용하는 것뿐만 아니라 기술에 대한 투자에서도 극대의 성과를 유도할 수 있어야 한다. 제품팀 조직장은 이런 제품 전략을 운영할 책임이 있는데, 이것이 바로 경험이 풍부하고 뛰어난 제품팀 조직장이 필요한 또 다른 이유다.

8. 이해관계자와의 협업

제품 조직과 사업의 각 분야의 담당자 간의 관계를 어떻게 정의할지는 프로덕트 모델로의 이행에서 큰 난제다. 이 관계에 대한 접근이 어려운 이유는 주요 이해관계자가 큰 변화를 겪을 수밖에 없기 때문이다. 기술 조직이 사업팀에 의존하던 구조에서 고객의 요구사항에 집중하되 사업에 기여하는 방식으로 바뀌기 때문에 이 변화는 근본적일 수밖에 없다. 다시 말해 기술 조직이 사업의 **하위 조직**에서 **협업 조직**으로 바뀌는 과정이다. 대부분의 이해관계자들은 기존의 업무 방식에 좌절감을 느껴서 변화를 시도할 의향은 있을 수 있지만, 결과적으로 일부는 자신이 현재 가진 것 대비 업무 통제력을 잃을 가능성도 있다. 제품팀 조직장과 제품팀은 이 문제에 민감하게 반응해야 한다. 제품팀에 뛰어난 업무 능력과 의지가 있는 유능한 프로덕트 매니저가 있다면, 그제야 제품팀 조직장은 변화에 힘을 실을 수 있다. 하지만 프로덕트 매니저가 자리를 잡은 이후에는 상위 조직장의 도움을 받아 이해관계자와 협업할 수 있는 방식으로 업무와 관계를 재구성해야 한다. 이러한 변화는 큰 영향을 미치기 때문에 단순히 긍정적으로 포장하기보다는, 실질적인 의미와 필요성을 솔직하게 설명하는 것이 중요하다.

9. 성과에 대한 끊임없는 전파

제품팀 조직장의 또 다른 중요한 역할은 끊임없는 전파다. 제품 비전, 제품 전략 그리고 성과 중심의 업무 방식과 프로덕트 모델 전반의 정보에 대해 계속해서 조직에 알려야 한다. 제품 비전은 조직 전체의 노력이 모여서 만들어지는 것으로 조직이 하고자 하는 일에 영감이 되고 동기가 된다. 제품 전략은 특히 전파에 신경 써야 하는데, 무엇을 하고 무엇을 하지 않을 것인지에 대한 판단 기준이 되기 때문이다. 일반적으로 제품팀은 매주 제품 발견 과정을 통해 할당받은 문제를 해결하기 위해 노력하고 학습하고 있다. 그 과정에서 배운 점을 보다 많은 조직 구성원에게 솔직하고 투명하게 공유하여 그저 기능이나 프로젝트를 출시하는 게 아니라 진정한 사업 성과를 거둘 수 있게 하는 것이 중요하다.

10. 기업 단위의 용기

프로덕트 모델로의 전환, 즉 변혁은 어렵다. 그래서 우리는 왜 이 혁신이 어려운지 그리고 어떻게 해야 성공할 수 있는지 구체적으로 이해하는 데 도움이 되길 바란다. 그러나 우리가 알고 있는 성공적인 혁신 사례 모두 경영진이나 다른 상위 조직장의 진정한 용기를 필요로 한다는 것을 간과해서는 안 된다. 이 목록도 이를 전제로 하지 않는다면 의미가 없을 수도 있다. 근본적으로 다른 모델로 이행하려면 심지어는 현재의 모델이 실패했다는 것이 증명되었더라도 깊은 신뢰와 더불어 도약을 위한 용기가 필요하다. 변혁을 주도하는 기업의 경영진은 설령 주식시장에서의 평가가 후했을지언정 그 용기에 대한 인정을 받지 못하는 경우가 많다. 하지만 우리는 용기가 없는 경영진도 여럿 알고 있고, 회사가 생존을 유지하는 게 아니라 번성하기 위해 필요한 행동을 하지 않는 경우도 더러 발견한다. 우리는 이 10가지 항목을 통해 당신의 회사를 프로덕트 모델로 성공적으로 전환하기 위해서 무엇이 필요한지 더욱 면밀히 알 수 있기를 바란다.

하지만 제가 무엇을 할 수 있나요?

이 책을 회사에서 가장 먼저 읽게 될 당신은 아마 개인 기여자이거나 제품팀 조직장 중 하나일 것이다. 회사에 중대한 전환점이 필요하다는 것이 확실하지만 하늘에 대고 소리를 치는 기분이 들 수 있다. 프로덕트 모델로 성공적으로 탈바꿈하고 싶다면 당신은 회사의 관리자 또는 최소한 당신이 속한 사업 조직의 장으로부터 도움을 받아야만 한다. 우리도 많은 CEO가 이 책을 읽기를 원하지만 아직 개인 기여자로서 당신이 할 수 있는 게 있다.

1 당신 주변의 제품팀 구성원이 당신과 함께하고 싶은지 확인하라. 만약 함께할 동료를 찾지 못했다면 팀에 이 변화의 장점을 설득하는 것부터가 시작이다.

2 당신과 팀이 의견을 하나로 모았다면 이 책에 기술된 프로덕트 모델에서 요구하는 직무 능력을 갖춰라. 설령 변혁을 시도하지 못한다고 하더라도 당신 개인의 커리어에는 도움이 될 것이다.

3 새로운 능력을 갖추었다고 판단했을 때 이를 업무에 적용해보고 조직장에게 의견을 물어보자. 실험적으로 다음 분기나 다다음 분기까지 새로운 방식으로 제품팀 업무를 진행해보자고 제안하자.

4 당신이 어떻게 구현을 할지와 어떻게 문제를 해결할지를 바꾸는 것에 집중하겠다고 제안하자.

5 이 실험이 성공적으로 끝난다면 조직에 소문이 날 것이다. 비록 성공하지 못했더라도 당신은 회사 전체가 아니라 팀에 한해서만 시도하는 것의 장점을 취한 것이다.

혁신 사례: 트레인라인

마티의 노트 앞서 살펴보았듯이 트레인라인은 뛰어난 제품 조직을 구축하였고 이들이 필요로 하는 제품 혁신을 끌어낼 능력도 갖추었다. 이 장에서는 트레인라인의 혁신 사례 중 내가 가장 좋아하는 내용을 다룬다. 각 혁신의 기술과 프로덕트 모델 콘셉트가 난제를 풀 때 어떻게 쓰이는지를 살펴볼 수 있으며 트레인라인은 이를 통해 고객, 철도 관계자와 회사를 위해 진정한 가치를 창출해냈다. 전 세계의 수많은 유명 제품 기반 회사의 사례와 견줄 수 있을 만큼 트레인라인이 가진 혁신의 동력은 수준이 높다.

배경

5부에서 다룬 것과 같이 프로덕트 모델로 전환한 이후에 트레인라인은 새로운 엔지니어링, 프로덕트 매니징 그리고 프로덕트 디자인 역량을 갖추었고 명확한 제품 비전과 제품 전략도 수립했다. 트레인라인은 그간 투자해온 데이터 과학 분야에서도 소기의 성과를 확인하고 있었다. 트레인라인은 실시간 기차 위치 추적, 예상 출발 시각 안내, 개인화된 운행 장애 알림, 혼잡도가 낮은 열차 칸 안내와 같이 성공적이고도 효과적인 기능을 제공했고, 이를 통해 제품 비전을 실현했다. 하지만 고객을 계속해서 실망시키는 큰 문제가 있었는데 바로 가격이었다.

문제 정의

초기 단계에서부터 철도 승차권 가격은 트레인라인이 더 많은 고객에게 사랑받을 수 있는 기회를 가로막고 있었다. 고객은 계속해서 '승차권이 너무 비싸요'라고 이야기해왔다. 하지만 업계의 관점에서는 이 말에 공감할 수 없었는데, 모든 단일 여정의 표를 아주 저렴한 가격에 판매하고 있었기 때문이다. 이 간극에 대해서 이해할 수 있다면 더 강력한 변화를 가져올 수도 있겠지만, 수많은 여정의 가능성을 염두에 둘 때 작업량이 무척 많을 수밖에 없었다. 또한 트레인라인은 고객이 검색을 할 때 실시간으로 가격 정보를 조회할 수 있고 각 철도 노선의 운영사가 API를 통해 단일 여정의 가격을 제공해야만 비로소 이 정보를 확인할 수 있었다. 하지만 트레인라인의 데이터 과학 책임자는 이 문제는 고민해볼 가치가 있다고 생각했다.

해결 방안 모색

트레인라인은 다시금 새롭고도 독특한 인사이트를 제공했다. 승차권이 저렴한 것은 사실이지만 상당수의 고객이 구매 의향이 생길 만큼 저렴하지는 않았다. 소규모의 데이터로 시작해서 이후 적용 대상을 확대하면서 트레인라인은 승차권의 가격이 판매 수익과 연결되지 않는다는 것을 증명했다. 오히려 출발 예정일까지 며칠이 남았는가에 직접적인 영향을 받았다. 승차권을 일찍 구매하면 보다 저렴하게 구매할 수 있었지만 출발 예정일로부터 2주 이내에 구매하면 가격이 급격하게 상승했다. 이처럼 가격이 급격하게 오르는 시점에 대해서는 어떠한 조치가 필요했다. 업계에서 저렴한 승차권을 내세워 홍보를 하는 동안 대부분의 고객은 이보다 훨씬 비싼 가격을 지불해온 것이다.

트레인라인은 탄력성 있는 판매 수익 관리라거나 출발 직전 승차권에 대한 자동화된 판매 전략 같은 것을 발견할 수 없었다. 이는 중요한 인사이트였고 큰 가치를 가져올 수 있는 발견이었다. 제품팀은 이제 모든 여정 전반적으로 승차권을 일찍 사면 얼마나 싸게 살 수 있는지를 파악했다. 질문은 '실시간으로 고객에게 승차권을 일찍 구매했을 때 절감할 수 있는 비용을 알리고 고객이 보다 풍부한 정보를 바탕으로 결정하고 돈을 아끼게 도울 수 있는가'로 바뀌었다.

기회는 명확했던 것에 반하여 이 아이디어가 실현 및 지속 가능한가에 대한 위험이 상당했다. 트레인라인은 무척 광범위한 철도 산업에서 점차로 성장하고 있었다. 철도 관계사는 목표를 달성하기 위해 중요한 파트너였다. 트레인라인이 새로이 발견한 기능을 대대적으로 홍보하기 시작하면 승차권 거래에 의존하는 철도 관계사와의 사이가 멀어질 가능성이 충분했다. 새로이 구현할 해결 방안이 가치 있고 사용할 만해서 고객의 행동 패턴 자체를 바꿀 수 있을까? 트레인라인이 이 해결 방안을 바르게 계속해서 확정할 수 있을까? 너무나 많은 정보가 모바일 환경에 담기게 될 텐데, 이를 합리적으로 전달할 수 있는 경험을 만들어낼 수 있을까? 그리고 무엇보다 트레인라인이 파트너인 철도 기업을 동요시키지 않고 이 기능을 출시할 수 있을 것인가에 대한 의문이 남아 있었다.

이 기능은 엄청난 문제로 번질 소지가 다분했다. 잘못된 가격을 제공하면 승차권 판매에 대한 트레인라인의 사업권이 회수당할 상황이었다. 오로지 이 이유만으로도 CEO를 포함한 경영진은 제품 발견 과정에서 계속해서 이 아이디어가 정말로 실현 가능한지에 대한 논의를 이어왔다. 데이터 관점의 탐색을 담당하는 데이터 과학자는 앱을 담당하는 팀에 새로이 합류하여 제품 발견 과정 전반에 참여했다. 가치 제공 측면에서의 리스크를 먼저 검토하기 위해서 제품팀은 하드코딩된 무척 소규모의 기능을 몇 가지 여정에만 적용하여 테스트했다. 운영 환경 데이터를 활용한 프로토타입은 만장일치로 긍정적인 반응을 얻었다. 이건 정말로 돈을 아끼는 방법이었고 고객들은 크게 만족했다. 팀의 자신감은 더욱 커졌다. 팀은 트레인라인 앱에서만 이 기능을 사용할 수 있도록 구현함으로써 뛰어난 모바일 사용성을 제공하고자 하였다. 이는 직접적으로 제품 비전을 담고 있었고 제품 전략을 지원하는 항목 중 하나가 되었다.

뛰어난 디자인팀이 프로토타이핑을 반복적으로 끊임없이 시도해본 결과 사용성이 위협이 될 여지는 없을 것 같다는 판단을 내렸다. 하지만 구현이 가능할지 그리고 실현이 가능한 아이디어일지는 다른 문제였다. 정확도가 무엇보다 중요했다. 뛰어난 구성원을 갖춘 팀에게도 복잡하고도 큰 규모의 데이터를 다루는 것은 어려운 일이었다.

제품팀은 기준을 무척 높게 잡았다. 트레인라인의 사업권을 잃는 것보다 큰 위험 요소는 없기 때문이다. 제품팀이 부단히 노력한 결과 정확도가 무척 상승하였으며 AWS 기반의 확장을 통해 성능 역시 확연히 개선했다.

마지막 문제인 실현 가능성이 남았다. 트레인라인이 공식적으로 관계사에 승인을 요구할 수는 없었지만 팀, 임원 그리고 이사회 모두 기업공개가 다가오는 시점에 업계 전반에 걸친 큰 타격을 우려하지 않을 수 없었다. 영국 철도 승차권의 가격 책정 전략을 노출하는 것부터가 논란을 일으킬 여지가 다분했다. 트레인라인은 결과적으로 고객이 돈을 아낄 수 있다는 점을 증명할 수 있었지만, 당시 시장점유율이 상당히 높았던 점을 감안할 때 관리자들은 이 새로운 해결 방안이 업계 전반의 매출 감소로 이어지지는 않을까 걱정했다.

트레인라인에게는 업계 전반에 대하여 설명할 수 있는 실데이터가 필요했다. 그래서 작지만 전문적으로 일해온 운영팀에 의지할 수밖에 없었는데, 이들은 업계 파트너들과 긴밀한 관계를 구축하는 데 수년을 보내온 사람들이었다. 이들 없이는 이 새로운 해결 방안은 실패할 수밖에 없었다. 모두의 기대와 부담을 떠안은 운영팀 구성원들은 디지털 창구에 대하여 보다 열린 관점을 가진 소수의 파트너 쪽에 집중해보겠다고 했다. 이 작업에는 다양한 맥락이 있었고 복잡했다. 많은 관계사가 거절했지만 한 회사가 운영 환경에서 검증을 해보자고 나섰다. 마침내 팀은 실제 데이터가 어떻게 도출될지를 확인해볼 수 있는 기회를 얻은 것이다.

결과

결과는 압도적인 성공이었다. 기대한 것과 마찬가지로 적응이 빠른 고객층은 승차권을 일찍 구매하여 비용을 절약하고 서비스를 더 자주 사용하기도 했다. 데이터를 면밀히 분석한 제품팀은 빈 좌석이 없도록 하는 것이 가격을 낮추는 것 이상으로 수익을 낸다는 것을 확인했다. 이 테스트가 큰 성과를 내면서 구성원들은 보다 많은 고객을 대상으로 이 기능을 출시하기 위한 근거를 마련하는 가운데 입소문이 퍼지면서 홍보에도 큰 도움이 되었다. 트레인라인의 미션은 가능한 가장 저렴한 가격으로 저탄소 교통수단을 이용하게끔 하는 것인데, 이 기능을 통해 그 미션에 크게 이바지할 수 있었다. 또한 마케팅팀에게는 트라인라인을 업계에서 유일무이한 혁신 기업으로 자리매김시킬 수 있는 중대하고도 새로운 기회가 주어졌다. 트레인라인의 기업공개를 앞두고 동시에 많은 캠페인을 시기적절하게 진행하면서 아주 효과적인 반응을 얻었다. 언론이 이러한 사실을 더더욱 퍼뜨렸고 갈수록 더 많은 기술 관련 사이트에서 트레인라인의 이야기를 다루었다.

내부적으로는 이와 같은 성공은 트레인라인 구성원에게 큰 자신감을 안겨주었다. 이 탁월한 가격 예측 툴은 트레인라인의 뛰어나고도 성장 중인 기술 문화를 반영한 사례 중 하나일 뿐이었다. 출시를 할 때마다 고객뿐만 아니라 주주에게도 기업의 가치는 상승했고 다가올 기업공개에 걸맞은 시점에 이 모든 것이 이루어졌다.

더 알아보기

단행본은 한번 발행하고 나면 내용을 수정할 수 없다는 점이 한계다. 하지만 우리는 계속해서 새로운 질문과 반론을 만날 것이라는 것을 알고 있다. 이 책에서 다뤄지지 않은 질문이 있다면 이 책과 관련한 질문의 저장소를 참조하기를 권한다.* SVPG 웹사이트†에서 우리가 요즘 하고 있는 생각, 최근에 배운 점과 프로덕트 모델을 채택한 기업에 대한 예시를 확인할 수 있다(무료 오픈소스로 운영된다). SVPG는 프로덕트 매니저, 제품팀, 제품팀 조직장 그리고 프로덕트 모델이 어떻게 작동하는지 궁금한 경영진을 대상으로 온라인 또는 대면으로 워크숍을 진행한다.† 기술을 근간으로 하는 제품을 보다 경쟁력 있게 만들고자 기술 조직 및 제품 조직 전반에 걸쳐 유의미한 변혁이 필요한 기업을 위해 기업 방문을 하는 경우도 있다.

---

* https://www.svpg.com/transformed-faq/

† https://svpg.com/

‡ https://svpg.com/workshops/

진솔한 서평을 올려주세요!

이 책 또는 이미 읽은 제이펍의 책이 있다면, 장단점을 잘 보여주는 솔직한 서평을 올려주세요.
매월 최대 5건의 우수 서평을 선별하여 원하는 제이펍 도서를 1권씩 드립니다!

- **서평 이벤트 참여 방법**

  ❶ 제이펍 책을 읽고 자신의 블로그나 SNS, 각 인터넷 서점 리뷰란에 서평을 올린다.

  ❷ 서평이 작성된 URL과 함께 review@jpub.kr로 메일을 보내 응모한다.

- **서평 당선자 발표**

  매월 첫째 주 제이펍 홈페이지(www.jpub.kr) 및 페이스북(www.facebook.com/jeipub)에 공지하고,
  해당 당선자에게는 메일로 개별 연락을 드립니다.

독자 여러분의 응원과 채찍질을 받아 더 나은 책을 만들 수 있도록 도와주시기 바랍니다.

찾아보기